JOCHEN JAUCH

Forst, Gewässer und Menschen im Altdorfer Wald
Von der Försterei Gambach zum Forstrevier Bergatreute

Baindt, den 21.12.13

Für die Waldläuferin Birgit Kern

Jochen Jauch

Jochen Jauch

Forst, Gewässer und Menschen im Altdorfer Wald

Von der Försterei Gambach
zum Forstrevier Bergatreute

Verlag Eppe GmbH · Bergatreute

Auf der Umschlagvorderseite:
Blick auf den Bergatreuter Wald mit Engenreute, Gambach, Gwigg und Bergatreute

Auf dem Vorsatz ist eine Übersichtskarte des Bergatreuter Forstreviers abgebildet

© 2012 Verlag und Offsetdruck Eppe GmbH, Bergatreute

Alle Rechte vorbehalten

Luftaufnahmen: Rainer Krumm

Gestaltung, Satz, Reproduktion und Druck:
Verlag und Offsetdruck Eppe GmbH, Bergatreute

Buchbinderische Verarbeitung:
Industriebuchbinderei Walter, Heitersheim

ISBN 978-3-89089-153-8

Inhaltsverzeichnis

Geleitwort	9
Vorwort des Verfassers	11
Altdorfer Wald und Forstgeschichte	13
Forstorganisation und Forstverwaltung	16
Fundstücke aus früheren Dienstanweisungen	18
Auszüge aus der Dienstanweisung für die Königlich Württembergischen Forstwarte von 1911	18
Das Württembergische Forstpolizeigesetz und das Württembergische Forststrafgesetz	19
Dienstkleidungsvorschrift von 1937	20
Reviergeschichte / Revierentwicklung	23
Der Gemeine Bergatreuter Wald	23
Holzgerechtigkeiten Witschwende	23
Der „Obere Wald"	24
Der „Untere Wald"	28
Wegebau durch den freiwilligen Arbeitsdienst	32
Reparationshiebe nach dem 2. Weltkrieg („Franzosenhiebe")	34
Stürme und Unwetter im Revier	39
Unwetterkatastrophe am 20. August 1938	39
Gewittersturm am 19. Juli 1956	41
Sturmschäden von 1966–1968	42
Sturmwurf am 19. und 20. Januar 1986	43
„Vivian" und „Wiebke" am 27. Februar und 1. März 1990	43
Jahrhundertsturm „Lothar" am 26. Dezember 1999	43
Die Beförsterung der Körperschaftswaldungen und Privatwaldungen	48
Der Gemeindewald Bergatreute	49
Der Pfarr- und Stiftungswald Bergatreute	54
Der Privatwald Bergatreute	56
Die Förster	57
Forstpersonal von 1900–1909 – Josef Senser, Alois Senser	57
Anton Traub 1909–1928	58
Dionys Klotzbücher 1929–1934	61
Peter Egle 1935–1939	63
Alois Gieger 1939–1946 (Försterstellvertreter)	65
August Rieg 1946–1973	66
Hans Lutz 1974–1983	67
Jochen Jauch 1983–2000	69
Thomas Keller seit 2000	71
Forstdienstgebäude in Bergatreute	72
Ehemaliges Forsthaus in Gambach 1901–1965	72
Revierförstergebäude in Bergatreute 1965–1980	76

Die Waldarbeiter 78
    Oberholzhauer 78
    Haumeister 79
    Rottenführer, Vorarbeiter und Waldarbeiter . . 80

Die Ausbildung der Waldarbeiter . . . 86
    Der Waldfacharbeiter 86
    Der Forstwirt 86
    Der Forstwirtschaftsmeister 87

Die Waldarbeitsordnung 88
    Der Rottenführer 89
    Der Vorarbeiter 89

Aus dem Alltag der Waldarbeiter bei der Holzernte (früher) 90

Die Waldarbeiterinnen - - - - - 92
    Vorarbeiterinnen im Revier 93
    Einsatzgebiete der Waldarbeiterinnen . . . 94

Von der „Wald- und Wiesenbekleidung" zur zweckmäßigen Arbeitsschutz-Bekleidung . . . 98

Unfallverhütungsvorschriften 99

Von der Axt bis zum Vollernter (Harvester) . . 101
    Zur Geschichte der Waldarbeit 101
    Äxte 102
    Handsägen - - - - - - 102
    Motorsägen - - - - - - 105
    Entrindung 106
    Vollernter (Harvester) 111

Holzrücker und Fuhrleute 113
    Holzrücken mit Pferden - - - - 115
    Fuhrleute 118
    Holzrücken mit Schlepper 120
    Forstspezialschlepper 120
    Tragschlepper (Forwarder) - - - - 122

Interessantes aus dem Forstrevier . . . 125
    Zur Fichtenwirtschaft auf einem Hochleistungsstandort
    am Beispiel der Abteilung „Rieglenwies" - - 125
    Wellingtonien (Sequoia gigantea, Riesen-Mammutbaum) 129
    Weymouthskiefer in Abteilung „Brand" . . 131
    Tanne in Abteilung „Hofmeisterweiher" - - 132
    Jakobsweg Ulm–Konstanz (Etappe von Bad Waldsee nach Weingarten 20 km) 133
    Gedenksteine entlang der Waldwege . . 133
    Wichtige Termine und Ereignisse im Jahresablauf 137

Hütten im Forstrevier 137
    „Wannenbühlhütte" 137
    „Sprengsteinhütte" 141
    „Kleeblatthütte" 142
    „Hubertushütte" 143
    „Erlenmooshütte" 145
    „Hütte im Speckenried" 145
    „Brandhütte" 146

Die Jagd 147
Die Tollwutbekämpfung 150
Mutwillige Zerstörung von Hochsitzen 153

Kiesgewinnung 155
Kiesgrube in der Abteilung „Stöcklisbühl" (Gemarkung Baindt) . 155

Seegrasnutzung 162

Gewässer im Forstrevier 164
Die Weiher 164
Neue Bewirtschaftungsregeln 167
„Egelsee" 168
„Stockweiher" 171
„Schwarzgrabenweiher" 172
„Höllweiher" 173
„Oberer Abgebrochener Weiher" 173
„Unterer Abgebrochener Weiher" 174
„Tiefweiher" 175
„Gloggere Weiher" 177
„Hengstmoosweiher" 178

Wasserschutzgebiet „Kümmerazhofer Forst". . . . 179

Quellen und Brunnen im Revier 180
„Jakobsbrünnele" 180

Wasserversorgung der Gemeinde Baindt aus dem Altdorfer Wald 182

Natur- und Landschaftsschutzgebiete . . . 184
„Saßweiher" 184
Landschaftsschutzgebiet „Achtal" 186

Naturdenkmale 189
Fichte „Zigeunertanne" in der „Mooshalde" . . . 189
Rotbuche „Hindenburgbuche" 192
„Hainbuche" am „Jakobsbrünnele" 192

„Löffelmühle" 194
Sägewerk 195
Mühle 196

Das Waldbad 197
„Gastwirtschaft zur Traube" in Gambach („Ölkänntle") . . 200

Schlusswort 203

Literaturverzeichnis und Quellennachweise . . 204

Spenderliste

Vor dem Start

Mit diesem Motorschirm entstanden die Luftaufnahmen zu diesem Buch.

Fotograf und Pilot war Rainer Krumm.

Der Start

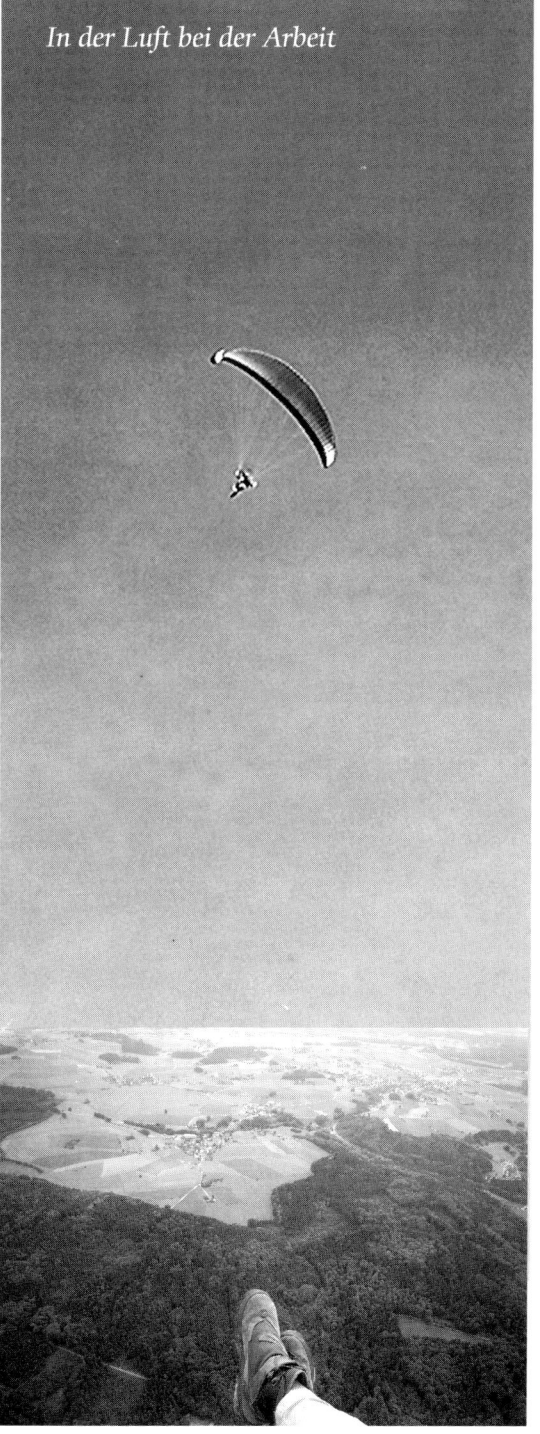
In der Luft bei der Arbeit

Die Landung

Geleitwort

*"Erzähle mir
die Vergangenheit
und ich werde
die Zukunft erkennen"*

(KONFUZIUS, 500 v. Chr.)

Der Wald ist ein vielgestaltiger, lebendiger und sehr langlebiger Organismus, eine Lebensgemeinschaft, die sich selbst organisiert und sich auch immer wieder aus sich selbst heraus erneuert. Dazu braucht er den Menschen nicht, auch nicht den Förster!

*Er schützt den wertvollen Boden, der alles ernährt was lebt,
er reinigt das Wasser, ohne das es gar kein Leben gäbe,
er filtert die Luft und reichert sie mit Sauerstoff an, den alle Menschen und
    Tiere zum Atmen benötigen und
er ist für zahlreiche Pflanzen und Tiere Lebens- und Rückzugsraum.*

Uns Menschen bietet er Ruhe und Erholung und versorgt uns mit einem wunderbaren und vielseitig verwendbaren Rohstoff, dem Holz, das ständig nachwächst und bei seiner Produktion, seiner richtigen Nutzung und bei seiner Entsorgung weder Umweltschäden noch sonstige Probleme verursacht.

Kluge und langfristig denkende Förster haben deshalb schon vor mehr als 200 Jahren das Prinzip der „Nachhaltigkeit" formuliert, das heute in aller Munde ist, und das in der Waldwirtschaft nichts anderes bedeutet, als dass der Wald so behandelt und genutzt werden muss, dass er alle seine Funktionen auf Dauer und damit auch für alle nach uns kommenden Generationen uneingeschränkt erfüllen kann. Und wenn wir ihn – vielfältig – nutzen, dann müssen wir das so schonend und naturverträglich tun, dass wir die im Wald natürlich ablaufenden Vorgänge möglichst wenig stören, sie unterstützen und auf keinen Fall gegen sie wirtschaften.

Im Idealfall heißt Waldwirtschaft: **Die Natur nutzend begleiten!**

Das ist ein anspruchsvolles Leitbild! Es verlangt von allen, die von und mit dem Wald leben, große Sachkenntnis, viel Einfühlungsvermögen und Verantwortungsgefühl sowie langfristiges und planvolles Denken und Handeln. Dafür ist der Wald ein wunderschöner, ungeheuer spannender, oft auch gefährlicher und in Zukunft immer ertragreicher und zukunftsträchtiger werdender Arbeitsplatz.

Beispielhaft hat der Förster Jochen Jauch aufgeschrieben, wie und unter welchen Bedingungen Menschen in einem Teil des großen „Altdorfer Waldes", dem Forstrevier Bergatreute, über den Zeitraum eines Jahrhunderts gelebt und gearbeitet haben. Ein Jahrhundert ist für uns Menschen eine lange Zeit, für den Wald ist es nur ein Atemzug. Und doch wird aus diesem Atemzug das Leben in und mit dem Wald spürbar und erlebbar. Die eher trockenen und nüchternen Seiten dieses Lebens mit den gesetzlichen und verwaltungsmäßigen Rahmenbedingungen und den Zwängen der „Wirtschaftlichkeit", genauso wie die Naturverbundenheit, Freiheit und zuweilen recht raue „Romantik" dieses Lebens.

Jochen Jauch war selbst Akteur in diesem Film, hat als Waldarbeitslehrer, Forstamtsbüro-Chef und Forstrevier-Leiter alle Facetten des Berufs kennen gelernt und selbst ausgeübt, war im ganzen „Ländle" unterwegs und als Entwicklungshelfer weit über dessen Grenzen hinaus – und immer hat er dabei Augen, Herz und Verstand offen gehalten. So verwundert es nicht, dass er auch aufgeschrieben hat, was an seinem „Lieblings-Arbeitsplatz", dem Bergatreuter Wald, im Verlauf eines Jahrhunderts geschah, wie es geschah und welche Menschen dabei beteiligt waren.

Wer diesen Wald kennt oder ihn kennen lernen möchte, oder wer auch den einen oder anderen der Akteure oder dessen Nachfahren kennt, der wird diese Aufzeichnungen mit wachsendem Vergnügen und Gewinn lesen, – und dabei unterschwellig wohl auch stets die Liebe des Autors zu seinem Beruf und zu „seinem" Wald spüren.

GERHARD MALUCK
Forstdirektor i. R.

Im Bergatreuter Wald: „Hansenwiese" (1) „Rieglenbühl" (3) „Schwarzengraben" (5)
  „Rieglenwies" (2) „Saasholz" (4) „Hasenhalde" (6)

Vorwort des Verfassers

Jedes Buch hat seine Geschichte – und dieses Buch hat viel mit meiner eigenen Geschichte, meinem beruflichen Lebensweg zu tun. Mein ganzes Leben war durch den Wald und den Forst geprägt.

Geboren wurde ich am 5. Juli 1939 in Rottweil, wo ich auch aufwuchs und die Volksschule und das Leibniz-Gymnasium besuchte. Über meinen Großvater, *Friedrich Jauch* aus Schwenningen – er war ein großer Natur- und Waldfreund – bekam ich bereits in der Jugendzeit vielfältige Einblicke in den Wald. Schon frühzeitig wuchs in mir der Wunsch einmal Förster zu werden. Nach bestandener Einstellungsprüfung für den gehobenen Forstdienst trat ich am 1. April 1957 in den Dienst der Landesforstverwaltung Baden-Württemberg ein.

Die genauen Stationen meiner Ausbildung und Forstlaufbahn sind in diesem Buch im Abschnitt Forstpersonal aufgeführt.

Von 1967–1971 war ich als Forstexperte im Rahmen der Entwicklungshilfe in Afghanistan. Nach meiner Rückkehr übernahm ich als Oberförster die Büroleiterstelle beim Forstamt in Baindt mit den Tätigkeitsschwerpunkten: Waldarbeit, Waldbau, Holzerntetechnik, Forstschutz, Betriebsplanung und -vollzug, Jagd und Fischerei. Zu meinem Aufgabengebiet gehörte auch die Funktion eines Ausbildungsförsters für den gehobenen Forstdienst im Innendienst. Der Forstamtsleiter, Forstdirektor *Eugen Kruttschnitt* (1957–1980) war als Schwerkriegsbeschädigter in den letzten Jahren vor seinem Ausscheiden aus dem Dienst gesundheitlich stark angeschlagen. Unter diesen Voraussetzungen bekam ich vertretungsweise zusätzlich Dienstaufgaben aus der Leitungsfunktion eines Forstamts zugewiesen. Nachfolger von Herrn Kruttschnitt wurde dann 1981 Oberforstrat *Gerhard Maluck*. Von der Zusammenarbeit mit diesen Persönlichkeiten und ihren forstlichen Erfahrungen profitierte ich sehr.

Bereits während meiner 13-jährigen Büroleitertätigkeit beim Forstamt Baindt und Bad Waldsee entdeckte ich meine Vorliebe für den Bergatreuter und Baindter Wald. Immer öfter beschäftigte mich dieses beeindruckende Waldgebiet. Nach der Pensionierung von Forstamtmann *Hans Lutz* konnte ich im Herbst 1983 mein „Wunschrevier" Bergatreute übernehmen. Dieses Revier war bekannt als eines der interessantesten, schönsten und ertragreichsten Forstreviere im Altdorfer-Wald. Mit seiner landschaftlich reizvollen Lage, seinen Nadel- und Mischbeständen, Seen und Weihern bot es mir eine ausgezeichnete Grundlage für viele forstliche Tätigkeiten und Aktivitäten.

Neben den laufenden Dienstgeschäften im Büro des Forstamts hatte ich Gelegenheit Akten und Unterlagen vom Revier Gambach/Bergatreute in der Registratur zu studieren. Schon damals hatte ich den Gedanken eine Chronik über die ehemaligen Förster und das Forstrevier zu schreiben. Der endgültige Entschluss zu diesem Buch kam aber erst nach meiner 17-jährigen Dienstzeit als Revierleiter im Forstrevier Bergatreute. Da zu einem Forstrevier aber nicht nur der Wald und die Förster gehören sondern auch viele Menschen, wie Waldarbeiter, Waldarbeiterinnen, Holzrücker, Fuhrleute, Jäger, Fischer, Sägewerker, Holzkäufer, Reisschlagleute und sonstige Waldfreunde wurde das Material für das Buch immer umfangreicher.

Mit diesem Buch möchte ich einen Einblick geben in das Geschehen des Forstreviers Gambach/Bergatreute in den vergangenen rund 100 Jahren. Es soll kein Fachbuch über die Forstwirtschaft sein, sondern einen Überblick über dieses wunderschöne Waldgebiet geben mit Fakten, Geschichten, Anekdoten und Bildern. Das Buch erhebt nicht den Anspruch, von vorne bis hinten in Reihenfolge gelesen zu werden, sondern die Vielfalt dieses Reviers und seiner spannenden Geschichte zu zeigen.

Die Übersichtskarte auf dem vorderen Vorsatz dient als Orientierungshilfe.

Kein Buch entsteht allein durch den Autor. Viele Menschen haben dazu beigetragen. Herzlichen Dank an alle Personen aus Bergatreute und Umgebung die mir in zahlreichen Gesprächen wertvolle Informationen über den Wald und die Menschen im Forstrevier Gambach/Bergatreute gegeben haben. Ohne diese Mithilfe und das zur Verfügung gestellte Bildmaterial wäre die Veröffentlichung dieses Buches nicht möglich gewesen. Leider gibt es über die praktische Waldarbeit in früheren Zeiten nur wenig gute Bilder.

Unter anderen herzlichen Dank an: *Alois Sonntag, Erwin Jäckle, Alois Strobel, Anton Nold, Agathe Wirbel, Franz Wirbel, Waltraud Wirbel, Horst Senser, Josef Senser, Lore Gaisbauer, Werner Hämmerle, Werner Buhl, August Schnell, Hermann Nold, Alexander Hepp, Anna Hepp, Christa Hartmann, Hermann Spieß, Reinhard Dangel, Hans Lutz, Thomas Keller, Gerhard Maluck, Eckhardt Rittler, Paul Sägmüller, Heidi Reiser, Irene Gresser, Ernst Graf, Josef Graf, Josef Bendel, Manfred Krumm* und *Wilhelm Lamparter*.

Herzlichen Dank auch an *Wilfried Eppe* und *Rüdiger Eppe* vom Verlag Eppe GmbH, die in ihrem Verlagsprogramm immer wieder die Besonderheiten unserer lebens- und liebenswerten Heimat würdigen.

An dieser Stelle möchte ich mich besonders bei meiner Frau *Christa*, den Töchtern *Christina* und *Shirin* und den Schwiegersöhnen *Thomas Zell* und *Rainer Krumm* für die Unterstützung und Mithilfe bedanken.

Die hervorragenden Luftbilder wurden von meinem Schwiegersohn *Rainer* aufgenommen und viele Fotos aus dem Revier stammen von meiner Frau *Christa*.

Hervorheben möchte ich noch zwei Personen:

Meinen ehemaligen Haumeister *Alois Sonntag* aus Bergatreute. Er war 37 Jahre im Forstrevier Gambach/Bergatreute beschäftigt, davon 33 Jahre als Haumeister. Aus dieser langen Zeit konnte er mir viele interessante Dinge und Gegebenheiten im Zusammenhang mit der Waldarbeit erzählen.

Horst Senser aus Bergatreute (sein Vater war Haumeister *Anton Senser*), war mir eine wertvolle Hilfe bei der Befragung von Personen die mit dem Forstrevier Bergatreute verbunden waren und sind.

Baindt, im Frühjahr 2012

JOCHEN JAUCH

Altdorfer Wald und Forstgeschichte

Der Altdorfer Wald ist das größte zusammenhängende Waldgebiet in Oberschwaben. Der Name „Altdorfer Wald" taucht zum ersten Mal in einer Urkunde von 1090 auf. Er bildete einen Bestandteil der alten welfischen Grafschaft Altdorf, die von einem kleinen Dorf, zu Füßen des Klosters Weingarten gelegen, der heutigen Stadt Weingarten, ihren Namen hat. Von Natur aus war der Altdorfer Wald ein Buchen-Tannen-Wald (Mischwald). Die Fichte war nur in den Moorrandgebieten vertreten und ist erst nach der Eiszeit eingewandert.

Seine räumliche Ausdehnung war früher wesentlich größer als heute. Umfangreiche Rodungen schufen im Laufe der Jahrhunderte Gelände für die Landwirtschaft. Beweise hierfür sind die zahlreichen Ortschaften mit den Endungen –schwende oder –reute (zum Beispiel: Wolpertswende, Witschwende, Engenreute, Enzisreute, Reute, Ankenreute usw.) die heute rings und unmittelbar um den Altdorfer Wald liegen. Die Rodungen erfolgten verhältnismäßig spät. Erst zwischen dem 8. und 11. Jahrhundert wurde der Urwald erschlossen. Die Hauptzeit der Rodungen fällt in das 12. bis 15. Jahrhundert. Aber schon um 1500 mussten die ersten Rodungsverbote erlassen werden, da der Zuzug neuer Siedler so groß war, dass der Waldbestand gefährdet erschien.

Mischwald im „Hummelbühl"

Im 18. Jahrhundert gliederte sich der Altdorfer Wald nach den Besitzverhältnissen in die „Gemeinen Forste" und die „Sonderbaren Forste".

Die Gemeinen Forste:

Darunter die dreiteiligen Forste, Bergatreuter-, Kümmerazhofer- und Grunder Wald als Besitz der Landvogtei, der Stadt Ravensburg und des Hauses Waldburg und die vierteiligen Forste Hintermoser-, Baienfurter-, Erbisreuter und Heißener Wald, an denen außer den drei oben genannten Eigentümern die Familie *Booser* aus Wetzisreute beteiligt war.

Die Sonderbaren Forste:

Darunter der Humpiswald (zunächst noch in österreichischer Hand), der Mochenwanger Wald, der Röschenwald, Sulpacher-, Stöcklis- und Obertannenwald, die ausschließlich in Ravensburger Besitz waren.

Aus einer Sonderbeilage der „Schwäbischen Zeitung" anlässlich einer Tagung des Deutschen Forstvereins 1953 von Forstmeister BARTH aus Baindt:

„Im 18. Jahrhundert waren in weiten Gebieten die alten Laubwälder durch übermäßige Holznutzungen, durch hemmungslose Waldbeweidung durch das Vieh und durch ständige Streunutzung herabgewirtschaftet und verjüngten sich nicht mehr natürlich wie zuvor. Hier bot sich die Fichte als Ersatzholzart infolge ihrer leichten Anbaumöglichkeit durch Saat und Pflanzung von selbst an. Dazu kam ihr rasches Jugendwachstum, ihre kurze Umtriebszeit und ihre frühzeitigen, so vielseitig verwendbaren Holzerträge, die Unkenntnis ihrer Gefährdungen im Reinbestand und zumal in der zweiten Hälfte des letzten Jahrhunderts die Verlagerung der Holznachfrage vom harten Brennholz (Buche/Eiche) zum weichen Bauholz (Fichte), zum Grubenholz und zum Papierholz. Diesen Siegeszug der Fichte förderte die Forstwirtschaft planmäßig so lange, bis die Gefahren der Monokultur immer deutlicher zu erkennen waren in riesigen Sturmschäden, Schneedruckkatastrophen und gewaltigen Insektenkalamitäten durch Nonne und Borkenkäfer. Noch schwerer wog die Erkenntnis, dass der wiederholte Fichtenreinanbau zum Rückgang der Bodenkraft, zur Bodenentartung führt. So stehen wir heute wieder mitten in einem Wandel der forstlichen Anschauungen, der sich allerdings infolge der Langfristigkeit der forstlichen Erzeugung nur langsam und allmählich auswirkt. Als Ideal des Zukunftswaldes wird ein den früheren natürlichen Verhältnissen möglichst angenäherter Mischwald aus verschiedenen Holzarten, aus Laub- und Nadelbäumen, aus Flach- und Tiefwurzlern, aus Licht- und Schattenhölzern angesehen. Dieser vielseitige und so gut wie möglich krisen- und gefahrensichere Mischwald der Zukunft wird die oberschwäbische Landschaft in weiten Gebieten wieder freundlicher gestalten und beleben."

Heute erstreckt sich der Altdorfer Wald von Aulendorf in südöstlicher Richtung bis zur Waldburg und hat eine Fläche von rund 10 000 Hektar und besteht im Wesentlichen aus Staatswald und Wald des Fürstl.-Wolfegg'schen Forstamts. Die kleineren Stadt-, Gemeinde- und Privatwälder sind meistens vorgelagert.

Blick auf den Altdorfer Wald mit
Bergatreuter Wald, Baindter Wald
Sulpacher Wald und Kümmerazhofer
Wald.
Im Vordergrund Baindt, rechts im
Wald die Kiesgrube Hämmerle.

Karte der Waldaufteilung (HUBER)
um 1800 vom Altdorfer Wald

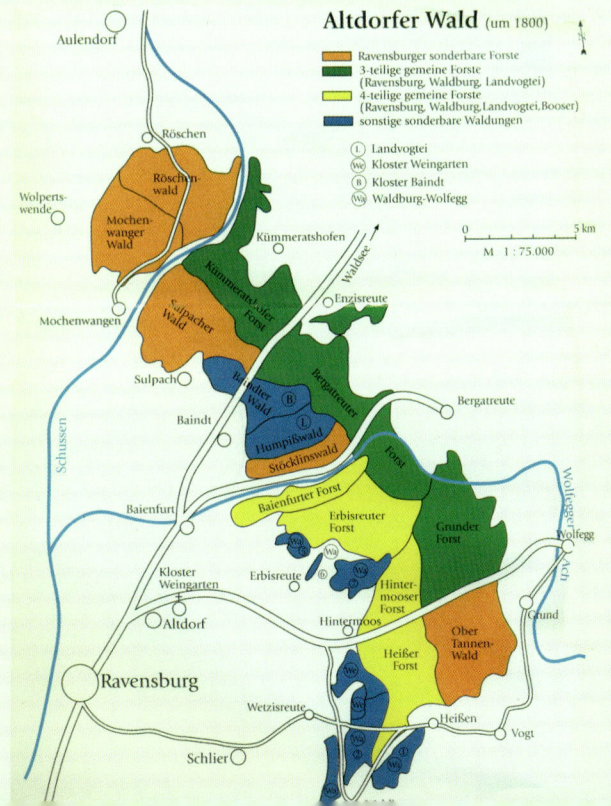

Forstorganisation und Forstverwaltung

Durch Gesetz vom 19. Februar 1902 des Königl. Finanzministeriums wurden die Forstämter alter Ordnung aufgelöst und aus dem Revieramt Baindt des Forstamts Altdorf/Weingarten wurde das neue Forstamt Baindt gebildet. Dieses Forstamt war für den Staatswald, Gemeindewald und Privatwald auf den Gemarkungen Baindt, Bergatreute und Kümmerazhofen zuständig.

Die Forste des Fürstlichen Reviers Waldsee und des Fürstlich Wolfeggschen Forstamts waren hoheitlich auch dem Forstamt in Baindt zugeteilt. 1952 lagen Staatswaldungen des Forstamts auf den Markungen Baienfurt, Baindt, Bergatreute, Reute, Blitzenreute, Kümmerazhofen und Wolpertswende. Durch die Auflösung des Forstamts Mochenwangen (1963) und die große Verwaltungsreform 1975 (mit der Auflösung des Forstamts Weingarten) wurden dem Staatlichen Forstamt Baindt weitere Gemarkungen mit Staats-, Gemeinde-, Groß- und Kleinprivatwald zugewiesen.

Aufgrund der Anordnung der Landesregierung über Sitze und Bezirke der Staatlichen Forstämter vom Juli 1975 wurde das Staatliche Forstamt Baindt in Staatliches Forstamt Bad Waldsee umbenannt. Die Verlegung des Dienstsitzes des Staatlichen Forstamts von Baindt nach Bad Waldsee in das Ämtergebäude in der Hauptstraße 10 erfolgte aber erst 1987.

Die Neuorganisation der Landesforstverwaltung zum 1. Oktober 1998 brachte für die Forstämter wieder viele, teils einschneidende Veränderungen. Für die Forstreviere wurden neue Organisationskriterien definiert, die den Veränderungen seit der letzten Verwaltungsreform Rechnung trugen und mit denen eine ausgeglichene Arbeitsbelastung zwischen den Revieren sichergestellt werden sollte. Grundlage war der Vorschlag zur Revierorganisation und Reviergröße im Organisationsgutachten von 1994. Diese neue Forstrevierabgrenzung brachte auch für das Forstrevier Bergatreute wesentliche Veränderungen. Mit der Verwaltungsstrukturreform vom 1. Januar 2005 schließlich wurden die baden-württembergischen Sonderbehörden (auch die Forstämter) aufgelöst und ihre Aufgaben in die allgemeine Verwaltung der Landratsämter übertragen.

Mit der Eingliederung der Staatlichen Forstämter als Fachbehörde in die Landratsämter wurde die Selbständigkeit der Forstverwaltung, eine über Jahrhunderte gewachsene Organisation und Tradition, fast vollständig zerschlagen.

Zum 1. Januar 2009 wurde „ForstBW" (Forst Baden-Württemberg) als Landesbetrieb nach § 26 der Landeshaushaltsordnung gegründet, zum 1. Januar 2010 wurde die Gründungsphase durch eine Neuorganisation der Betriebsleitung und Umstrukturierung der Forstverwaltung Baden-Württemberg abgeschlossen. Wie lange diese komplizierte Konstruktion allerdings überlebt, bleibt abzuwarten.

Der Bergatreuter Wald („Oberer"- und „Unterer Wald") gehört heute, unabhängig von der Forstreviereinteilung verwaltungsmäßig zum Forstamt Ravensburg (als Fachbehörde im Landratsamt eingegliedert).

„Forstmeistertafel" mit den Namen der ehemaligen Forstamtsleiter vom Forstamt Baindt/Bad Waldsee ist an einer starken Eiche am Hirschleckeweg in Abteilung „Sprengstein" in der Nähe der Höllwiese angebracht.

Ehemalige Leiter vom Forstamt Baindt:

Oberforstmeister
Karl August Fischer
von 1901–1928

Oberforstmeister
Rudolf Barth
von 1929–1956

Forstdirektor
Eugen Kruttschnitt
von 1957–1980

Forstdirektor
Gerhard Maluck
von 1981–2005
Leiter vom Forstamt Baindt/Bad Waldsee

Fundstücke aus früheren Dienstanweisungen

Maßgebend für die Waldbewirtschaftung und Forstpolizei hinsichtlich des Aufsichtsdienstes und der Wirtschaftskontrolle im Staats- und auch im Gemeindewald war das Forstamt auf der Grundlage von folgenden Gesetzen und Dienstanweisungen:

Auszüge aus der Dienstanweisung für die Königlich Württembergischen Forstwarte von 1911

Aus § 1

Der Forstwart ist berufen, den Forst- und Jagdschutz zu handhaben, insbesondere die ihm anvertraute Hut* gegen jede Entwendung und Beschädigung zu schützen, das Forstamt in der Bewirtschaftung und Verwaltung derselben sowie aushilfsweise des Forstbezirks überhaupt zu unterstützen und bei der Feststellung der in seiner Hut anfallenden Einnahmen und Ausgaben nach Maßgabe der bestehenden Vorschriften mitzuwirken.

Der Forstwart hat außerdem für Straftaten jeder Art die Stellung eines Hilfsbeamten der Staatsanwaltschaft.

Aus § 2   Gehorsam gegen Vorgesetzte

Der Forstwart ist unmittelbar dem Forstamt (d.h. dem Oberförster oder dessen Stellvertreter) untergeordnet. Seinem Vorgesetzten hat er stets mit gebührender Achtung zu begegnen und den dienstlichen Anordnungen pünktlich Folge zu leisten.

Aus § 5   Geordneter Lebenswandel

Der Achtung, die sein Beruf erfordert, hat sich der Forstwart durch sein Verhalten in und außer dem Dienst stets würdig zu zeigen. Er muss daher einen anständigen, gesitteten Lebenswandel und einen einfachen, geordneten Haushalt führen, namentlich aber sich vor dem Laster des Spieles und des Trunkes, sowie vor leichtsinnigem Schuldenmachen hüten.

Aus § 12   Verbot der Annahme von Belohnungen und Geschenken

Dem Forstwart ist jede unmittelbare oder mittelbare Annahme einer Belohnung, eines Geschenks oder eines sonstigen Vorteils von irgendjemand ohne vorgängige Erlaubnis der Forstdirektion verboten.

Aus § 23

Im Dienst hat der Forstwart stets die Dienstkleidung, das Gewehr, den Hirschfänger und den Kontrollhammer zu tragen; von dem Führen des Dienstgewehres samt der erforderlichen Munition und des Hirschfängers ist er nur dann entbunden, wenn er dadurch an den ihm obliegenden wirtschaftlichen Verrichtungen behindert würde. Das Tragen bürgerlicher Kleidung ist nur aus besonderen Gründen, z. B. bei landwirtschaftlichen Verrichtungen oder mit Genehmigung des Forstamts im Urlaub gestattet.

Anweisung für das Königliche Forstschutzpersonal von 1876

---

* Unter „Hut" sind diejenigen Wald- und sonstigen Grundstücke zu verstehen, deren Schutz dem Forstwart anvertraut ist.

Dienstanweisung

für die

Königlich Württembergischen

Forstwarte.

Stuttgart.
Druck von Chr. Scheufele.
1911.

Dienstanweisung für die Königlich Württembergischen Forstwarte von 1911

Allgemeine Dienstvorschriften

für die

Württ. Staatsforstverwaltung
(D. V.)

Allgemeine Dienstvorschriften von 1925

Aus § 24

Die Ehre und der Zweck des Dienstes erfordern, dass der Forstwart brauchbare Waffen führt und anständige Kleidung trägt.

Aus § 27 Verheiratung

Kein Forstwart darf ohne vorherige Anzeige bei dem ihm vorgesetzten Forstamt und vor der ihm hierauf eröffneten Entschließung der Forstdirektion sich in eine eheliche Verbindung einlassen.

Dem Heiratsgesuch sind folgende Unterlagen anzuschließen:
ein gemeinderätliches Zeugnis über den Leumund der Braut,
ein gemeinderätliches Zeugnis über die Vermögensverhältnisse des Forstwarts und seiner Braut, ausgeschieden nach nutzbringendem Vermögen (verzinslichen Kapitalien, Liegenschaften usw.) und totem Besitz (Inventar, unverzinsliche Forderungen usw.)

Die Annahme von Hochzeitsgeschenken von nicht verwandten Forstbezirksangehörigen, desgleichen die Abhaltung einer so genannten Zech- oder Schenkhochzeit innerhalb des Forstbezirks ist dem Forstwart ausdrücklich untersagt.

Aus § 28 Urlaub

Ohne Genehmigung der vorgesetzten Behörde darf der Forstwart seinen Dienstbezirk nicht verlassen. Wird er ausnahmsweise durch unvorhergesehene dringende Umstände genötigt, sich ohne Vorwissen des Forstamts außerhalb seines Bezirks zu begeben, so hat er noch vor der Entfernung dem Forstamt den Abgang schriftlich anzuzeigen, auch die Rückkehr tunlichst zu beschleunigen.

Aus § 32

Für die gute Handhabung des Forstschutzes in den seiner Hut anvertrauten Staats-, Körperschafts- und Privatwaldungen und sonstigem zu derselben gehörigen Grundbesitz ist der Forstwart ausschließlich verantwortlich.

Aufgestellt: Stuttgart, den 8. Juli 1911
Königliches Finanzministerium

Das Württembergische Forstpolizeigesetz und das Württembergische Forststrafgesetz

Mit Wirkung vom 1. April 1925 wurden die Allgemeinen Dienstvorschriften für die Württembergische Staatsforstverwaltung eingeführt.

Auszug aus den Allgemeinen Dienstvorschriften für die Staatsforstverwaltung von 1925

In Abschnitt I. Ziffer 3 heißt es:
Für den Schutzdienst und den Betriebsvollzug sind dem Forstamt Forstbeamte unterstellt.
Die amtliche Bezeichnung ist für die Forstbeamten im Außendienst:
   Forstwarte und Förster;
   für die Dienststelle: Försterstelle;
   für den Dienstbezirk: Försterei.
Der Forstbeamte ist berufen, den Forst- und Jagdschutz auszuüben und den Forstmeister in der Bewirtschaftung und Verwaltung zunächst innerhalb seiner Försterei, aushilfsweise jedoch auch im übrigen Forstbezirk zu unterstützen.

Allgemeine Dienstvorschriften. (D.V.)

Inhalts-Übersicht.

Allgemeine Übersicht über die Abschnitte I—XVII.

Ziffer		Seite
1—8	I. Ämter und Beamte	3
9—14	II. Der schriftliche Verkehr und der Kanzleidienst der Forstämter	8
15—16	III. Ausbildung und Fortbildung	13
17—31	IV. Erhaltung, Sicherung und Mehrung des Staatsgrundbesitzes	15
32—33	V. Wirtschaftseinrichtung	21
34—36	VI. Die jährlichen Betriebspläne und Vollzugsnachweisungen im allgemeinen	21
37—43	VII. Die jährlichen Nutzungspläne und Fällungsnachweisungen	22
44—54	VIII. Holzhauereiarbeiten	24
55—68	IX. Die Abgabe und Verwertung des Holzes	28
69—95	X. Die Nebennutzungen	30
96—140	XI. Die Jagd	36
141—162	XII. Landwirtschaftlich benützte Grundstücke	45
163—175	XIII. Fischerei	52
176—209	XIV. Kulturbetrieb	56
210—251	XV. Die Wege	72
252—280	XVI. Rechnungswesen	87
281	XVII. Statistik	94

Für die Dienstobliegenheiten der Forstwarte und Förster ist weiterhin die „Dienstanweisung für die Forstwarte" maßgebend.

Bei Vorlage von Bewerbern um erledigte Forstwartstellen sind die auf den neuesten Stand ergänzten Personallisten (insbesondere bezüglich des Zeugnisses des Forstamtes) anzuschließen.

Der Bewerber hat etwaige verwandtschaftliche Beziehungen zu Bewohnern des Dienstbezirks, um den er sich meldet, eingehend und verantwortlich darzulegen.

Dienstbekleidungsvorschrift

Dienstkleidungsvorschrift von 1937

Auf Grund des Deutschen Beamtengesetzes vom 26. Januar 1937, in Verbindung mit dem Erlass des Führers und Reichskanzlers über die Uniform des Forstbeamten ist die Dienstkleidungsvorschrift vom 22. April 1938 erlassen worden.

Auszug aus der Dienstkleidungsvorschrift

Die neuen Uniformen verpflichten zur besonderen Sorgfalt bei Beachtung der Anzugs- und Trageordnung und verlangen ein tadelloses Auftreten jedes Beamten. Jeder Vorgesetzte ist verpflichtet, auf ordnungsgemäßen Anzug zu achten.

Im Dienst ist grundsätzlich die entsprechende Dienstkleidung zu tragen. Nur ausnahmsweise, wenn es die persönliche Sicherheit des betreffenden Beamten erfordert, wie z. B. bei Gerichtsterminen, kann von der vorgesetzten Dienststelle die Genehmigung zum Tragen von Zivilkleidung erteilt werden.

Treten die Forstbeamten geschlossen auf, so ist von den zuständigen Dienststellen der Anzug von Fall zu Fall besonders anzuordnen.

*Kleiner   Großer
Walddienstanzug*

Gehobener Dienst

Forstlehrling

Revierförsteranwärter

s. pl. Revierförster

Revierförster

Ober-Förster

Forstamtmann

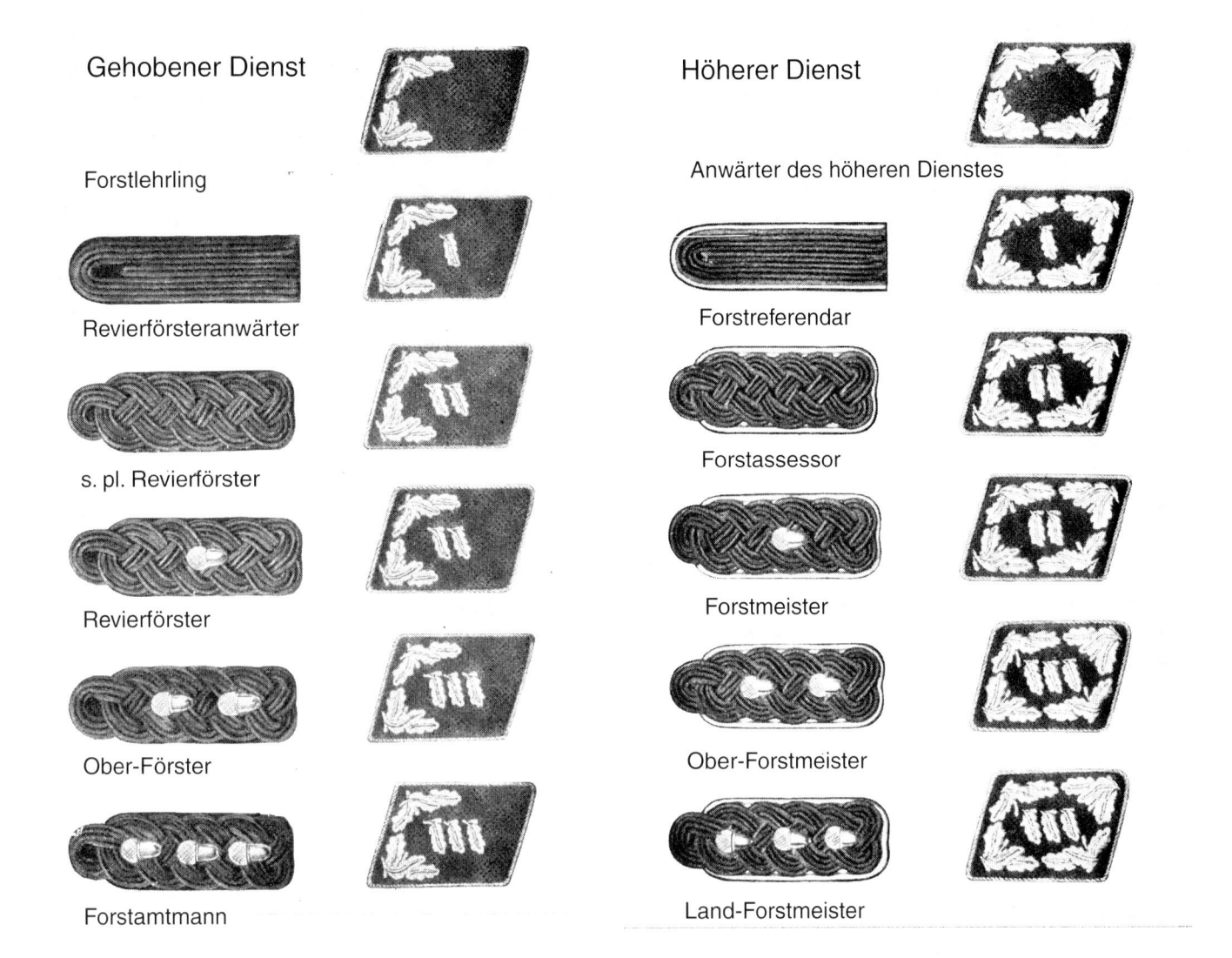

Schulterstücke und Kragenspiegel gehobener Forstdienst

Höherer Dienst

Anwärter des höheren Dienstes

Forstreferendar

Forstassessor

Forstmeister

Ober-Forstmeister

Land-Forstmeister

Schulterstücke und Kragenspiegel höherer Forstdienst

Forstliche Laufbahnen

Mittlerer Dienst:	*Forstanwärter, Forstwart, Oberforstwart.*
Gehobener Dienst:	*Forstlehrling, Revierförsteranwärter, Revierförster, Oberförster, Forstamtmann, Forstoberamtmann.*
Heute:	Forst-Inspektor, Forst-Oberinspektor, Forst-Amtsrat, Forst-Oberamtsrat.
Höherer Dienst:	*Forstassessor, Forstmeister, Oberforstmeister, Landforstmeister, Oberlandforstmeister.*
Heute:	Forstrat, Oberforstrat, Forstdirektor, Ltd. Forstdirektor.

Dienstaufgaben

Die Aufgaben des Försters im Forstrevier sind umfangreich und vielseitig, sie setzen sowohl Fach- als auch gute Revierkenntnisse voraus.

Zu den wichtigsten Aufgaben:

- *Jährliche Planung:* Mitwirkung bei der Aufstellung der jährlichen Betriebspläne.
- *Forstkulturbetrieb:* Vorbereitung und Durchführung aller Arbeiten im Zusammenhang mit der Pflanzung, einschließlich dem Schutz und Pflege der Kultur.
- *Jungbestandspflege:* Ständige Beobachtung der jungen Bestände und rechtzeitige Einleitung der erforderlichen Pflegemaßnahmen.
- *Forstschutz:* Schutz des Waldes gegen tierische und pflanzliche Schäden, z.B. gegen Borkenkäfer, Wild (Verbiß- und Fegeschutz). Schutz des Waldes gegen Übergriffe von Menschen, z.B., verbotenes Fahren, Holzdiebstahl, Feuer anzünden, Rauchen, usw.
- *Hiebsauszeichnung:* Gezielte Entnahme von Bäumen um hochleistungsfähige Mischbestände zu erziehen. Bereits bei der Auslese in jüngeren Beständen fallen die wichtigsten Entscheidungen über ihre Zukunft und den Wirtschaftserfolg.
- *Holzernte:* Vorbereitung und Überwachung der Fällungsarbeiten, Ausformung und Sortierung des Holzes, Losbildung, vorbereitende Arbeiten für den Holzverkauf.
- *Wegunterhaltung:* Laufende Wegunterhaltungsarbeiten an Fahrbahnen, Kontrolle von Gräben, Dolen und Durchlässen.
- *Jagd:* In vielen Forstrevieren wird die Jagdausübung durch den Förster zusammen mit den mithelfenden Jägern durchgeführt. Es ist seine Aufgabe, im Revier für einen angemessenen, tragbaren Wildstand zu sorgen, er wirkt mit bei der Aufstellung der Abschusspläne und ist für die Einhaltung verantwortlich.
- *Naturschutz und Landschaftspflege:* Pflege von Naturschutzgebieten, Naturdenkmalen und Landschaftsschutzgebieten unter Beachtung der vorliegenden Schutzbestimmungen.
- *Buchführung:* Er liefert die erforderlichen Unterlagen für den Holzverkauf (Holzlisten), für die Entlohnung der Waldarbeiter oder Unternehmer und verbucht sämtliche Vollzugsdaten durchgeführter Betriebsarbeiten.
- *Gemeinde-, Kirchen- und Kleinprivatwald:* Der Förster betreut und berät die Waldbesitzer auf der Grundlage vorliegender Verträge und bestehender Gesetze. Er übernimmt auf Wunsch die Durchführung einzelner Betriebsarbeiten (Einsatz von Waldarbeitern, Holzauszeichnen, Holzaushaltung, Holzaufnahme, Mithilfe bei der Vermarktung usw.) und gibt den Kleinwaldbesitzern Ratschläge über Baumartenwahl, Bestandspflege und Forstschutzmaßnahmen.

Reviergeschichte / Revierentwicklung

Der Gemeine Bergatreuter Wald

Sitz des zuständigen Waldknechts für den Gemeinen Bergatreuter Wald um 1550 war in Witschwende. Die Besoldung desselben teilten sich die Herrschaft Waldburg und die Stadt Ravensburg. Durch die politischen Umwälzungen in den ersten 10 Jahren des 19. Jahrhunderts gingen die Besitzungen der Landvogtei, der Stadt Ravensburg und der Klöster zunächst an Bayern und dann an Württemberg über (1810). Bei der Übergabe des Altdorfer Waldes an Bayern 1803 wurde die Größe des Bergatreuter Waldes mit 1566 Jauchert = 767 Hektar angegeben. Die Unterlagen für die Aufteilung des gemeinsamen Besitzes auf Staat und Herrschaft Wolfegg lieferte die Waldtaxation von 1811. Danach wurden die verschiedenen Besitzanteile herausgemessen und fest vermerkt. Die Waldungen behielten ihre Einteilung als Hauptabteilung bei, wurden aber in Distrikte mit Unterabteilungen aufgegliedert. Auch die Ansprüche der Holzberechtigten wurden genau ermittelt. In den folgenden Jahrzehnten wurde die Mehrzahl der Berechtigten vom Staat abgefunden, vielfach durch Abtretung der stark parzellierten Vorhölzer. So war nun der Weg freigemacht für eine neuzeitliche, auf Steigerung der Holzerzeugung bedachte Forstwirtschaft.

Der Gemeine Bergatreuter Wald (Staatswald) wurde verwaltungsmäßig auf die Huten Baienfurt und Gambach aufgeteilt.

Bei der Bevölkerung spricht man heute noch beim Staatswald auf der Gemarkung Bergatreute von dem „Oberen Wald" (ehemals Hut Baienfurt) und dem „Unteren Wald" (ehemals Hut Gambach).

Holzgerechtigkeiten Witschwende

In den Verträgen von 1834 unter seiner Königlichen Majestät übernahm der Staat sämtliche Ansprüche der Holzberechtigten am Altdorfer Wald. Berechtigte wurden durch Abtretung von ehemaligem Staatswald im Kirchholz und Langholz oder mit Geld abgefunden. Übrig blieben aber immer noch Bauholz-, Brennholz-, und Reisiggerechtigkeiten. Der Altdorfer Wald auf Gemarkung Bergatreute war so immer noch belastet. Nach schwierigen Verhandlungen konnten die Brenn- und Derbholzrechte in den Jahren 1939/1940 mit Geld abgelöst werden. Die Reisholzrechte wurden von dieser Ablösung aber nicht berührt. Mehrere Versuche des Forstamts zur Ablösung der Reisholzrechte mit Geld sind fehlgeschlagen (letztmalig im Sommer 1979).

Auf sechs landwirtschaftlichen Anwesen in Witschwende ruht heute noch das Recht zum Bezug von Brennreisig (Flächenlose) aus dem Altdorfer Wald, Gemarkung Bergatreute. Diese Rechte sind im Grundbuchheft von Bergatreute eingetragen.

Art und Umfang des Rechts:

„65 Buchen-Wellen" und „305 Nadelholz-Wellen"

Der Umfang dieses Rechts verteilt sich auf die Eigentümer folgender berechtigten Anwesen in Witschwende:

Gebäude-Nr.	Eigentümer
3	*Leuter, Georg / Leuter, Elisabeth (vormals Bendel, Bernhard)*
4	*Graf, Bruno / Graf, Hildegard*
11	*Weiß, Friedrich / Weiß, Rosa (vormals Müller, Crescenz)*
13	*Küble, Alois / Küble, Elisabeth (vormals Bendel, Matthäus)*
14	*Küble, Alois / Küble, Elisabeth (vormals Bendel, Josef)*
19	*Walser, Eugen / Walser, Anna*

Diese sechs berechtigten Eigentümer obiger Anwesen erhalten jährlich vom Forstrevier Bergatreute aus dem Staatswald kostenlos einen entsprechenden Reisschlag.

> *Erläuterung zur Maßeinheit einer Welle:*
> *Man nehme ein Seil mit einer Länge von ca. 1 m und fertige einen Bund mit Reisigästen mit 1m Länge.*

Der „Obere Wald"

Verwaltungsmäßig zuständig für den „Oberen Wald" war bis 1975 das Forstamt Weingarten und dann das Forstamt Ravensburg.

In der Huten-Beschreibung vom 1. April 1908 war für den „Oberen Wald" die Hut Baienfurt mit dem Sitz in Unterankenreute und einer Staatswaldfläche von 700 Hektar zuständig. 1908 übernahm Forstwartstellvertreter *Anton Münch*, geb. 1881, die Hut Baienfurt und war dann Förster auf dieser Stelle bis 1946.

Anschließend übernahm Förster *Josef Köninger* für 18 Jahre die Försterei. *Köninger* wohnte mit seiner Familie im Forsthaus in Bergatreute, Ravensburger Straße 28, (gegenüber dem Pfarrhaus, heute Frau *Anna Hepp*), bis 1954, danach ist er nach Baienfurt-Briach umgezogen.

Nach *Köninger* kam für einige Jahre Förster *Eugen Moll* und bewohnte mit seiner Frau und fünf Kindern das neuerbaute Forsthaus in Bolanden (erbaut 1949 von Firma *Anton Brauchle* aus Bergatreute). Aus familiären Gründen wechselte *Moll* dann Anfang der 1960er-Jahre in das Forstrevier Löwental im Forstamt Tettnang.

Leiter des Forstreviers Bolanden von 1960–1995 (35 Jahre) war dann Förster *Wilfried Noe* (geb. 18. April 1930, gest. 12. Juli 2010). Bis das Forsthaus in Bolanden frei war, wohnte die Familie *Noe* von 1962–1965 in Bergatreute-Witschwende bei Familie *Oskar Thurn*.

Nach der Pensionierung von Förster *Wilfried Noe* übernahm Förster *Volker Ertner*, wohnhaft in Bergatreute, Küfereiweg 14, die Leitung des Forstreviers Bolanden. Seit der letzten Forstorganisationsänderung mit der Neueinteilung der Reviere ist der Name des Forstreviers jetzt Erbisreute und umfasst den Staatswald im Altdorfer Wald der Gemarkungen: Bergatreute („Oberer Wald"), Baienfurt, Schlier, Wolfegg und Vogt.

Oberholzhauer und Haumeister im Revier Bolanden waren zwischen 1935 und 1973 *Franz Graf, Ernst Graf* und *Xaver Brauchle* aus Bergatreute und Witschwende. Die Waldarbeiter für den „Oberen Wald" kamen meistens aus Bergatreute, Witschwende und Bolanden, die Waldarbeiterinnen aus Bergatreute, Unterankenreute und Witschwende.

Blick auf den Bergatreuter Wald, „Oberer Wald" und „Unterer Wald", Baindter Wald mit Achtal und Kiesgrube Hämmerle.
Im Hintergrund rechts liegt Bergatreute.

Waldarbeiter mit Förster aus dem „Oberen Wald", um 1915

„Waldgesellschaft 1923"

VON LINKS OBEN: Anton Schneider sen., unbek. Elisabeth Puhler (?), unbek., unbek., Maria Graf (Krause), Karl Hepp (Krause),

VON LINKS UNTEN: unbek., unbek., Josef Buck, unbek., Franziska Schneider, Rosa Schnell, Karl Schorpp, Maria Hagenbuch, Anton Schneider jun., unbek., unbek., unbek.

VON LINKS GANZ UNTEN: Franz Hepp, unbek.

„Waldgesellschaft" um 1923

VON LINKS NACH RECHTS:

1. REIHE OBEN: Fr. Gretz, Maria Hagenbuch, Maria Graf (Krause)
2. REIHE: Elisabeth „Paulerle", Rese Knecht, Anna Jäger (Hesners), Frida Stotz
3. REIHE: „Botta Anna", unbek., Helene Detzel (Ried), Försteranwärter Josef Hund, Frida Brauchle (Hasenwirtin)
4. REIHE: Theresia Schnell (Siegenwieden), Franz Josef Hepp (Bergatreute), unbek.

„Die lustigen Holzhackerbuabn" von 1924 (ohne Namen)

Diese alten Bilder wurden von ALEXANDER HEPP, zur Verfügung gestellt, seine Großmutter, Franziska Hepp, geb. Schneider, geboren 1908, hat als Waldarbeiterin im „Oberen Wald" gearbeitet. Sie konnte ihrem Enkel noch viele Namen der abgebildeten Personen mitteilen.

Waldarbeiter um 1925

VON LINKS NACH RECHTS:
OBERE REIHE: *Josef Giray, Karl Neuner, unbek., Josef Röhr, Josef Buck, Karl Schorpp.*
UNTERE REIHE: *Anton Schneider jun., Franz Graf, Ernst Graf, Anton Schneider sen.*

„Sichlerinnen" um 1925

VON LINKS NACH RECHTS:
OBERE REIHE: *Förster Maier, unbek. (Ankenreute), Weber (Ankenreute), Franziska Schneider, „Sefferle" (Ankenreute), Senze Schnell, drei Frauen unbek. (Ankenreute), Rosa Schnell, Karl Dörflinger.*
UNTERE REIHE: *Elisabeth Puhler (?), Ida Sonntag, zwei Frauen unbek., David Röhr, Josef Hepp, (Krause ?)*

Waldarbeitergruppe mit Förster aus dem „Oberen Wald" von 1939
SITZEND VON LINKS: *David Röhr, Josef Röhr, Josef Keller, Xaver Brauchle*
STEHEND VON LINKS: *Ernst Graf (Oberholzhauer), Franz Baumann, Josef Buck, Alois Jäger, Anton Schneider, Franz Hepp, Wilhelm Stützle, Karl Neuner, Förster Josef Köninger.*

FOTO: FRITZ BUCK, BERGATREUTE

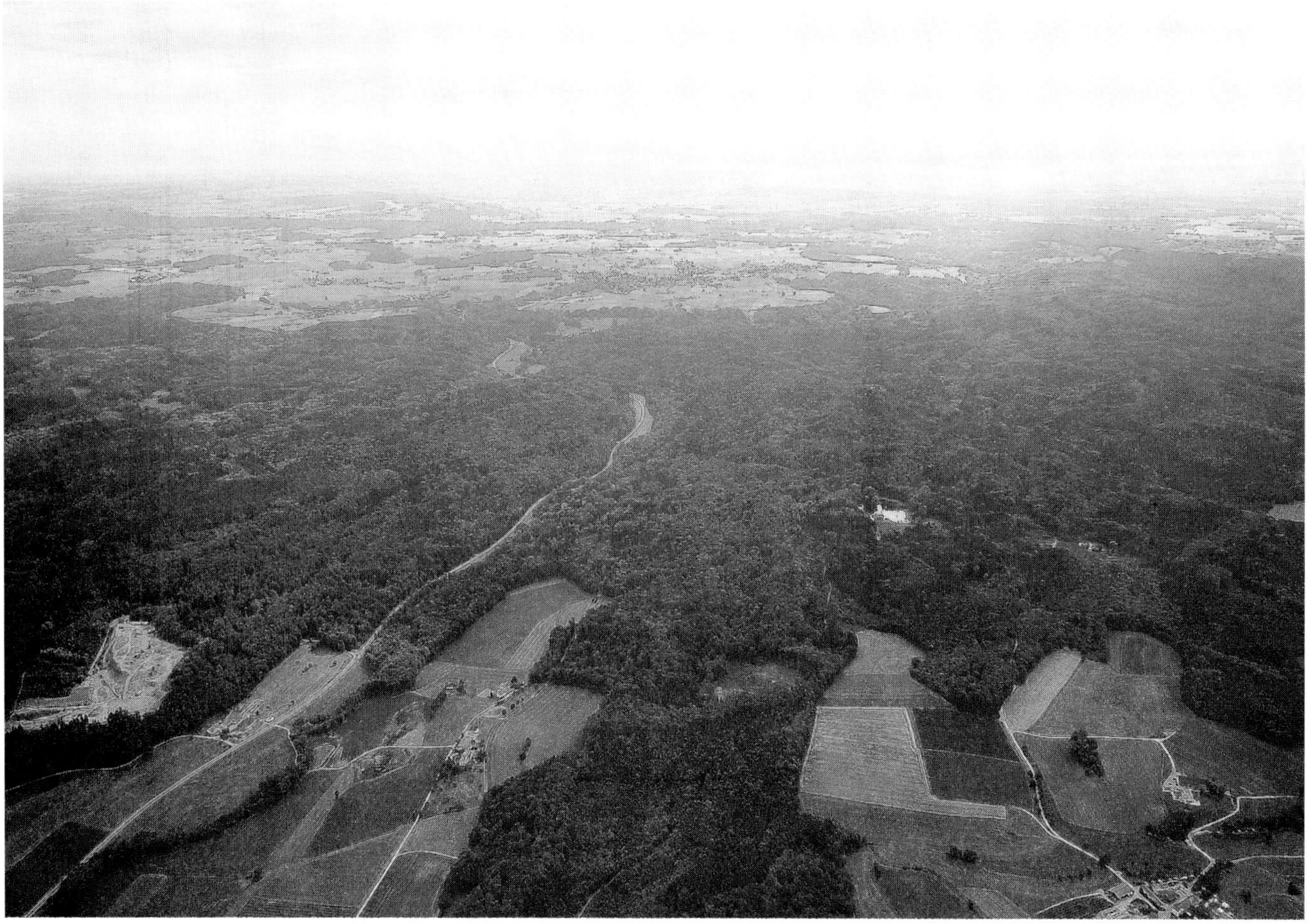

Der „Untere Wald"

Aus der Hutenbeschreibung vom „Verein württ. Forstwarte"
(nach dem Stand vom 1. April 1908)

Verwaltungsmäßig zuständig für die Hut Gambach mit einer Staatswaldfläche von 488 Hektar war von 1790–1902 das Revieramt in Baindt, anschließend das Forstamt Baindt.

Bereits 1908 gehörten vom Bergatreuter Forst folgende Staatswald-Abteilungen zur Hut Gambach („Unterer Wald"): „Mühlholz", „Mühlhalde", „Mooshalde", „Grünhalde", „Hochstichhängle", „Bolanden", „Brandhalde", „Heppenbühl", „Hochstich", „Hummelsweiher", „Hummelsbühl", „Brand", „Brennerbühl", „Brenner", „Sprengstein", „Rotlach", „Saasholz", „Hasenhalde", „Grottbuch", „Wannenbühl", „Höll", „Speckenried", „Hansenwies", „Schwarzer Graben", „Heuweg", „Rieglenbühl", „Rieglenwies", „Erlenmoos", Kleinhofmeister", „Stockbühl", „Stockwiese" und „Stockweiher". Laut Huten-Beschreibung von 1908 betrug die Staatswaldfläche rund 500 Hektar.

Die weitere Revierentwicklung:

Von 1920 bis 1965 Försterei Gambach

Die Abteilungen „Großhofmeister", „Egelsee" und „Hofmeisterweiher" von der Gemarkung Baindt (Försterei Baindt) kamen Ende der 1920er-Jahre zur Försterei Gambach. Von 1965 bis heute Forstrevier Bergatreute.

Altdorfer Wald mit Achtal
LINKE BILDSEITE: *Forstrevier Bergatreute mit Kiesgrube Hämmerle in der Abteilung „Stöcklisbühl"*
RECHTE BILDSEITE: *Forstrevier Bolanden*

Titelblatt der Hutenbeschreibung

Altdorfer Wald mit Bergatreuter Wald, Baindter Wald und Kümmerazhofer Wald
LINKS IM BILD: *Baindt-Marsweiler*

Nach der Forstorganisationsänderung 1965 mit der Auflösung des Forstamts Mochenwangen kamen vom Baindter Wald (Forstrevier Baindt) weitere Abteilungen zum Forstrevier Bergatreute: „Glasbach", „Jägerweg", „Achhalde", „Hengstmoos", „Badhalde", „Stöcklishalde", „Stöcklisbühl" (mit der Kiesgrube), „Tiefweiher", „Katzenmoos", „Gloggere", „Zimmerplatz" und „Grünenberg". Nach der Neueinteilung der Forstreviere 1975 betrug die Staatswaldfläche im Forstrevier Bergatreute:

Bergatreuter Wald = 572 Hektar
Baindter Wald = 211 Hektar, zusammen = 783 Hektar.

Beschreibung der Hut Gambach

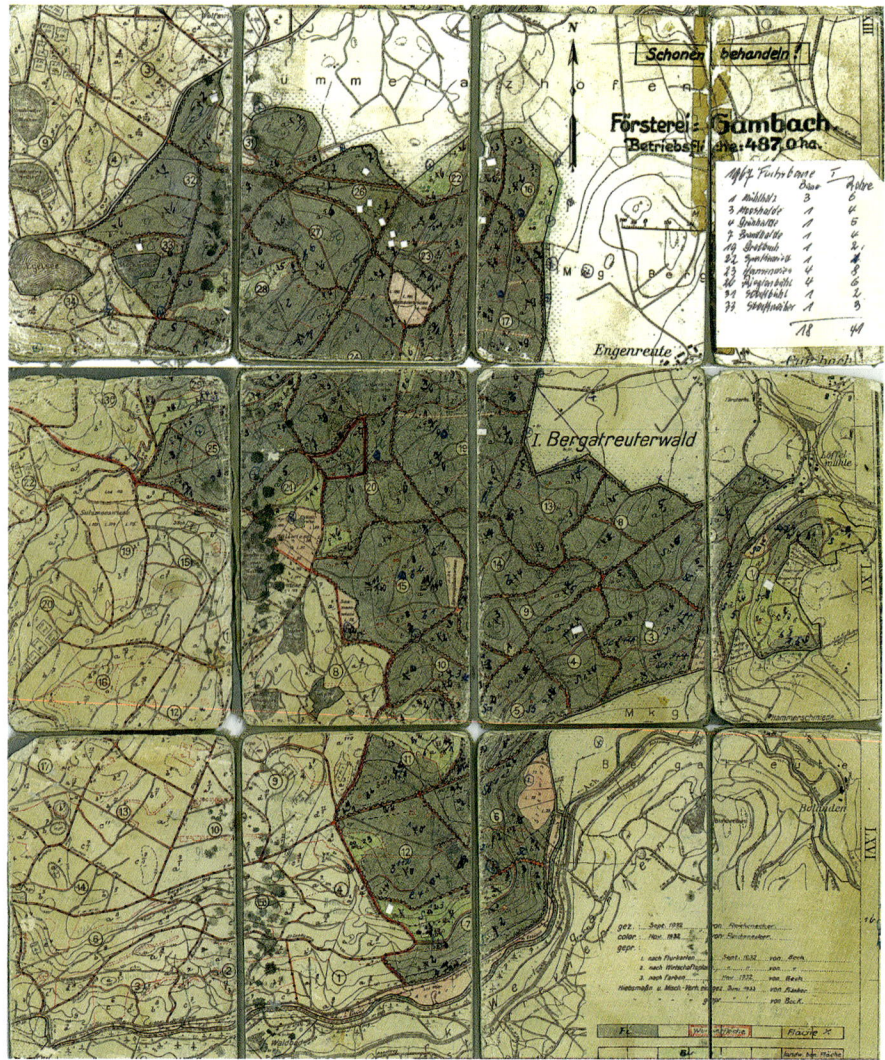

Revierkarte Gambach 1932

Alte Abteilungstafel

Bei der Übergabe des Forstreviers Bergatreute an meinen Nachfolger Thomas Keller am 27. November 2000 umfasste die Staatswaldfläche 805 Hektar

Bei der nächsten Forstorganisationsänderung 1998 und der Neueinteilung der Forstreviere kamen vom Kümmerazhofer Wald noch folgende Abteilungen zum Forstrevier Bergatreute: „Röschbühl" (mit Schießanlage der Kreisjägervereinigung), „Wolfswies", „Wolfsteich", „Brunnenstub", „Hahnenhölzle", „Schanzbühl" und „Schanzweiher" (mit „Bunkhofer-Weiher" und „Schanzweiher"). Dafür wurden an das Forstamt Ravensburg (Forstrevier Bolanden) die Abteilungen: „Mühlholz", „Bolanden", „Brandhalde", „Brand" und „Glasbach" abgegeben.

Abgegeben an das Forstrevier Baindt die Abteilungen: „Grünenberg" und „Zimmerplatz".

Nach der Neuorganisation der Forstreviere der Unteren Forstbehörde beim Landratsamt Ravensburg zum 1. Januar 2007 kamen die 1998 an das damalige Forstamt Ravensburg (Forstrevier Bolanden) abgegebenen Abteilungen (außer Abteilung „Mühlholz") wieder zum Forstrevier Bergatreute zurück.

Zur Waldeinteilung (siehe Karte auf Seite 31)

Der Staatswald des Forstreviers Bergatreute setzt sich heute aus Teilen des Bergatreuter-, des Baindter- und des Kümmerazhofer Waldes zusammen. Diese Waldgebiete (Distrikte) sind wieder aufgeteilt in die einzelnen Abtei-

Neue Abteilungstafel

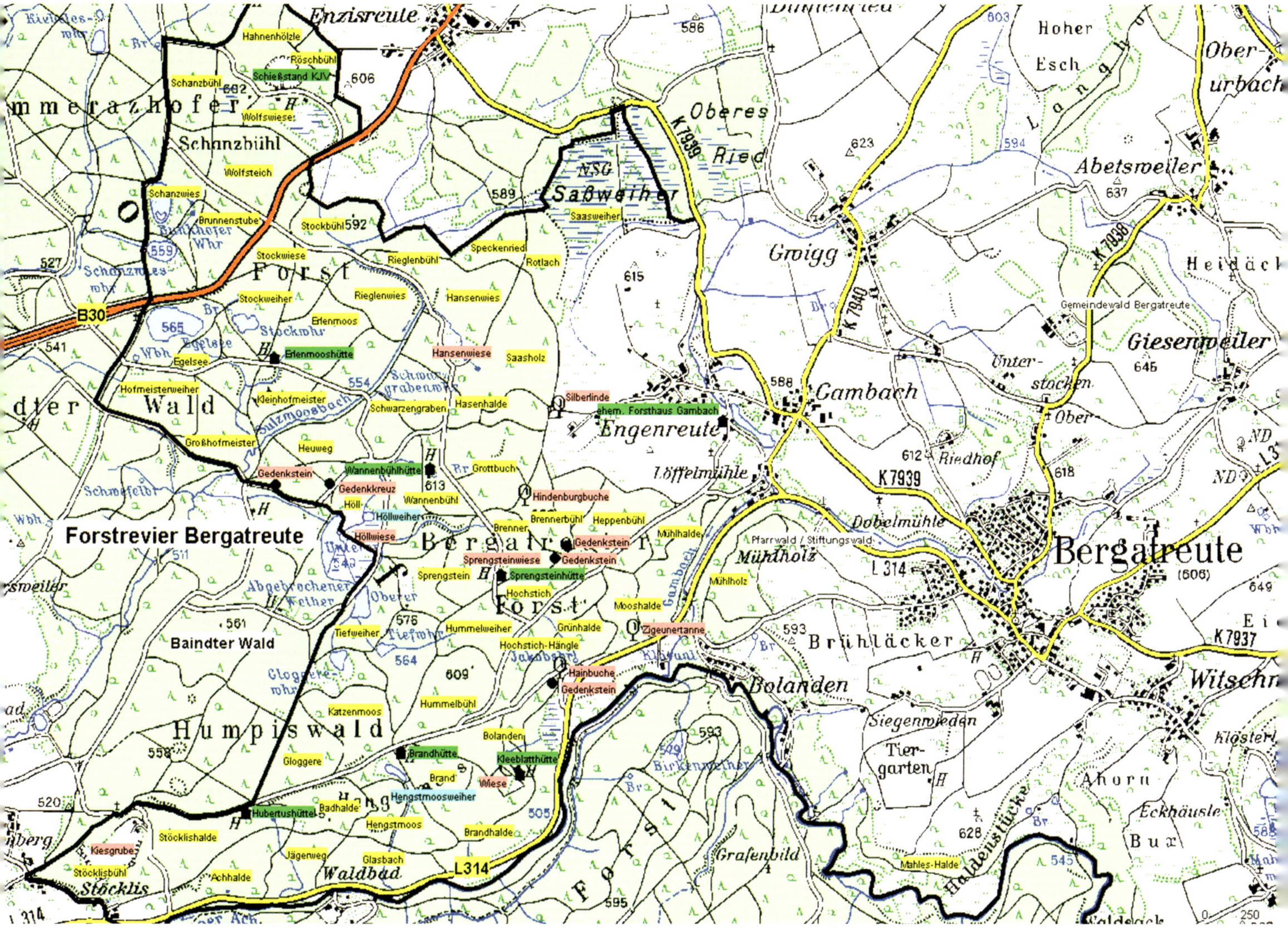

Tafel der Dienststelle am Haus

lungen. Die Abteilungsnamen stehen auf Tafeln, die an den Eckpunkten der Abteilung an Bäumen oder Holzpfählen angebracht sind. Diese Namen sind bei der örtlichen, ländlichen Bevölkerung durch Überlieferung meistens bekannt. Die Abteilungstafeln dienen auch der Orientierung für Forstpersonal, Waldarbeiter, Holzkäufer, „Reisschlagleute" und Waldbesucher.

Alte Abteilungstafeln (bis 2010) mit: Distriktsnummer, Abteilungsnummer und Abteilungsname.

Die alten Abteilungstafeln waren noch handgemalt, wurden aber bei Verlust, Beschädigungen oder Revierveränderungen durch geprägte Schilder ersetzt.

Neue Abteilungstafeln mit: Landeswappen, Staatswald Ravensburg, Nummer des Distrikts, Nummer der Abteilung und der Abteilungsname.

Die Abteilung ist die kleinste Flächeneinheit im Revier und liefert die Grundlagen und Daten für das Forsteinrichtungswerk und das Revierbuch. Darin findet der Förster alle Angaben die für eine erfolgreiche Waldbewirtschaftung erforderlich sind, z.B.: Flächengröße, Baumartenzusammensetzung, Alter, Bestandesbeschreibung, Holzvorrat (in Festmetern), dann die Planungsdaten für Holzernte, Jungwuchspflege, Kulturen usw.

Die Dienststelle des Forstreviers Bergatreute war von 1984–2000 in meinem Privathaus in Baindt, Boschstraße 63, untergebracht.

Wegebau durch den freiwilligen Arbeitsdienst

Der Freiwillige Arbeitsdienst wurde 1931 gegründet. Die gesetzlichen Grundlagen dazu wurden mit der Notverordnung vom 05. Juni 1931 geschaffen. Er durfte nur für gemeinnützige Arbeiten eingesetzt werden. Über groß angelegte Programme wurden arbeitslose Jugendliche und Erwachsene beschäftigt. Der Freiwillige Arbeitsdienst war oftmals die erste bezahlte Arbeitsstelle für junge einheimische Burschen.

Der Freiwillige Arbeitsdienst (FAD) wurde dann 1935 in den Reichsarbeitsdienst (RAD) überführt. Damals kursierte der Spruch: „25 Pfennig ist der Reinverdienst, ein jeder muss zum Arbeitsdienst." Für diesen Tagesverdienst konnte man sich 6 Zigaretten und 5 Rahmbonbons kaufen.

Das „Arbeitskommando" des Freiwilligen Arbeitslagers bestand hier aus freiwilligen jungen Männern der Umgebung und aus „Russen".

In der Försterei Gambach wurden 1931/1932 unter Forstmeister *Barth*, Förster *Klotzbücher* und Oberholzhauer *Jäckle* folgende Wege gebaut:

> *Hütteweg (von der „Sprengsteinhütte" bis zum „Heppenbühl")*
> *Hänglesweg (durch Abteilung „Grünhalde" und „Hochstichhängle")*

Wasserträger für Heublumentee

Arbeitsdienst beim Wegebau 1932 (mit „Russen")

„Hochstichhängle" 1932

Gruppenbild mit Förster

Diese Bilder wurden von einem Teilnehmer aufgenommen und in einem kleinen Album dem Oberholzhauer *Jäckle* als Erinnerung an das Arbeitslager übergeben.

Die Bilder wurden von Erwin Jäckle, Altann, (Sohn von Oberholzhauer Jäckle) zur Verfügung gestellt.

Die Bauleitung mit Oberholzhauer Jäckle, Zimmermann und Österle

„Hochstichhängle" beim „Jakobsbrünnele"

Reparationshiebe nach dem 2. Weltkrieg („Franzosenhiebe")

Die Siegermächte hatten sich nach dem gewonnenen 2. Weltkrieg 1939–1945 im deutschen Wald durch Holzlieferungen als so genannte Wiedergutmachung gut bedient („Reparation"). Bei uns war es die französische Besatzungsbehörde, die viel Beutegut aus unserem Land und vor allem aus unserem Wald herausholte.

Die Besatzungsjahre waren eine sehr bittere Zeit für die Forstwirtschaft. Übernutzung, Fremdbestimmung, Käferkalamität, Dürre und Arbeitskräftemangel forderten einen hohen Zoll von unserem Wald. Die Sorge um das Fortbestehen des Waldes und die zukünftige Erfüllung seiner vielen Aufgaben haben die Bevölkerung in jener Zeit tief bewegt, weil die Zerstörung überall sichtbar war.

Zwischen 1947 und 1950 wurden im Staatswald des Forstamts Baindt 65,3 Hektar kahlgeschlagen und rund 45 000 Festmeter wertvolles Holz geliefert. Dabei war die Försterei Gambach mit rund 27 Hektar Kahlhieb und 16 500 Festmeter Nadel- und Laubholz beteiligt.

Für den Holzeinschlag wurden französische Holzfällerkommandos aufgestellt, die auch die Gemeinde Bergatreute von 1947–1949 „beglückten". Die Holzfällerkommandos mussten von der Gemeinde in Privatquartieren und Gaststätten untergebracht werden. Die Einschlagsarbeiten erfolgten weitgehend ohne Rücksichtnahme auf Schäden an Bestand, Verjüngung, Boden und Wegen.

Von den fremden Holzhauern wurde auch mit Gewehren und Schlingen gewildert. Besonders beliebt war das Angeln in den Weihern und Bächen im Revier. Förster Egle in einem Schreiben an den Forstmeister in Baindt: *„Wenn die Holzfällerkommandos mit der Wilderei so weitermachen, dann ist unser Rehwild bald restlos ausgerottet."*

Die Franzosen wendeten abenteuerlich anmutende Fällmethoden an, denn die Stämme wurden nach dem Beihauen der Wurzelanläufe einfach

Wiederaufforstung der Franzosenhiebe (1948)

AUF DEM BILD
Oberholzhauer Anton Senser (mit Pfeife)*, Alois Strobel, Anneliese Mahle, Agathe Senser* (verh. Wirbel)*, Maria Hepp und weitere Frauen*

Holzlagerplatz nach Franzosenhieb

Franzosenhieb im „Hengstmoos"

ohne Fallkerbe umgesägt und fielen dabei in alle Richtungen (siehe Bild). Das gesamte eingeschlagene Holz wurde sofort von Hand entrindet. Das Anrücken erfolgte mit Maultieren (aus Frankreich mitgebracht), die Abfuhr mit eigenen LKWs oder durch deutsche Fuhrleute. Graue und schwarze Geschäfte blühten: Brennholz wurde z. T. für eigene Zwecke (Küche, Heizung) verwendet oder im Tausch gegen Lebensmittel (z. B. Kartoffeln) an Einheimische abgegeben. Teilweise blieb auch Holz absichtlich im Schlag liegen und wurde von den Holzhauern den „Reisschlagleuten" im Tausch gegen Most und Schnaps überlassen.

Die Hauptsortimente bei der Aufarbeitung waren Nadel-Kurzholz, Nadel-Papierholz und Buchen-Schwellen. Das aufbereitete Holz wurde an französische Großunternehmer sowie an Interessenten des umliegenden Auslandes vergeben, überwiegend in die Schweiz und nach Italien.

Das Holz wurde im Bahnhof Baienfurt verladen oder in einem sog. „fliegenden Sägewerk" eingeschnitten. Auf der Wiese im Tal der Wolfegger Ach (einige hundert Meter oberhalb des Waldbades) errichteten die Franzosen für ein halbes Jahr ein Sägewerk das mit einem dampflokomobilgetriebenen Vertikalgatter arbeitete. Die Buchen wurden in einem Durchhieb (vom Forstamt ausgezeichnet), in den Buchen-Althölzern im „Hengstmoos" und in der „Badhalde" eingeschlagen.

Übersicht über die Franzosenhiebe in der Försterei Gambach 1947–1948 (Rest 1949):

Waldort	Fläche/Hektar	Hiebsmasse Festmeter	Baumart
Brand	6,5	3 220	Fichte
Glasbach	3,5	2 290	Fichte
Hengstmoos	3,0	2 180	Fichte
Hengstmoos	1,5	187	Buche
Badhalde	3,5	2 620	Fichte
Badhalde	1,0	142	Buche
Tiefweiher	1,5	1 310	Fichte
Bolanden	5,0	4 200	Fichte
Saasholz	1,2	381	Fichte

Die Wiederaufforstung, die sich bis 1954 hinauszog, stellte an das Forstpersonal, die Waldarbeiter und Waldarbeiterinnen höchste Anforderungen. Mit dabei waren z. B. folgende Personen:

      Revierförster *August Rieg* (ab 1. Mai 1946 im Revier Gambach)
      Oberholzhauer *Anton Kieble* (bis 1949)
      Oberholzhauer *Anton Senser* (ab 1949)
      Vorarbeiterin *Mina Sonntag*
      Vorarbeiterin *Maria Gresser* (verh. Senser)
      Vorarbeiterin *Agathe Senser* (verh. Wirbel)

Auch Schüler der Bergatreuter Schule halfen beim Pflanzensetzen mit, ebenso junge Burschen mit 14–15 Jahren, u. a. namentlich bekannt:

Josef Bendel, Riedhof	*Anton Wäscher*, Gambach
Anton Dick, Engenreute	*Alois Strobel*, Bergatreute.

Gepflanzt wurden fast alle Baumarten die gerade verfügbar waren. Das Ziel war alle Kahlflächen so rasch wie möglich wieder in Bestockung zu bringen und mit raschwüchsigen Baumarten einen möglichst schnellen Vorratsaufbau zu erreichen. Dabei sollte der Laubholzanteil erhöht werden, um stabile Mischbestände zu begründen. Große Hoffnungen wurden bei der Wiederaufforstung in „Fremdländer" gesetzt: z. B. Rot-Eiche, Japaner Lärche, oder Weymoutskiefer. Hingegen kam die Douglasie wegen der Rückschläge in Württemberg (Graue Douglasie) durch die Rostige Douglasienschütte (Pilzkrankheit) seinerzeit nicht in Frage. In großem Stil sollte unter dem lichten Schirm der raschwüchsigen Pionierhölzer („Schleier") von Roterle, Weißerle und Birke auch Halbschattbaumarten ein Aufkommen erleichtert und die Unkrautkonkurrenz abgemildert werden. Auf den entstandenen rund 27 ha Kahlflächen wurden insgesamt 456 000 Pflanzen gesetzt. Das entspricht einer Pflanzenzahl von 16,3 Tausend/Hektar, bei einem Nachbesserungs- und Wiederholungsanteil von beinahe 49%. Vereinzelt konnten auch natürlicher Aufschlag und Anflug sowie ältere Buchen- und Tannen-Vorbauten mit übernommen werden.

Bezug von Pflanzen und Saatgut

Von 1949–1954 wurden ca. 60% des Saat- und Pflanzgutes selbst gewonnen oder in den eigenen Pflanzschulen angezogen. Das restliche Saatgut kam von der Staatsklenge Nagold und ca. 40% der Pflanzen kamen aus Handelspflanzschulen (z. B. Baumschule Scheerer, Bad Waldsee).

Pflanzverfahren

Die Pflanzungen wurden als Lochpflanzung ausgeführt, verwendet wurde eine Kreuzhacke. In der Regel wurden die Löcher und die Bodenlockerung von den Waldarbeitern durchgeführt. Auf den Seegrasflächen (z. B. im „Brand") wurde der dicke Grasfilz mit der Kreuzhacke entfernt und auf die Seite gelegt. Anschließend wurde der Boden gelockert und dann im Zuge der Lochpflanzung von den Waldarbeiterinnen die Pflanze gesetzt. Die Graswasen wurden dann mit der Erde nach oben um die Pflanze gelegt.

Pflanzverbände

Entgegen den ursprünglichen Planungen wurden aber allgemein (einfach um Pflanzen zu sparen) weitere Verbände ausgeführt als der damaligen

Lehrmeinung entsprach. Heute kann man aber sicher sagen: Nicht zum Nachteil der entstandenen Bestände!

Die modifizierten Pflanzverbände bei der Ausführung:

Baumart	Tatsächlicher Reihenabstand (Lehrmeinung)	Tatsächlicher Pflanzenabstand (Lehrmeinung)	Tatsächliche Pflanzenzahl/ Tausend/Hektar (Lehrmeinung)
Fichte, Sonst. Laubholz	1,40 m (1,20 m)	1,40 m (1,20 m)	5.10 (6.90)
Buche	1,00 m (0,80 m)	1,00 m (0,80 m)	10.00 (15.60)
Tanne	2,00 m (2,00 m)	2,00 m (2,00 m)	2.50 (2.50)
Japaner Lärche, Douglasie, Weymoutskiefer	5,00 m (7,00 m)	5,00 m (7,00 m)	0.40 (0.20)

Beispielfläche

Verwendete Pflanzen für Anbau und Nachbesserung in Abteilung „Bolanden": 5 ha Aufforstungsfläche, Jahr des Holzeinschlags 1948

Baumart	Anbau (Stück/Tsd.)	Nachbesserung (Stück/Tsd.)
Fichte	33,0	28,4
Japaner Lärche	1,5	3,5
Buche	12,0	4,2
Esche	0,4	1,6
Roterle	0,3	0,5
Roteiche		0,6
Weymoutskiefer		0,6
Akazie/Robinie		0,4
Birke		1,3
Bergahorn		3,5
Summe:	47,2	44,6

Forstschutz

Dem Wildproblem versuchte man durch Zäunung, Einzelschutz mit Hausmitteln und Fegeschutz (Japaner Lärche) zu begegnen. Mit der Wildstandsregulierung durch geregelten Abschuss konnte erst 1952 nach Wiedererlangung der Jagdhoheit begonnen werden. Auch das Schwarzwild war seinerzeit Standwild und sorgte für ständige Schäden an den Zäunen.

Bei der Wiederaufforstung und der Würdigung des Kulturerfolges müssen vor allem die besonderen Witterungsverhältnisse jener Nachkriegsjahre (Hitze und Dürre!) sowie die schwierige Waldschutz- und Arbeitskräftesituation betrachtet werden. Auch bei der Pflanzenversorgung gab es oftmals Schwierigkeiten.

Das Ausmaß der Schäden durch die Dürre des Herbstes 1949 war riesengroß. Fast alle 1948 und 1949 gesetzten Pflanzen wurden ein Opfer der außergewöhnlichen Dürre. Die Wiederaufforstung im Brand litt neben der Trockenheit sehr stark unter Frost. So erklärt sich zum größten Teil auch der ungeheuer hohe Prozentsatz an Nachbesserungen und Wiederholungen.

Nach dem 2. Weltkrieg (1947–1950) sind im ehemaligen Forstrevier Gambach rund 25 Hektar als Reparationshiebe kahl geschlagen worden, dabei wurden rund 16 500 Festmeter wertvolles Nadel- und Laubholz eingeschlagen und abtransportiert.

Unter den schwierigen Bedingungen der Nachkriegszeit dauerte es z.T. bis zu 12 Jahren, bis die Kulturmaßnahmen abgeschlossen waren. Der hohe Nachbesserungs- und Wiederholungsanteil von fast 50 % erklärt den hohen Pflanzenbedarf von ca. 16 000 Pflanzen je Hektar.

Heute sind die Bestände etwa 60 Jahre alt und der Zustand auf den guten Standorten entspricht weitgehend einem zielgemäßen Entwicklungsverlauf. Charakteristisch ist die starke Beimischung von Japaner Lärche und der wesentlich höhere Laubholzanteil gegenüber der früheren Bestockung.

Die Entwicklung der Kahlflächen zeigt auch deutlich, wie wichtig gezielte Baumartenwahl, richtige Mischungsform, Forstschutzmaßnahmen (Schalenwild!) und anschließend richtige Pflege sind.

Trotz mancher Kritik aus heutiger Sicht muss der gewaltigen Aufbauleistung aus jener schwierigen Zeit hoher Respekt gezollt werden.

Die großen Leistungen der Waldarbeiterinnen bei der Wiederaufforstung wurden national 1950 auf der 50-Pfennig-Münze geehrt.

Die Rückseite der Münze (rechts) zeigt eine Pflanzerin mit einem Eichenbäumchen.

Baindter Wald (1)
„Sulzmooswiese" (2)
Bergatreuter Wald (3)
„Unterer Abgebrochener Weiher" (4)
mit „Jägerwiese" und „Höllwiese",
„Hansenwiese" (5)
Engenreute (6)

Stürme und Unwetter im Revier

In diesem Zusammenhang zunächst einige Erläuterungen zur Geologie (siehe auch unter dem Abschnitt „Kiesgewinnung" auf Seite 155).

Das Forstrevier Bergatreute setzt sich zu einer Hälfte aus Endmoränenablagerungen des Würm-II-Gletschers (im NO) und zur anderen Hälfte aus Grundmoränenmaterial und Schotterterrassen (im SW) zusammen.
Auf lockeren und durchlässigen Verwitterungsdecken haben wir meist braune Lehme mit guter Nährstoff- und Wasserversorgung. In abzugsträgen Mulden gibt es auch vernässenden Moränenlehm. Aufgrund dieser ausgezeichneten Voraussetzungen können hier auf 75% der Fläche betriebssichere Bestände mit den verschiedensten Baumarten aufgebaut werden, die auch ein normaler Sturm nicht umwerfen kann. Extreme Unwetter mit hohen Windgeschwindigkeiten haben aber auch in diesem Revier zu großen Sturmholzmengen geführt.

Unwetterkatastrophe am 20. August 1938

Auszug aus der Ortschronik Bergatreute über die furchtbarste Unwetterkatastrophe seit Menschengedenken am 20. August 1938 auf der Gemarkung Bergatreute:

„Am Samstagabend brach über unsere Gemeinde ein Unwetter herein, wie es die ältesten Leute noch nicht erlebt haben. Vor 15 Jahren, vor 36 Jahren und im Jahre 1884 haben ja auch schwere Gewitter gehaust, aber der alte Grottbucher, der 84-jährige Alois Graf von Engenreute erzählt, dass er ein solches Gewitter noch nie erlebt habe.

Das schreckliche Ereignis kam völlig unerwartet, gegen 1/2 7 Uhr tauchte am Horizont vom See her Gewölk auf. Doch niemand ahnte die Gefahr. Den Meisten glückte es noch mit den letzten Garbenwagen in die schützende Scheune zu kommen. Andere hatten die Wagen vor der Scheune stehen, teils auf den Feldern oder waren gerade unterwegs.

Da brach 5 Minuten vor 7 Uhr das Unwetter los, so dass keine Minute mehr Zeit zur Rettung blieb. Sturm und Regen brachen mit solcher Gewalt über Mensch, Tier und die Natur herein, dass mancher an den Untergang der Welt dachte. Wer im Freien von den entfesselten Elementen überrascht wurde kam fast von der Besinnung und gab die Hoffnung auf, dass er dieser Katastrophe entrinnen werde. Der Sturm tobte wie ein Orkan und schleuderte ganze Wolkenfetzen auf die Erde, dass man nur einige Meter vor sich hin sah. Ein Heulen, Brausen, Tosen und Zischen erfüllte die Luft, dass man hätte glauben können, die wilde Jagd sei losgelassen und hetze über die Erde. Der Regen peitschte gegen die Häuser, dass keine Fenster und Türen dicht genug waren,

Sturm im „Grottbuch" (1938)

um ihn abzuhalten. Ängstlich sprangen die Menschen und wischten mit Kübel und Lumpen das eindringende Nass auf. Am meisten rüttelte der Sturmwind an den Dächern, wo er Platten und Ziegel in die Höhe hob, so dass der Regen einströmen konnte. Oft gelang es ihm ein Loch ins Dach zu reißen und mit gewaltigem Ruck gleich hunderte von Dachplatten auf die Straße zu schleudern, die mit hellem Klirren zersprangen.

Dazwischen zuckten Blitze und dröhnten Donnerschläge hernieder. Tiere und Menschen erzitterten und bebten. Sogar die Mutigsten wurden kleinlaut und hofften, dass Gott das Schreckliche abwende. In den Häusern war es Nacht geworden. Längst brannte kein elektrisches Licht mehr. Wie ein hilfloses Wimmern klagte die Wetterglocke zum Himmel.

Aber immer neue Böen, Windhosen und Regenschauer fauchten und peitschten dazwischen. Am tollsten trieb das Unwetter sein grausames Spiel mit den Bäumen. Sie hatten eine derart schiefe vorgebeugte Stellung, als ob sie mit dem Sturm um die Wette laufen wollten, dann wurden sie mit plötzlichem Ruck empor und raus gerissen. So ging es oft in schnellem Wechsel hin und her, dann wieder schien ein Zittern und Beben die Bäume zu durchrasen. Doch sie konnten nicht fliehen, waren dem wütenden Element schutzlos preisgegeben. So hatten sie die Hauptverluste zu tragen. Das zeigte sich, als etwa um 1/4 8 Uhr die Kraft der unheimlichen Raserei nachließ, so dass sich da und dort schüchtern ein Fenster und eine Tür öffneten. Wohl rauschte noch nachlassender Regen nieder und unablässig zeigten zuckende Blitze und rollender

Baindter Wald (1)
Bergatreuter Wald (2)
„Unterer Abgebrochener Weiher" (3)
Naturschutzgebiet „Saasweiher" (4)
Engenreute (5)
Gambach (6)
Bergatreute (7)

Donner das abziehende Gewitter an. Da musterten die ersten Neugierigen die aufgerissenen Straßen, vollen Wasserbäche, bemerkten überall zerbrochene Ziegelplatten auf dem Boden und Dachschäden auf den Häusern. Abgefallenes Obst, Blätter, Zweige und Äste zeigten die Verwüstungen an den Bäumen. Als es schon leicht zu dämmern begann, trafen Meldungen von gesperrten Straßen ein, da die vielen entwurzelten Bäume über die Straßen lagen.

Sofort wurden vom Bürgermeisteramt Kolonnen aufgestellt, die mit Säge, Axt und Laternen in Richtung Rossberg, Waldbad, Abetsweiler, Enzisreute die Straßen frei machten und erst gegen Mitternacht heimkehrten. Man sprach von hunderten von Bäumen, die entwurzelt, abgeknickt und zerschmettert wurden. Als der Sonntagmorgen graute, sollte sich bald zeigen dass die Gerüchte nicht übertrieben waren. Besonders Engenreute und Gambach haben schwere Not gelitten.

Eine genaue Feststellung durch die Schule ergab über die Vernichtung von Obstbäumen folgendes Bild: Es wurden auf der Gemarkung Bergatreute rund 600 Obstbäume total vernichtet. Davon in Engenreute 62 Obstbäume entwurzelt, in Gambach und Löffelmühle 147 Stück. 2/3 der an und für sich spärlichen Obsternte sind frühzeitig heruntergerissen. So geht der Schaden hoch in die Tausende (über 100 000 RM). Auch in den Waldungen hat der Sturm furchtbar gehaust. Viele Tausend Festmeter sind zerstört. Und doch muss man noch von Glück sagen, einmal ist kein Menschenleben zum Opfer gefallen, zum anderen wäre 8 Tage früher fast die ganze Ernte vernichtet worden. Trotzdem ist der Schaden noch groß genug, zumal die meisten ja schon vorweg durch die Maul- und Klauenseuche stark geschädigt sind."

Eigener Bericht von GEORG BUCK (geb. 1898, gest. 1977) an das Rathaus Bergatreute:

„Ich war bei dieser Katastrophe nicht daheim. Ich und mein Freund waren in Lindau, da hatten wir ein Zelt aufgeschlagen. Ich war gerade beim Bäcker als der Sturm kam. Als ich wieder zurückkam hatte er das Zelt schon weggerissen. Am Sonntagmorgen fuhren wir mit dem Rad zurück nach Bergatreute. Als wir in die Gegend von Baienfurt kamen waren schon überall Bäume entwurzelt. Je weiter wir fuhren, desto furchtbarer hatte der Sturm gewütet. Kreuz und quer lagen die Bäume über die Straße. Die Arbeiter hatten viel Mühe gehabt die Bäume von der Straße wegzuschaffen. Die Ach führte Hochwasser. Als wir etwa 200 m vor dem Jakobsbrünnele waren begegnete uns das Postauto welches nach Bergatreute fuhr. Als es auf der Höhe des Brünneles war stürzte wenige Meter hinter dem Auto eine große mächtige Eiche über die Straße. Wenn diese Eiche auf das Postauto gestürzt wäre, dann hätte der Sturm auch Menschenleben gefordert. Bald kamen Arbeiter und sägten die Eiche auseinander, so dass der Verkehr wieder durchfahren konnte."

Bei diesem Sommersturm am 20. August 1938 gab es im Forstamt Baindt rund 37 000 Festmeter Sturmholz.

Gewittersturm am 19. Juli 1956

Beim Gewittersturm am 19. Juli 1956, sind im Forstamt Baindt 20 300 Festmeter Sturmholz angefallen.

Der Holzrücker *Franz Wirbel (1)* aus Gambach war mit seinen Pferden in den Abteilungen Stockwies und Stockbühl beim Holzrücken. Er kam mit

Sturm 1966 im „Brennerbühl"

Drei Bilder aus der Abteilung „Zimmerplatz" (1986)

seinem Fuhrwerk nur mit größter Mühe und Anstrengung wieder zurück nach Gambach. Die Schwerpunkte der Sturmholzschäden lagen in den Abteilungen Grottbuch, Großhofmeister und Stockweiher. Bei der Aufarbeitung des Sturmholzes hat eine Holzhauerpartie aus dem Forstrevier Mochenwangen mitgeholfen. Haumeister *Alois Sonntag* war bei dem Sturm nicht im Revier. Er war beim 1. Motorsägenlehrgang im Forstamt Weingarten. Bei seiner Rückfahrt mit dem Motorrad nach Bergatreute hatte er große Schwierigkeiten, überall lagen Bäume über Wege und Straßen.

Sturmschäden von 1966–1968

Die Hauptstürme waren im Herbst 1966, im Herbst/Winter 1967 und im März 1968. Die Schadensursache waren keine Gewitterstürme, sondern Kaltluft-Fronten mit hoher Windgeschwindigkeit.

Im Forstamt Baindt sind 95 700 Festmeter Sturmholz angefallen. Dabei lagen die Schwerpunkte im Mochenwanger-, Röschen-, Kümmrazhofer-, Sulpacher- und Baindter Wald. Der Bergatreuter Wald wurde auf Grund seiner günstigen geologischen Verhältnisse (lockerer Untergrund, ermöglicht den Wurzeln ein besonders tiefes Eindringen) weitestgehend verschont.

Haumeister Alois Sonntag mit Motorsäge und extra langem Schwert, denn die stärkste Lärche im Revier wurde umgeworfen (auf normal sicherstem Standort).

Die riesigen Holzmengen konnte der Markt nicht aufnehmen. Zum Schutz gegen Holzentwertung durch Pilze und Käfer erfolgte Wasserlagerung (z. B. im „Häcklerweiher").

Sturmwurf am 19. und 20. Januar 1986

Hauptschäden in den Abteilungen „Großhofmeister", „Hummelweiher", „Sprengstein" und „Zimmerplatz" mit ca. 4000 Festmeter Schadholz.

„Vivian" und „Wiebke" am 27. Februar und 1. März 1990

Starke anhaltende West-Stürme brachten im gesamten Forstamt riesige Sturmholzmengen. Im Forstamt Bad Waldsee sind rund 60 000 Festmeter Sturmholz angefallen. Die Hauptschadensflächen im Forstrevier Bergatreute lagen in den Abteilungen „Kleinhofmeister", „Großhofmeister" und „Erlenmoos".

Vom Sturm geworfen wurden vor allem Fichtenbestände auf labilen Standorten (d.h. auf wechselfeuchten nassen Standorten und auf für die Wurzeln undurchdringbaren Beckentonen).

Die Aufbereitung und Vermarktung des Holzes stellte an das gesamte Forstpersonal höchste Anforderungen. Im Schussental zwischen der Papierfabrik Mochenwangen und dem Bahnhof Durlesbach (bei der Holzschleife) wurde ein großer Nasslagerplatz eingerichtet und 30 000 Festmeter Stammholz eingelagert. Durch ständige Beregnung wurde das Holz konserviert, eine Holzentwertung gab es nicht.

Franz Wirbel (1) beim Holzrücken im Sturmholz am „Stockweiherweg" in der Abteilung „Erlenmoos" mit dem „Steyr-Schlepper" (1990)

Jahrhundertsturm „Lothar" am 26. Dezember 1999

Gegen 11.30 Uhr raste der Wirbelsturm „Lothar", in bis dahin nicht gekannten Ausmaßen, über Mitteleuropa hinweg. Die Windgeschwindigkeiten betrugen auf dem Feldberg bis zu 270 km/h. Der Wirbelsturm baute sich im Westen von Frankreich über dem Atlantischen Ocean auf, fegte dann in Richtung Osten über Frankreich, das südliche Deutschland, die Schweiz, Italien und Österreich, bevor ihm dann der „Atem" ausging. Dabei wurden

Die Förster Maluck, Langlouis, Jauch und Nold treffen sich am 14. Januar 2000 in Reute am Flugplatz, um mit dem Hubschrauber den Sturmschaden von oben zu betrachten.

Frankreich, die Schweiz und Süddeutschland am härtesten getroffen. Europaweit waren es nach den Schätzungen ca. 175 Mio. Festmeter Sturmholz. Bei den letzten großen Stürmen 1990, durch „Vivian" und „Wiebke", waren es europaweit „nur" 120 Mio. Festmeter Sturmholz. In Baden-Württemberg fielen ca. 25 Mio. Festmeter dem Sturm zum Opfer. Das Forstamt Bad Waldsee hatte ca. 62 000 Festmeter Sturmholz im Staatswald, Körperschaftswald und Privatwald.

Im Forstrevier Bergatreute sind 12 000 Festmeter Nadelholz und 5 000 Festmeter Laubholz angefallen. Ich war an diesem Vormittag, als der Sturm „Lothar" mit aller Wucht begann, mit meinem VW-Jetta im Revier Bergatreute unterwegs und befuhr den Katzenmoosweg entlang der Abteilung „Grottbuch" in Richtung Sprengsteinhütte als vor mir bereits die ersten starken Fichten zu Boden krachten. Ich bekam Angst, wie sollte ich noch aus dem Wald herauskommen? An der Sprengsteinhütte stoppte ich das Auto, stieg aus und hörte mir den furchtbaren Sturm und das Krachen der umfallenden Bäume an. Es war schrecklich. Nach ca. 30 Minuten fuhr ich weiter und kam ohne Schwierigkeiten bis ins Achtal zur Landstraße und anschließend nach Baindt. Gegen Abend versuchte ich noch einen Überblick über die Sturmschäden im Revier zu bekommen, aber es war sinnlos, nirgends kam ich in den Wald hinein. Die erste grobe Schätzung über die angefallene Sturmholzmenge an das Forstamt konnte erst nach zwei Tagen abgeben werden, nachdem die großen Flächenwürfe in den Abteilungen „Stockwies", „Stockweiher", „Erlenmoos", „Rieglenwies", „Stockbühl", „Hansenwies" und „Rotlach" besichtigt werden konnten.

Die Hauptschadensursache des Sturmes „Lothar", war einfach seine ungeheure Windgeschwindigkeit mit Böen von bis zu 270 km/h. Bei solchen Windgeschwindigkeiten kann kein Baum dem Wind widerstehen, auch wenn er auf noch so stabilen Standorten begründet worden ist. Dies wird auch darin deutlich, dass alle Baumarten vom Sturm betroffen sind, auch solche, die als relativ sturmfeste und stabile Baumart gelten (z.B. Kiefer, Eiche, Tanne, Douglasie).

Nach solchen Sturmkatastrophen bricht bei vielen Forstleuten oftmals die absolute Hektik, wenn nicht sogar Panik aus. Man steht vor einem riesigen Berg Arbeit und vor den Trümmern jahrelangen Schaffens. So schnell wie möglich möchte man alles aufarbeiten und alle sonstigen Schäden be-

Schadholzmengen in den Abteilungen:

Hofmeisterweiher	340 Festmeter
Großhofmeister	330 Festmeter
Egelsee	410 Festmeter
Rieglenwies	1500 Festmeter
Stockbühl	370 Festmeter
Hansenwies	550 Festmeter
Speckenried	640 Festmeter
Rotlach	800 Festmeter

seitigen, denn der Borkenkäfer steht immer schon in den Startlöchern und eine Holzentwertung beginnt sehr schnell.

Folgende Abteilungen wurden vom Orkan „Lothar" (Wirbelsturm) am stärksten geschädigt: Der Sturmwurf begann in den Abteilungen „Egelsee", „Großhofmeister", „Hofmeisterweiher" und zog dann eine Schneise der Verwüstung über „Stockwies", „Stockweiher", „Erlenmoos", „Rieglenwies", „Stockbühl", „Hansenwies" bis zum „Speckenried" und der „Rotlach".

Noch einige Bemerkungen zu diesen Abteilungen:

Die Abteilung „Egelsee" war nur im Norden betroffen, lag aber dort fast komplett am Boden. Die ehemalige Vorzeigeabteilung „Rieglenwies" (Fichten-Hochleistungsbestand mit großem Vorrat) mit ihren vielen Buchen-Vorbauflächen wurde sehr stark in Mitleidenschaft gezogen. Sehr viele der Vorbauflächen wurden zerstört oder stark beschädigt. Alleine in dieser Abteilung sind 1500 Festmeter angefallen. Sie war mit den angrenzenden Abteilungen „Erlenmoos" und „Stockweiher" die größte Sturmfläche im Revier.

Eine weitere große Sturmfläche war die Abteilung „Rotlach" zusammen mit „Speckenried" und „Hansenwies". Hier zog der Sturm über alle drei Abteilungen hinweg eine Schneise bis kurz vor das Feld und dem Naturschutz-

Schadholzmengen in den Buchen-Abteilungen:

„Stöcklishalde"	960 Festmeter
„Stöcklisbühl"	480 Festmeter
„Achhalde"	590 Festmeter

Reinhard Dangel vor dem Wurzelteller einer Fichte in der Abteilung „Rotlach".

Sturmholz in der Abteilung „Rotlach"

Buchen-Sturmholz in der Abteilung „Stöcklishalde"

gebiet „Saasweiher." Die Aufarbeitung dieser Flächen mit einem Unternehmer-Vollernter verlief allerdings nicht zufriedenstellend. Bei der Aufarbeitung wurden keine Rückergassen eingehalten und die Qualität der Rückearbeiten war nicht gut.

In diesen Abteilungen fiel fast ausschließlich wertvolles Buchenstarkholz an. Bei diesen Buchenbeständen handelte es sich um nach dem Forstsaatgutgesetz zugelassene Erntebestände. Im Herbst 1999 wurde noch eine Buchen-Saatgutgewinnung durchgeführt. Die Aufarbeitung des Holzes war sehr schwierig und gefährlich in mannshoher Naturverjüngung und bei starker Hangneigung.

Das Sturmholz im Forstrevier Bergatreute wurde aufgearbeitet von:
Waldarbeitergruppe *Dangel*, Revier Bergatreute mit 7 500 Festmeter
Waldarbeitergruppe *Schatz/Straub*, Revier Blitzenreute mit 1 300 Festmeter
Waldarbeitergruppe *Wöhr*, Revier Baindt mit 1 800 Festmeter
Waldarbeitergruppe *Mohring*, Revier Kümmerazhofen mit 800 Festmeter
Vollernter von der Rasthalde mit 1 400 Festmeter
Vollernter Unternehmer Halder/Frank mit 1 600 Festmeter.

Der Sturm „Lothar" im Dezember 1999 war für die Firma *Halder* aus Bad Waldsee/Kümmerazhofen der endgültige Auslöser zur Beschaffung des ersten Vollernters (Harvesters).

Am 4. September 2000 war die Sturmholzaufbereitung im Revier Bergatreute beendet. Die Waldarbeiter wurden in den Schwarzwald (Forstamt Baiersbronn, Obertal) und ins Forstamt Langenau umgesetzt.

Das Fichtenstammholz aus dem Forstrevier Bergatreute wurde auf dem Nasslagerplatz im Schussental (Revier Mochenwangen) eingelagert. Durch laufende Beregnung werden die Stämme konserviert und können so bis zu 3 Jahren eingelagert werden. Das Porensystem der Hölzer bleibt mit Wasser gefüllt und verhindert damit ein Eindringen der Luft bzw. den Zutritt von Sauerstoff. Holzschädigenden Pilzen und Insekten werden damit die Lebensgrundlagen entzogen. Mit der Einlagerung von wertvollem Stammholz wird der Holzmarkt entlastet und der Holzpreis fällt nicht ins „Uferlose".

Die Beförsterung der Körperschaftswaldungen und Privatwaldungen

Gemäß § 13 des Körperschaftsforstgesetzes vom 11. Januar 1949 haben die Körperschaften für den Forsttechnischen Betriebsdienst und für den Forstschutz in ihren Waldungen Revierförster oder Forstwarte auf ihre Kosten anzustellen oder haben sie von dem Recht Gebrauch zu machen, ihre Waldungen in Staatsbeförsterung zu übergeben. Die Beförsterung dieser Waldungen ist seither schon durch Förster des Forstamts Baindt durchgeführt worden. Mit Wirkung vom 1. Oktober 1949 wurden mit Beginn des Forstwirtschaftsjahres 1950, auf Weisung der Forstdirektion neue Vereinbarungen abgeschlossen.

Auszug aus dem Beförsterungsvertrag

Aus § 1: Die Staatsforstverwaltung übernimmt die Beförsterung sowie die sog. Waldmeistergeschäfte.

Aus § 2: Sämtliche bereits bestehenden Beförsterungsverträge werden abgelöst.

Aus § 3: Der Aufwand je Hektar für die in § 1 aufgeführte Tätigkeit wird dem Aufwand für die Beförsterung im Staatswald gleichgesetzt.

Aus § 4: Der Förster vollzieht die Beförsterung nach den Weisungen des Wirtschaftsführers (Forstamt).

Aus § 6: Der Waldeigentümer entrichtet an die Staatsforstverwaltung den gesetzlichen Beförsterungsbeitrag.

Aus § 7: Die vom staatlichen Förster wahrzunehmenden sog. Waldmeistergeschäfte umfassen folgende Arbeiten:
– die Durchführung des Forstschutzes
– die Vorbereitung und Durchführung aller Forstbetriebsarbeiten (z. B. Holzernte, Kultur-Forstschutzarbeiten).
– Vorbereitung der Lohnabrechnung
– Mitwirkung bei der Fertigung der Unterlagen für die Haushaltsabrechnung des Waldbesitzers.
– Mitwirkung bei der Verwertung der Walderzeugnisse. Hierzu gehört: Fertigung der Holzlisten und Auszüge, das Vorzeigen des Holzes im Wald, die Mitwirkung beim Verkauf oder bei der öffentlichen Versteigerung.

Aus § 9: Der Vertrag wird auf die Dauer von 10 Jahren abgeschlossen. Falls der Vertrag nicht von einer Seite 6 Monate vor Ablauf gekündigt wird, verlängert er sich jeweils auf die Dauer von 5 Jahren.

Der Gemeindewald Bergatreute

Zur Geschichte:

Aus einem Schreiben von Altbürgermeister WILHELM FLEISCHER an Forstamtmann HANS LUTZ anlässlich einer Waldbesichtigung mit dem Gemeinderat im Mai 1983:

„*Der Gemeindewald ‚Kirchholz' wurde mit Kaufvertrag vom 30. April 1909 vom Königlichen Forstamt Leutkirch durch die Ortsgemeinde Bergatreute erworben. Am 16. Juni 1909 fand auf dem Rathaus in Bergatreute eine Versteigerung des damaligen Staatswaldes Abteilung ‚Kirchholz', Markung Abetsweiler, statt.*

Die Königliche Forstdirektion Stuttgart war durch den königlichen Oberförster Metzger vom Forstamt Leutkirch vertreten (Vertreter des Königlichen Fiskus).

Ursprünglich war der Gemeindewald ‚Kirchholz' in 4 Lose aufgeteilt. Auf jedes der Lose wurden jeweils 2 Angebote abgegeben. Die Namen der Bieter sind bekannt. Zum Schluss jedoch wurden die 4 Lose zusammengenommen. Die Lose 2 und 3 waren abgeholzt.

Der Schätzwert des Forstamts Leutkirch für die 4 Lose zusammen waren 18 000 RM. Franz Peter, Sägewerksbesitzer in Wassers, Gemeinde Wolfegg, legte ein Angebot vor mit 18 000 RM. Daraufhin bot die Ortsgemeinde Bergatreute 18 070 RM. Um diesen Betrag erhielt die Ortsgemeinde Bergatreute dann den Zuschlag. Am 18. Mai 1909 erteilte die Königliche Forstdirektion in Stuttgart nach Entrichtung des Kaufpreises die Genehmigung der Auflassung."

Zuvor ist nachstehender Zusatz auf dem Versteigerungsprotokoll angebracht:

Genehmigt!

Vermöge allerhöchster Entschließung seiner Königlichen Majestät vom 28. April 1909.

Stuttgart, den 11. Mai 1909
Forstdirektion (Gresser)

Warum hat die königliche Forstdirektion, vertreten durch das Forstamt Leutkirch den Staatswald überhaupt verkauft?

Das „Kirchholz", das „Langholz" und das „Nonnenholz" gehörten damals zum königl. Forstamt Leutkirch. Als Forstwart und Forstbetreuer war *Matthias Hämmerle* aus Unterstocken bestellt, man sagt nun, dass diese Beförsterung dem Forstamt zu teuer gekommen sei. Dabei ist zu berücksichtigen, dass etwa ab dem Jahre 1903 die damals noch bestehenden Holzgerechtigkeiten der Bauern durch das Forstamt abgelöst wurden. So wurden die Staatswaldungen „Langholz" und „Nonnenholz" und Teile vom „Kirchholz" mit den Bauern, die Holzgerechtigkeiten besaßen, eingetauscht und aufgeteilt. Es liegen Verträge vor z. B. mit den damaligen Hofbesitzern Oberhofer in Gambach, Fleischer in Abetsweiler und anderen. Durch diesen Tausch und die Veränderung in den Eigentumsverhältnissen entzog es natürlich dem damaligen Forstamt Leutkirch die finanzielle Grundlage, so dass es plausibel ist, dass das Forstamt den Rest des Waldes im „Kirchholz" als Ganzes verkaufte. Für die Ortsgemeinde Bergatreute war es damals eine erkleckliche Summe, die für diesen Wald ausgegeben wurde.

Am 30. Januar 1935 wurde die Deutsche Gemeindeordnung erlassen. Am 22. März erschien die 1. Durchführungsverordnung (DVO) zur Deutschen Gemeindeordnung (DGO). Dort heißt es in § 1 Abs. 1:

Ortschaften, Teilgemeinden und ähnliche innerhalb einer Gemeinde bestehenden Verbände (Körperschaften) gemeinderechtlicher Art werden mit dem Inkrafttreten der Deutschen Gemeindeordnung aufgelöst. Ihr Rechtsnachfolger ist die „Gemeinde". Damit kam die gesamte Gemeinde Bergatreute, also auch die früheren Teilgemeinden Gwigg, Abetsweiler und Witschwende in den Besitz des wertvollen Gemeindewaldes der Ortsgemeinde Bergatreute. Als Gegenleistung brachten die Teilgemeinden ihre Kapellen mit in das Vermögen der gesamten Gemeinde ein.

Über die weitere Entwicklung des Gemeindewaldes schrieb Altbürgermeister WILHELM FLEISCHER:

„Mit Beginn meiner Amtszeit als Bürgermeister in Bergatreute am 16. Dezember 1954, hielt ich es für meine Aufgabe, unverzüglich eine gesunde Grundstückspolitik einzuleiten. Ich wollte versuchen, die Bautätigkeit, den Wohnungsbau anzukurbeln. Dies setzte voraus, den Besitz von entsprechendem Baugelände. Nachdem ein Baugelände nicht ohne weiteres zu bekommen war, dachte ich an Tauschgelände. Am 29. März 1957 habe ich dann als erstes ein Grundstück im Achtal (vorm. Forderer) in der Größe von rund 1 Hektar zum Preis von 3300 DM gekauft. Im Gemeinderatsprotokoll heißt es unter anderem „nach Aufforstung des zum Kauf stehenden Grundstücks wird sich wahrscheinlich ein Tauschliebhaber finden lassen, so dass die Gemeinde in der Lage wäre, evtl. Baugelände einzutauschen'.

Am 7. August 1958 habe ich dann ein weiteres Grundstück im Forster Ried mit 0,5 ha (Hager) um den Preis von 6900 DM gekauft. Der Kauf musste rasch durchgeführt werden (ohne vorherigen Gemeinderatsbeschluss) weil andere Interessenten noch da waren. Das Gemeinderatsprotokoll führt dazu aus: ‚Der Bürgermeister führt an, dass falls der Gemeinderat den Kauf nicht für günstig halte, er das Waldgrundstück für sich selbst behalten würde, so dass der Gemeinde ein Schaden ohne Gemeinderatsbeschluss nicht entstehen würde.'

Nach der erfolgten Besichtigung begrüßt der Gemeinderat einstimmig die Handlungsweise des Bürgermeisters, zumal noch mehrere Liebhaber vorhanden waren.

Mit Vertrag vom 17. April 1959 wurde mit Max Brey, ‚Mühlholz' die gemeindeeigene Kiesgrube direkt an sein landwirtschaftliches Anwesen angrenzend, mit 52 Ar gegen ein Grundstück von rund 1 Morgen eingetauscht. Das eingetauschte Grundstück wurde dann unverzüglich aufgeforstet. Wir glaubten, dass dieses Grundstück, das an den Staatswald, Abteilung ‚Mühlholz', angrenzt, für die Gemeinde günstig liege und eine Anpflanzung der Mühlholzkiesgrube nicht möglich war."

Aufstellung der Waldflächen des Gemeindewaldes Bergatreute:

Distrikt I	„Kirchholz"	9,8714 Hektar
Distrikt II	„Gaishauser Ried"	0,4876 Hektar
Distrikt III	„Tobelwiesen"	0,3396 Hektar
Distrikt IV	„Halde"	0,9653 Hektar

Die Gesamtwaldfläche des Gemeindewaldes Bergatreute beträgt 11,6639 Hektar.

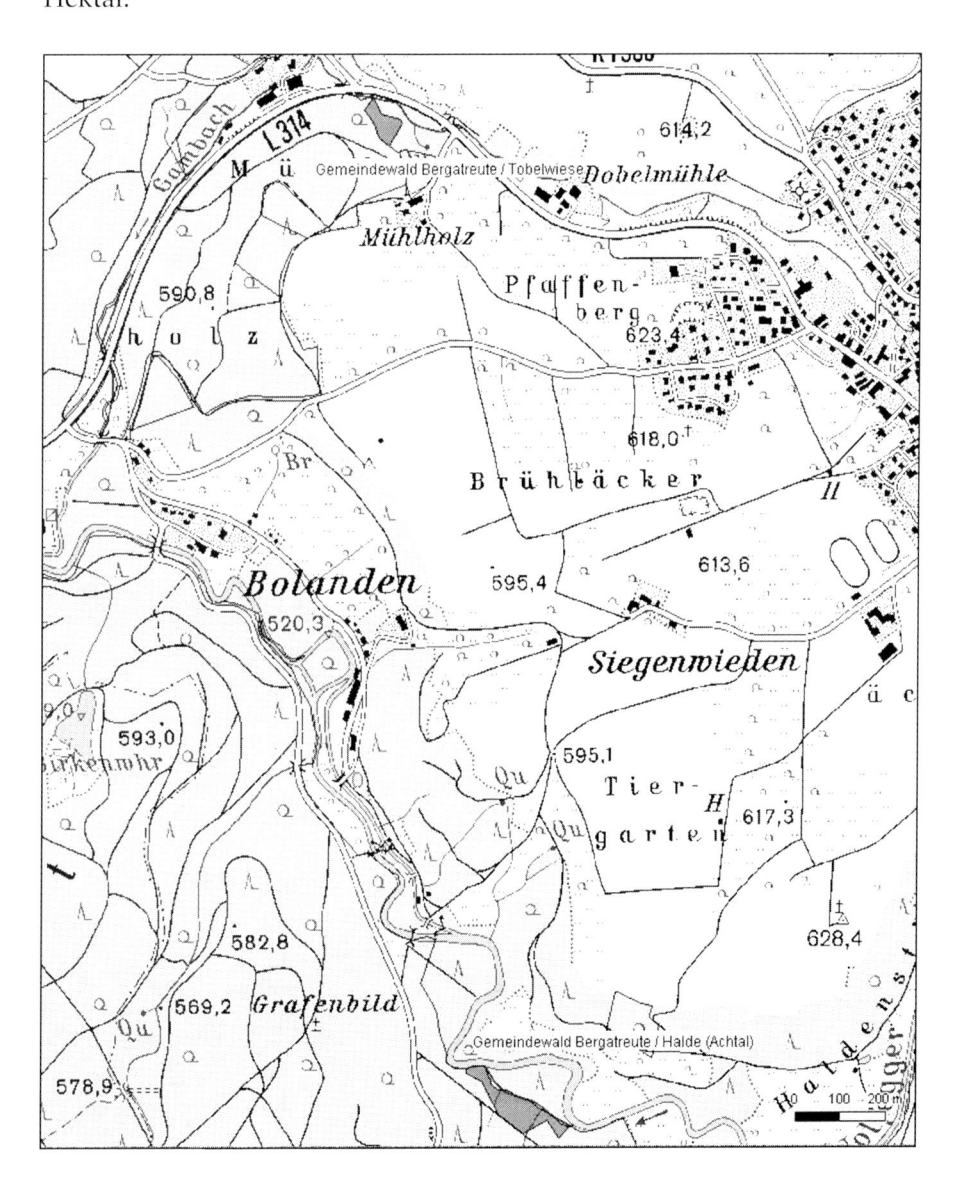

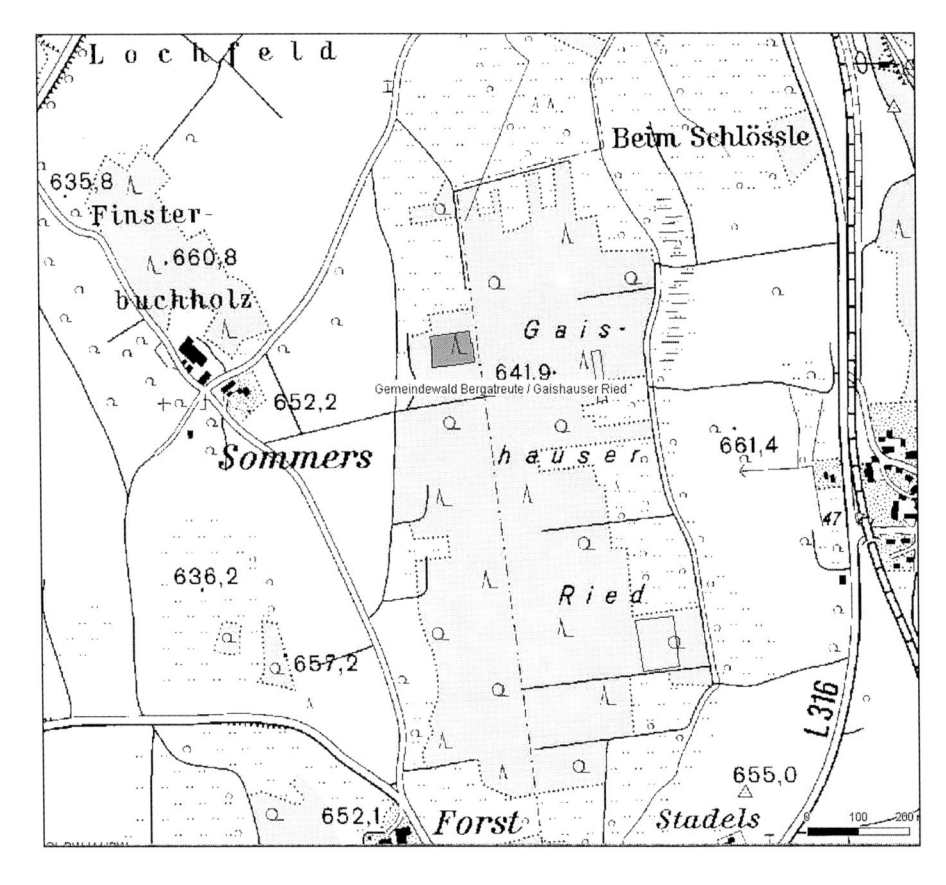

In der Zeit von 1931–1995 wurden im Gemeindewald folgende Holzmengen eingeschlagen:

    Vornutzung: 3 102 Festmeter
    Endnutzung: 2 899 Festmeter

dieser Gesamteinschlag in Höhe von rund 6 000 Festmetern entspricht einer Nutzung von 8,6 Festmeter je Jahr und Hektar.

Aus der Zusammenstellung der Forsteinrichtungsergebnisse für 1996–2005:
Baumartenflächen:

    Fichte   11,0 Hektar =   96%   der Gesamtfläche
    Tanne   0,1 Hektar =   1%   der Gesamtfläche
    Buche   0,3 Hektar =   2%   der Gesamtfläche
    Roterle   0,1 Hektar =   1%   der Gesamtfläche

Der durchschnittliche jährliche Gesamtzuwachs beträgt 116 Festmeter, somit wurde ein jährlicher Gesamteinschlag von 120 Festmetern festgesetzt. Der Zuwachs beträgt je Jahr und Hektar 10,1 Festmeter.

Bestandesbeschreibung der Fichten-Baumhölzer im „Kirchholz":

Fichte 100, mit etwas Tanne und Buche in Einzelmischung, Alter 90–100 Jahre. Geschlossenes, teilweise lückiges einschichtiges Baumholz, teilweise mit schlechtbekronten Fichten. Fichten-Naturverjüngung auf 15% der Fläche.

    Buchen-Vorbau auf ca. 0,4 Hektar. Bodendecke durch Brombeere stark verwildert. Im Südwesten Sturmanriss, stabiler Waldaußenrand. In der Mitte Schäden durch Borkenkäfer. Fichte zu 10% rotfaul.

Anmerkungen des Forsteinrichters zur Planung im „Kirchholz" 1995:

Der hohe Vorrat von 520 Festmeter je Hektar kann über den Zuwachs abgeschöpft werden durch Auflichtung über den Buchen-Vorbauten und über den Fichtennaturverjüngungen und Pflanzungen.

Vorratspflege und Durchforstung

Punktuelle Endnutzungen femel- oder saumartig. Die Endnutzung sollte aufgrund der starken Bodenverwilderung mit Brombeere und fehlender Fichtennaturverjüngungsvorräten keinesfalls überzogen werden. Der begonnene Buchen-Vorbau soll planmäßig fortgeführt werden, damit der Laubholzanteil langfristig erhöht wird.

Der Wald im „Kirchholz" liegt inselartig in der Feldflur und ist besonders in den Wintermonaten ein beliebtes Rückzugs- und damit auch Äsungsgebiet für das Rehwild. Dadurch ist die Verbiss-Situation beim Laub- und Nadelholz immer sehr angespannt und kritisch. Vom jeweils zuständigen Jäger muss daher stets eine intensive Rehwildbejagung gefordert werden, um den Wildverbiss in erträglichen Grenzen zu halten.

Die jährlichen Wirtschaftspläne werden gemäß der Beförsterungsvereinbarung vom zuständigen Förster des Forstreviers Bergatreute in Zusammenarbeit mit dem Forstamt und der Gemeinde aufgestellt. Alle erforderlichen forstlichen Betriebsarbeiten z. B. Holzernte, Pflanzungen, Forstschutzarbeiten, Jungbestandspflegearbeiten werden heute durch die Waldarbeiter vom Forstrevier Bergatreute ausgeführt.

Für die Gemeinde Bergatreute bringt dieser Waldbesitz mit den wertvollen Fichten-Beständen im „Kirchholz" mit einem durchschnittlichen jährlichen Einschlag von 120 Festmetern je nach Holzpreis immer noch eine ordentliche Einnahme für die Gemeindekasse, er hat auch eine gewisse „Sparkassenfunktion". Mit den Erlösen aus außerordentlichen Holznutzungen konnten in der Gemeinde einige Objekte mitfinanziert werden (z. B. Schule, Kindergarten).

Für den Gemeindewald im „Kirchholz" haben sich in den letzten Jahrzehnten folgende Personen kräftig eingesetzt:

> Altbürgermeister *Wilhelm Fleischer* hatte für alle Waldangelegenheiten stets ein „offenes Ohr", die Waldarbeiter hat er bei Holzerntearbeiten immer wieder aufgesucht.
> *Josef Kempter, Georg Hepp* (Stocken),
> *Albert Traub* (Abetsweiler),
> *Rudolf Hafner* (Engenreute) und Haumeister
> *Alois Sonntag* erledigten den jährlichen Holzeinschlag.
>
> *Josef Hauser* (25 Jahre lang),
> *Anton Hauser,*
> *Hans Städele* und
> *Fridolin Merk* waren regelmäßig nach Holzerntearbeiten im Gemeindewald anzutreffen und ständig mit Aufräumarbeiten beschäftigt.

Altbürgermeister Fleischer und Holzrücker Franz Wirbel (1)

Der Pfarr- und Stiftungswald Bergatreute

Im Grundbuch von Bergatreute sind für den Pfarr- und Stiftungswald folgende Waldflächen eingetragen:

>Pfarrwald im „Mühlholz"
>Flurstück Nr. 778 mit 0,6855 Hektar, sowie
>Flurstück 779 mit 0,6124 Hektar, also insgesamt rund 1,3 Hektar.
>Stiftungswald im „Mühlholz" und „Halden"
>Flurstück Nr. 776 mit 0,2477 Hektar, sowie
>Flurstück 777 mit 0,6709 Hektar und
>Flurstück 789 mit 1,0128 Hektar, also insgesamt rund 1,9 Hektar

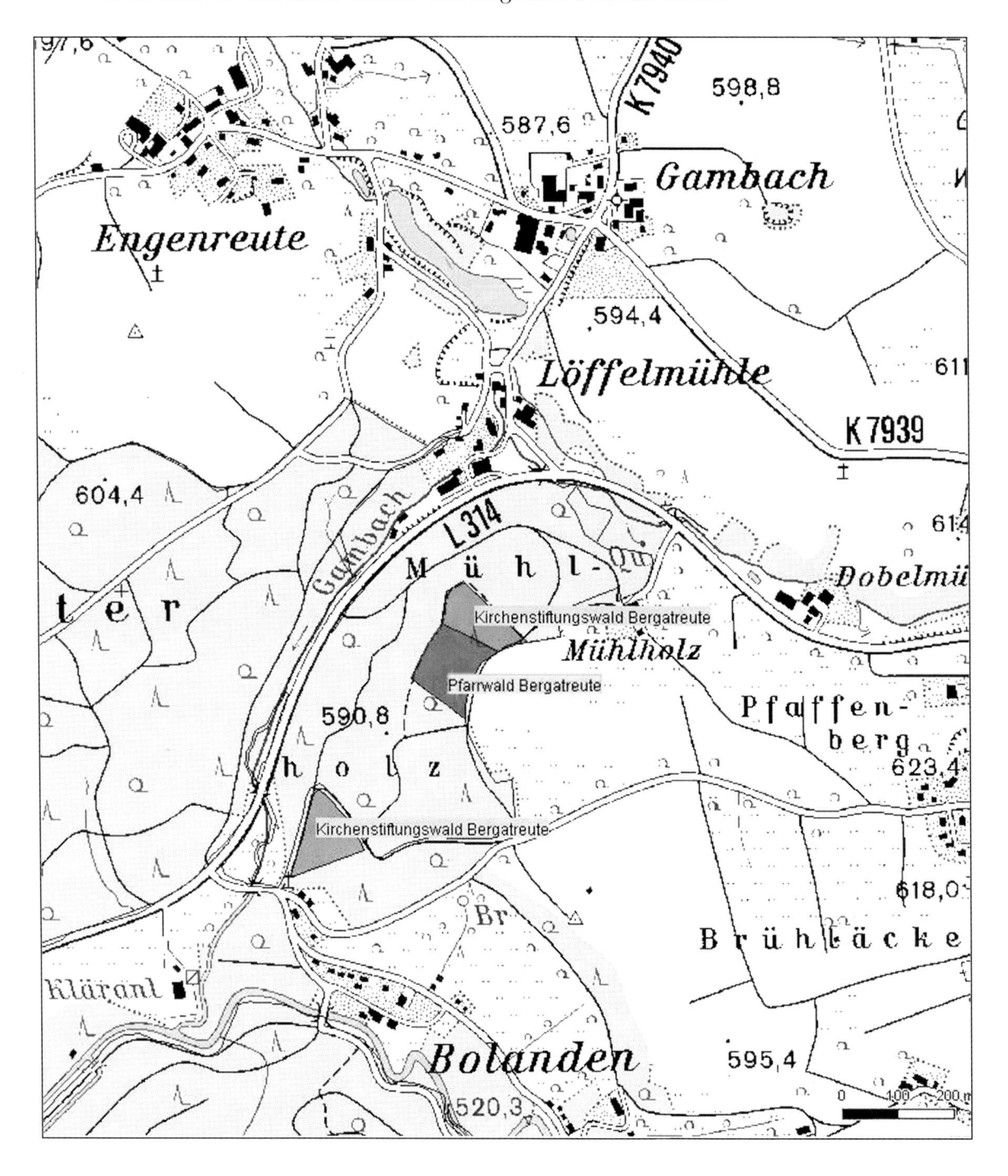

Bei dem Flurstück Nr. 789 „Halden" handelt es sich gemäß Forstverordnung um einen Bodenschutzwald. Laut der Forsteinrichtung beträgt die Gesamtnutzung im Jahrzehnt im Pfarrwald 90 Festmeter und im Stiftungswald 120 Festmeter.

Zur Geschichte:

Auszug aus dem Verzeichnis der Pfarrpfründe der Kath. Pfarrkirche von Bergatreute

Bei diesem Holz handelte es sich vermutlich um eine sog. Holzgerechtigkeit aus dem herrschaftlichen Wald die später mit Geld abgegolten wurde.
(Anmerkung vom Verfasser)

„Vermöge allerhöchsten Dekrets des Königlichen Departements der Finanzen Sektion der Kronforsten vom 19. Juli 1817 wurde das von dem Oberforstamt Altdorf mit 18 Maß ganz in Anspruch genommene Kompetenzholz der Pfarrpfründe Bergatreute allergnädigst zugesagt und beträgt 6 1/2 Maß Buchen-Scheiter und 10 1/2 Maß Tannenen und hat der Pfarrer die Äste und Prügel von obigem Holz zu beziehen, hat aber den Macherlohn und den Fuhrlohn auf eigene Kosten zu bestreiten."

An Holz ist im Pfründeverzeichnis aufgeführt:

„Ca. 3 Morgen Holzboden in der Gemarkung Bergatreute im Mühlholz gelegen, es kann aber vor 20 und mehreren Jahren auf keinen Nutzen gerechnet werden. Von diesem Holzgrund liegt bei den Pfarrakten eine Karte vor."
(Diese Karte konnte aber nicht mehr aufgefunden werden).

Auszug aus dem Vertrag zwischen dem Königlichen Forstamt Weingarten und der Pfarrstelle Bergatreute über die Besorgung der Geschäfte eines Forstschutzdieners von 1877

Aus § 2: Hiernach hat das Königl. Forstschutzpersonal in den genannten Waldungen 1) den Forst- und Jagdschutz nach Maßgabe seiner Dienstanweisung zu handhaben. 2) die ihm zukommenden wirtschaftlichen Verrichtungen nach dem ihm seitens des Wirtschaftsführers (Forstamtsleiter) zugehenden Weisungen zu vollziehen.

Aus § 5: Der Waldeigentümer hat für den von der Staatsforstverwaltung zu übernehmenden Schutz der in § 1 bezeichneten Waldungen eine Geldentschädigung zu leisten die erstmals am 31. Dezember 1878 kostenfrei an das Kameralamt Waldsee zu bezahlen ist.

Die Beförsterung und Betreuung vom Pfarr- und Stiftungswald Bergatreute lag immer in den Händen der Staatsforstverwaltung und wurde vor Ort vom zuständigen Förster des Forstreviers Gambach-Bergatreute ausgeführt.

Unter dem Königl. Forstwart *Fesseler* wurde z.B. 1906 im Pfarrwald ein außerordentlicher Holzhieb zur Finanzierung der Unterhaltung des Rohrbrunnens im Hofe des Pfarrhauses in Höhe von 447 Mark durchgeführt. 1916/17 wurden Holzversteigerungen von Stangen und Brennholz abgehalten.

Das Nadelstammholz wurde meistens an die ortsansässigen Säger (*Fränkel, Fischer, Köberle & Spieß*) verkauft.

Der Privatwald Bergatreute

Der Privatwald liegt verteilt über die gesamte Markungsfläche. Schwerpunkte liegen im „Kirchholz", „Nonnenholz", „Langholz", „Wiesbühl", „Gwigger Ried", „Stocker Ried", „Gaishauser Ried", Wald bei Sommers, „Bonisberg", „Eckhäusle", „Klösterles Halde", „Giras", „Waldsack", „Achtalhalden" und „Bolanden".

Nach dem Stand der Privatwalderhebung von 1985 beträgt die gesamte Privatwaldfläche 189 Hektar und ist auf 159 Waldbesitzer verteilt, davon werden vom Forstamt (Forstrevier) 16 Hektar vertraglich und 173 Hektar fallweise betreut. Die durchschnittliche Waldfläche je Waldbesitzer beläuft sich somit auf rund 1,2 Hektar. Heute ist dieser Kleinprivatwald immer noch zu 80% in bäuerlicher Hand und die Waldbesitzer werden stets vom zuständigen Förster des Forstreviers Bergatreute beraten und betreut. In der Winterzeit ist die Holzaufnahme im Wald immer eine Hauptaufgabe bei der Privatwaldbetreuung. Dabei können Waldbesitzer und Förster alle Angelegenheiten und Fragen im Zusammenhang mit der notwendigen und erforderlichen Waldbewirtschaftung besprechen.

Für die „Waldbauern" aus den Teilorten war es früher üblich, den Förster nach erledigter Arbeit auf den Hof, mindestens zu einem „Gläsle Obstler" oder zum Vesper einzuladen. Der Tisch war meistens schon gedeckt und die Gespräche über den Wald aber auch über Neuigkeiten aus der Gemeinde und dem privaten Bereich konnten fortgesetzt werden.

Auszug aus der Privatwaldverordnung des Landes Baden-Württemberg vom 7. Juni 1999 über die Beratung und Betreuung im Privatwald durch das Forstamt

§ 1 Beratung

Die Beratung im Privatwald soll den Waldbesitzern helfen, ihren Wald unter Beachtung der gesetzlichen Bestimmungen ordnungsgemäß zu bewirtschaften und die Leistungen des Waldes sicherzustellen. Sie erstreckt sich auf alle mit der Waldbewirtschaftung zusammenhängenden, insbesondere waldbaulichen, technischen, wirtschaftlichen und ökologischen Angelegenheiten sowie die Förderung der Forstwirtschaft. Bei der Beratung ist auf die Bedürfnisse des Waldbesitzers besonders einzugehen.

Die Beratung durch das Forstamt und den Förster erfolgt unentgeltlich.

§ 2 Betreuung

Die Betreuung erfolgt gegen Kostenbeitrag.

Die Übernahme der Betreuung kann fallweise oder ständig erfolgen. Die Übernahme der ständigen Betreuung bedarf der schriftlichen Vereinbarung (Waldinspektionsvertrag). Die fallweise Betreuung kann z.B. folgende Tätigkeiten umfassen: Holzauszeichnen, Organisation, Betreuung und Abrechnung von Holzerntemaßnahmen, Holzsortierung, Holzaufnahme mit Holzlistenausdruck und Holzverkauf.

Die Beratung und Betreuung der Privatwaldbesitzer ist für den zuständigen Förster vom Revier Bergatreute immer eine wichtige und verantwortungsvolle Dienstaufgabe. Manche Arbeit im Staatswald kann oftmals zunächst nicht erledigt werden, wenn ein Waldbesitzer nach dem Förster ruft.

Im Jahr 2000 wurden für den Privatwald des Forstreviers Bergatreute folgende Flächen angegeben:

Auf Gemarkung Bergatreute = 213 Hektar,
auf Gemarkung Gaisbeuren (östlich der B 30) = 84 Hektar.

Die Förster

Forstpersonal von 1900–1909

Josef Senser und Alois Senser

Der Königliche Forstwart *Josef Senser* der Hut Gambach, geb. 15. November 1846, ist am 22. April 1901 in Gambach verstorben. Er hat das ehemalige Forsthaus in Gambach 1886 privat erstellt. Seine Frau *Josefine*, geb. Zeh, hat das Haus im Oktober 1901 an das Königliche Kameralamt (Staatsfinanzverwaltung) verkauft. *Josef Senser* war der Großvater von Oberholzhauer *Anton Senser* (geb. am 13. Juni 1900, gest. am 13. Oktober 1957).

Die Hut Gambach wurde dann einige Jahre durch Forstwartstellvertreter versorgt.

In den Unterlagen findet man die Namen der Forstanwärter *Senser, Pfeiffer, Anton Lutz* und Forstwart *Schiele*. *Anton Lutz* hat während seiner Stellvertretungszeit im „Waldbad" gewohnt.

Protokoll der Hut-Übergabe (Vorderseite)

(Rückseite)

Forstwart *Fesseler* übergab die Hut Gambach am 4. Februar 1909 an den Forstanwärter und Forstwartstellvertreter *Keller*.

Aus einem Schreiben von Forstanwärter *Alois Senser* aus Gambach an das Königl. Forstamt Baindt unter Herrn Oberförster *Fischer*:

„Nachdem ich die Vorprüfung zur Königl. Forstwache bestanden und vorgemerkt wurde, bitte ich Herrn Oberförster ob ich ab 1. Oktober 1906 beim Königl. Forstamt Baindt als Forstanwärter eintreten dürfte. Ich werde mir alle Mühe geben, durch unermüdlichen Fleiß und gutes Betragen die Zufriedenheit meiner vorgesetzten Behörde zu erwerben. Zugleich bedankte er sich für die gütige Fürsprache von Oberförster Fischer beim Kommando der Königl. Forstwache."

    Münsingen, den 31. August 1906
    Unteroffizier Senser 10. Kompanie Infanterie Regiment Nr. 124

Aus einem Schreiben des Königl. Forstamts Baindt an das Kommando der Königl. Forstwache in Stuttgart, Herrn Forstrat *Wölfle* vom 28. Januar 1909:

„Euer Hochwohlgeboren!
Ich bin sehr dankbar, wenn Herr Forstrat mir einen tüchtigen Stellvertreter für diese große und geschäftsreiche Hut absendet. Mit der Unterbringung hat es seine Schwierigkeit, es kann nur Wirtshausunterbringung in Betracht kommen und da ist wieder Bergatreute und Waldbad ziemlich abseits der Hut. Am besten hätte sich die Frage gelöst, wenn Anwärter Senser die Stellvertretung haben könnte, der wäre in Gambach zu Hause und könnte dort wohnen. In dessen ganz wie Herr Forstrat gut finden, ich muss eben sehen wie ich diesen Mann unterbringe.

    Hochachtungsvoll und ergebenst Forstmeister Fischer"

Alois Senser wurde am 10. Juli 1909 laut Schreiben der Königl. Forstdirektion Stuttgart zur Versehung der Hut Gambach als Forstwartstellvertreter eingesetzt.

  Oberförster *Fischer* vom Forstamt Baindt wollte *Alois Senser* unbedingt als Forstwart für die Hut Gambach bestellen und behalten.

  Dies wurde aber von der Königl. Forstdirektion Stuttgart abgelehnt mit der Begründung: *Alois Senser* stamme aus Gambach und eine Verwendung als Forstwart in seiner Heimatgemeinde wäre ausgeschlossen. Alois Senser wurde 1909 zum Forstamt Zwiefalten, Revier Mörsingen, versetzt. Er war dort als Förster bis zu seinem Dienstende und ist 1957 in Zwiefaltendorf verstorben.

Alois Senser mit Hund

Gedenkbild von Alois Senser

Anton Traub 1909–1928

Anton Traub, geb. am 26. Juni 1879 in Dürmentingen bei Riedlingen,
gest. am 30. Dezember 1959 in Mochenwangen,
verheiratet mit *Elisabetha Bauer* aus Reute,
Kinder: *Anton, Maria, Hubert, Felix* (wurde auch Förster).

1904–1907 Zeit der Vorbereitung für den Forstschutzdienst:
Von 1907–1909 beim Forstamt Gaildorf, Revier Sulzbach-Kohlwald.
Am 1. Oktober 1909 übernahm Forstwart *Traub* die Hut Gambach beim Forstamt Baindt mit 488 ha Staatswald.

Förster Anton Traub

Versetzungsschreiben Anton Traub

Am 3. Juli 1910 richtet *Anton Traub* folgendes Heiratsgesuch an die Königl. Forstdirektion in Stuttgart:

„Der Unterzeichnende bittet um die Erlaubnis die Elisabetha Bauer von Reute Oberamt Waldsee, Tochter des Friedrich Bauer heiraten zu dürfen. Die erforderlichen Unterlagen sind angeschlossen (Vermögens- und Leumundszeugnisse)."

Mit Erlass der Königlichen Forstdirektion vom 8. Juli 1910 wurde die Hochzeit genehmigt.

Wortlaut des Erlasses:

Dem Forstwart Traub in Gambach wollen wir die Erlaubnis zu seiner Verehelichung mit der ledigen Elisabetha Bauer (Förstertochter) aus Reute Oberamt Waldsee erteilt haben.

Anton Traub ist auf das Verbot der Abhaltung einer Zech- oder Schenkhochzeit innerhalb Forstbezirks sowie auf die Vorschriften bezüglich der Annahme von Geschenken ausdrücklich hinzuweisen.

Der Forstwart Anton Traub wurde gemäß Kollegialbeschluss der Württ. Forstdirektion mit Wirkung vom 1. April 1925 zum Förster in Gruppe V befördert.

Mitte der 1920er-Jahre soll sich unter Förster *Traub* folgende mündlich überlieferte Geschichte zugetragen haben:

Damals kam es durchaus noch vor, dass Katzenfleisch verzehrt wurde. Ein Waldarbeiter aus Engenreute (vermutlich der „alte Grottbucher") wehrte sich im Gespräch beim Holzhauervesper vehement, jemals Katzenfleisch verzehrt zu haben. Förster Traub bekam die Diskussion ums „Katzen-Essen" auch mit.

Eines Tages wurden die Waldarbeiter vom Förster zu einem Hasen-Essen ins „Gasthaus zum Kreuz" nach Enzisreute eingeladen. Er hätte einen schönen Hasen geschossen und der Wirt vom „Gasthaus zum Kreuz" würde ihn zubereiten. Freudig marschierten die Waldarbeiter nach Enzisreute zum „Hasenessen". Nach dem Festmahl saß der Wirt zufrieden auf der Ofenbank und machte immer wieder „Miau Miau". Da stand der alte „Grottbucher" schreiend auf und sagte: „Das wird doch nicht mein ‚Katzenbole' gewesen sein, den wir verspeist haben" und rannte schnell davon. Der Wirt musste dann zugeben im Auftrag von Förster Traub den „Dachhasen" (Katze) zubereitet zu haben.

Am 23. Juli 1928 wurde Förster *Anton Traub* auf die erledigte Forstwartstelle in Mochenwangen (mit 406 Hektar) versetzt. Der Familienumzug erfolgte am 19. September 1928.

Seine Versetzung nach Mochenwangen erfolgte auf eigenen Wunsch. Mögliche Hintergründe: *Anton Traub* war gegenüber einigen Bauern in Engenreute etwas zu nachsichtig und konnte daher vermutlich nicht mehr richtig auftreten. Anlässlich seines Abschiedes von Gambach wurde ihm von den Holzhauern und seinen Nachbarn eine goldene Uhr als Andenken überreicht. Die Annahme des Geschenkes wurde von der Forstdirektion genehmigt und das Geschenk war in die Personalliste einzutragen.

Die „Waldseer Zeitung" berichtete am 17. September 1928 über die Verabschiedung von Förster *Traub* im „Gasthof zur Traube" in Gambach (siehe unter „Gasthof zur Traube" – „Ölkänntle", Seite 200).

FOTO: FRITZ BUCK, BERGATREUTE

Revierförster *Anton Traub* blieb auf seinen Antrag über das 65. Lebensjahr im Dienst, er hatte noch seinen Sohn *Felix* als Forstanwärter zu unterstützen.

Der Eintritt in den Ruhestand erfolgte mit Ablauf des Monats Oktober 1946. Revierförster *Anton Traub* ist am 30. Dezember 1959 im Alter von 80 Jahren in Mochenwangen verstorben.

Bernhard Michel aus Bergatreute

Geb. am 2. September 1905,
gest. am 20. September 1980.

Er wollte in den 1930er-Jahren Förster werden, aus unbekannten Gründen kam es aber nicht dazu.

Michel war dann langjähriger Leiter des Lagerhauses und Kirchenpfleger in Bergatreute.

Bernhard Michel

Förster Anton Traub mit Holzhauergruppe und Waldarbeiterinnen von der Försterei Gambach aus dem Jahr 1924 vor der alten „Sprengsteinhütte"

AUF DEM DACH: *Anton Senser, Eugen Hofmeister, Karl Jäger*
STEHEND VON LINKS: *Georg Schmid, Georg Schellinger, Hedwig Jung (verh. Senser), Georg Detzel, Stocken*
DAHINTER: *Oberholzhauer Anton Jäckle, Alois Dick, Engenreute, Josefine Senser (verh. Peter), Otto Mahle, Xaver Kempter, Josef Gresser, Stocken*
SITZEND VON LINKS: *Anna Weber, Engenreute, Josef Senser, Josef Riedesser, Alois Graf, Grottbuch, Förster Anton Traub, Julia Kramer, Gambach, Maria Hepp, Gwigg, Serafine, Engenreute (hinter Maria Hepp).*
LIEGEND AM BIERFASS: *Alois Buck, Michel Bernhard.*

Holzhauergruppe und Waldarbeiterinnen der Försterei Gambach im Jahr 1929

HINTERE REIHE (VON LINKS): *Alois Dick, Josefine Peter, Georg Detzel, Theresia Michel, Anton Senser, Klara Oberhofer (verh. Weiß), Karl Jäger, Eugen Hofmeister*
MITTLERE REIHE (VON LINKS): *Klara Hummler, Franz Brauchle, Fine Sonntag, Alois Schmid, Frieda Knecht, Knitz, Hedwig Senser, Josef Gresser, Anna Jäger, Josef Sonntag Anna Jäckle (verh. Kempter)*
SITZEND (VON LINKS): *Anton Fischer, Säger, Löffelmühle, unbekannt, Xaver Kempter, Frau Klotzbücher, Förster Klotzbücher, Otto Mahle, Julia Kramer, Kreszentia Sonntag*
VORNE LIEGEND: *Oberholzhauer Anton Jäckle*

Dionys Klotzbücher 1929–1934

Geb. am 23. Dezember 1882 in Horn, Gemeinde Göggingen im Oberamt Gmünd. Verheiratet, Sohn *Erwin*, geb. 1916

Dionys Klotzbücher war ein sehr lustiger und geselliger Förster. In Bergatreute war er in allen wichtigen Vereinen und hat auch beim örtlichen Theater mitgespielt. Gerne trank er zusammen mit den Waldarbeitern ein Bier, so wurde die Mittagspause auch manchmal etwas überzogen. Im Sommer schickte er täglich um 11 Uhr ein „Waldmädle" zum Essenholen ins Forsthaus nach Gambach. Die Frau „Försterin" musste das Essen schon fertig zubereitet haben.

In der Försterei waren damals 12–14 Waldarbeiter und 10–12 Waldarbeiterinnen beschäftigt. Aus dem Schwarzwald kommend beschäftigte sich Förster *Klotzbücher* intensiv mit der Nachzucht von Tannen. In der Abteilung „Wannenbühl" war eine Pflanzschule speziell für die Schattholzbaumart Tanne.

Förster Klotzbücher und Frau Klotzbücher (mit Reh) 1931

Oberholzhauer Anton Senser (mit Hase) vor dem Forsthaus in Gambach
Anton Nold (sen.), Sohn Anton, geb. 1926 (Hausname: „Joose Done")

Unter Förster *Klotzbücher* wurden durch den freiwilligen Arbeitsdienst in den Jahren 1931/1932 der Hütteweg (bei „Sprengsteinhütte") und der Hänglesweg (durch Abteilung „Grünhalde-Hochstichhängle") gebaut.

Förster *Klotzbücher* war auch als „Bänkles-Förster" bekannt. Er kam ja aus dem Schwarzwald vom Forstamt Alpirsbach. Er ließ hier in der Försterei an markanten Plätzen Holzbänke aufstellen. Der Oberholzhauer *Jäckle* und die Waldarbeiter waren aber ganz dagegen, denn sie meinten, damit ziehe man nur das „Gesindel" in den Wald.

Förster *Klotzbücher* war in der Wahrnehmung seiner Dienstgeschäfte nicht immer 100%ig korrekt und so blieb es nicht aus, dass es zu Meinungsverschiedenheiten mit seinem Oberholzhauer und zu größeren Schwierigkeiten mit seinem Forstmeister kam. Infolge der Differenzen mit seinem Förster beschäftigte sich Oberholzhauer *Jäckle* längere Zeit mit dem Gedanken, zusammen mit seiner Familie und acht Kindern nach Brasilien auszuwandern.

Ausgangspunkt der Streitereien und gegenseitigen Anzeigen zwischen Forstmeister *Barth* und Förster *Klotzbücher* waren neben den dienstlichen Unkorrektheiten sicher die verschiedenen politischen Gesinnungen. *Klotzbücher* warf *Barth* eine feindselige Einstellung gegenüber der NSDAP vor. *Barth* war bis 1934 Mitglied in der politischen Gruppierung „Stahlhelm", wurde aber am 1. Juni 1939 vom Ortsgruppenleiter in Baindt aufgefordert, in die Partei (NSDAP) einzutreten.

Klotzbücher behauptete immer wieder, die von *Barth* gegen ihn vorgebrachten Anschuldigungen wären nur aus politischem Hass erfolgt.

Klotzbücher wurde vom Forstamt wegen Dienstverfehlungen mit Ordnungsstrafen belegt. Am 22. Februar 1934 wurde ihm die Ausübung des Dienstes vom Finanzministerium untersagt.

In der Hauptverhandlung vor dem Schöffengericht in Ravensburg gab Förster *Klotzbücher* am 24. Januar 1934 folgende Erklärung ab:

„Ich nehme sämtliche Vorwürfe, die ich in meinem Schreiben an die Württ. Forstdirektion Stuttgart, an die Ortsgruppe der NSDAP in Wolfegg und an die Kreisleitung der NSDAP gegen Fortmeister Barth und Oberholzhauer Jäckle in Bergatreute erhoben habe und die zum Gegenstand zweier öffentlicher Strafverfahren gegen mich geführt haben, als unwahr und unbegründet zurück."

Diese Erklärung wurde auch eine Woche lang an der Rathaustafel in Bergatreute ausgehängt.

Von Seiten der Forstdirektion in Stuttgart wurde *Klotzbücher* nun nahe gelegt, unter Berufung auf seinen mehrfach in Erscheinung getretenen mangelhaften Gesundheits- und Kräftezustand unter Vorlage eines ärztlichen Zeugnisses unverzüglich ein Gesuch um Versetzung in den Ruhestand einzureichen. Sollte sein Gesuch um Versetzung in den Ruhestand nicht binnen 10 Tagen vorliegen, stehen ihm wegen seiner Dienstvergehen einschneidende disziplinarische Maßnahmen bevor. Förster *Klotzbücher* wurde dann mit Wirkung vom 1. März 1935 im Alter von 52 Jahren in den Ruhestand versetzt.

Er ist mit seiner Familie im März 1935 nach Horn, Gemeinde Göggingen, im Oberamt Gmünd verzogen.

Aus einem Schreiben des Forstamtsleiters an die Forstdirektion in Stuttgart:

"Bei der Wiederbesetzung der erledigten Försterstelle Gambach bitte ich zu berücksichtigen, dass es sich um eine sehr arbeitsreiche Försterei handelt (heurige Nutzung 6 100 Festmeter) und dass das Ansehen des Försterstandes durch das Verhalten des seitherigen Stelleninhabers sehr stark gelitten hat. Ich bitte daher für diese Stelle einen in fachlicher wie persönlicher Hinsicht aufs beste qualifizierten Förster zu bestellen. Die Bewerbung des Forstpraktikanten I. Klasse. Brötzel beim Forstamt Weingarten möchte ich befürworten, da ich ihn während seiner Stellvertretung der Försterstelle Gambach im letzten Sommer als brauchbaren Beamten kennengelernt habe."

Peter Egle 1935–1939

Geb. am 22. September 1898 in Schussenried, gest. am 3. Oktober 1970 in Schussenried. Verheiratet mit *Klara*, geb. Schneider, aus Schussenried, Sohn *Peter*, geb. 1944.

Peter Egle meldete sich im Alter von 17 Jahren am 11. Mai 1915 als Kriegsfreiwilliger und war Frontkämpfer im 1. Weltkrieg bis Ende 1918.

Am 15. Januar 1920 trat *Egle* als Forstanwärter seinen Dienst im Forstamt Schussenried an.

Nach der Vorlage eines Vermögens- und Leumundzeugnisses für seine künftige Ehefrau erhielt der Forstpraktikant I. Klasse *Peter Egle* beim Forstamt Sindelfingen von der Württ. Forstdirektion Stuttgart am 1. Oktober 1925 die Erlaubnis zur Verehelichung mit der ledigen Haustochter *Klara Schneider* aus Schussenried.

Am 1. August 1926 wurde der Forstpraktikant I. Klasse *Peter Egle* als Forstwart definitiv in die Forstwache beim Forstamt Alpirsbach in Unterbrändi (Anfangsdienststelle) Gemeinde Sterneck aufgenommen.

Eintritt in die Nationalsozialistische Deutsche Arbeiterpartei (NSDAP) am 1. April 1933. Er war aktiver Ortsgruppen- und Schulungsleiter und SA Obertruppführer.

Förster Peter Egle

Aus einem Schreiben vom September 1934 an die Forstdirektion:

"Ich, der Unterzeichnete Förster Egle in Unterbrändi bestätigt, dass ich heute auf Grund des Reichsgesetzes über die Vereidigung der Beamten und Soldaten der Wehrmacht vom 20. August 1934 vor dem Forstmeister Jenter, Alpirsbach folgenden Diensteid geleistet habe. Ich schwöre: Ich werde dem Führer des deutschen Reiches und Volkes, Adolf Hitler, treu und gehorsam sein, die Gesetze beachten und meine Amtspflichten gewissenhaft erfüllen, so wahr mir Gott helfe."

Einstufung in die Besoldungsgruppe A4c2 (Revierförster) nach Vorlage der Nachweise der arischen Abstammung.

Am 14. Januar 1935 wurde Förster *Egle* von Unterbrändi, Forstamt Alpirsbach auf die „erledigte" Försterstelle Gambach, Forstamt Baindt versetzt. Zur Stellvertretung für den am 18. April 1936 erkrankten Revierförster *Egle* in Gambach wird der Forstgehilfe *Max Hüttelmaier* zugeteilt.

In einem Schreiben von Forstmeister *Barth* vom 3. Januar 1938 an Revierförster *Egle* wurde er um Einhaltung verschiedener Termine zur Lohnabrechnung hingewiesen, welche er zugesagt hätte.

Auszug aus dem Antwortschreiben von *Egle*:

*„Betreff: Termineinhaltung
Nach Mitteilung der erhaltenen Postkarte habe ich mich zu äußern, warum ich die Termine nicht eingehalten habe."*

Unter anderem schreibt er:

„Habe ich zur Zeit keinen Haumeister der mir die Unterlagen fertig auf den Tisch legt. Nimmt mir kein Haumeister einen Weg ab, ich muss manchen Weg zweimal machen und manche Arbeit tun, die sonst der Haumeister tut. So saß ich an Sylvester bis 11 Uhr nachts am Schreibtisch, dann stimmten die Aufschriebe einer Rotte nicht mit den meinen überein. Am Neujahr erledigte ich diese Sache und saß dann so wie das alte Jahr aufgehört hat, im neuen Jahr wieder am Schreibtisch, ebenso am kommenden Sonntag. Als dann meine Nerven nicht mehr mittaten, fütterte ich das Rehwild. Wenn ich meinem Außendienst halbwegs nachkommen will, so habe ich täglich 14–16 Stunden mindestens zu arbeiten, dabei kann ich am Schreibtisch keine Arbeit gemütlich erledigen. Wenn ich halbe Nächte am Schreibtisch sitze, sonntags wie werktags meine Pflicht tue, so ist mir das nicht zu viel, doch setze ich voraus, dass mein Vorgesetzter dies würdigt und einsieht. Sollte dies nicht der Fall sein und der Eindruck bestehen, dass ich meiner Pflicht nicht nachkomme, so bitte ich die Angelegenheit an die Württ. Forstdirektion weiter geben zu wollen, denn eine Mehrbelastung halten meine Nerven nicht mehr aus."

Förster Egle mit Wehrmachtsauszeichnungen

Revierförster *Egle* als Mitglied der NSDAP vertrat auch gegenüber den Waldarbeitern und der Bevölkerung sehr stark die Interessen der Partei. Von der Bergatreuter Holzhauergruppe war aber niemand zu einer Mitgliedschaft in der Partei zu bewegen. Eines Tages kam er in den Wald und sagte zu einem der jüngeren Waldarbeiter (*Josef Kempter* aus Gwigg): *„Wenn sie nicht innerhalb zwei Tagen Parteimitglied sind, werden sie entlassen!"*

Kempter suchte dann Unterstützung bei Forstmeister *Barth* (war damals noch kein Parteimitglied) und konnte die Entlassung abwenden. Im Wald mussten die Waldarbeiter den Förster jeden Morgen mit erhobenem Arm und „Heil Hitler" begrüßen.

Im Jahre 1939 wurde Revierförster *Egle* dem Herrn Reichsforstmeister als ein geeigneter Forstbeamter für die besetzten Gebiete in Polen gemeldet.

Auszug aus dem Erlass vom 7. Okt. 1939 der Württ. Forstdirektion Stuttgart:

„Nach einem Erlass des Herrn Reichforstmeisters vom 3. Oktober 1939 ist anzunehmen, dass im Laufe der nächsten Zeit voraussichtlich alle gemeldeten Beamten, soweit es sich um Forstmeister und Revierförster handelt, benötigt werden. Diese Beamten müssen also mit einer baldigen Abberufung rechnen und zwar werden sie ihre Beorderung jeweils unmittelbar vom Oberkommando des Heeres erhalten".

Egle (derzeit Unteroffizier) schrieb auf die Übersendung des Erlasses vom 7. Oktober 1939:

„Ich würde mich riesig freuen, meinem Vaterland beruflich in Polen dienen zu können."

In verschiedenen Briefen an das Forstamt Baindt schreibt *Egle* sehr deprimiert, es dauere so lange bis er nach Polen abberufen werde. Forstmeister *Barth* aus Baindt hat sich wiederholt bei der Forstdirektion Stuttgart für eine Einberufung *Egles* nach Polen verwendet.

Am 28. August 1939 wurde Revierförster *Egle* als Unteroffizier zum Heeresdienst einberufen.

"Die Forstbeamten tragen im besetzten Gebiete Dienstkleidung.
Sie nehmen zweckmäßig mit: Doppelten Walddienstanzug, ein gutes Gewehr mit Kugellauf, Essgerät, Kubierungstabelle, Homa (Holzmessanweisung), Kalender, Schreibgerät usw. Für die Reise und etwa die ersten 20 Tage am neuen Beschäftigungsort erhalten die Beamten von hier aus einen Vorschuss, der umgehend auf ihr Konto einbezahlt werden wird, sobald sie die erfolgte Beorderung hierher angezeigt haben."

Während seiner Militärzeit im 1. und 2. Weltkrieg erhielt *Egle* verschiedene Auszeichnungen.

Revierförster *Egle* ist nach seinem Fronteinsatz nicht mehr auf seine ehemalige Dienststelle in Gambach zurückgekehrt. Im Herbst 1943 ist Familie *Egle* vom Forsthaus in Gambach nach Berneck, Kreis Calw, umgezogen.

Mit der Stellvertretung der Revierförsterstelle Gambach wurde ab 29. August 1939 Haumeister Alois *Gieger* aus Reute beauftragt.

Alois Gieger 1939–1946 (Försterstellvertreter)

Geb. 21. September 1887 in Enzisreute, gest. 11. März 1978 in Reute/Bad Waldsee. Sein Vater war Oberholzhauer und Landwirt *Alois Gieger* aus Enzisreute. Verheiratet mit: *Maria Anna*, geb. Hepp aus Reute. Kinder: Keine

Alois Gieger hat im Alter von 19 Jahren als Waldarbeiter beim Forstamt Baindt in der Försterei Baindt-Nord begonnen.

Den 1. Weltkrieg absolvierte er von 1914–1916 bei der Landwehr I.R. 123 und bei der 2. Württ. Sturmkomp. Sturmbattl. 16.

Ab 1924 wurde *Gieger* als Haumeister im Revier Baindt-Nord eingesetzt. Im Mai 1941 nahm er am Fachlehrgang für Lehrmeister an der Waldarbeitsschule Hinterlangenbach teil.

Am 17. Dezember 1943 wurde *Alois Gieger* zum Forstwart ernannt.

Nachdem während des 2. Weltkriegs einige Revierförster vom Forstamt zum Militärdienst einberufen waren, wurde Forstwart *Alois Gieger* als Revierförsterstellvertreter im Forstamt Baindt eingesetzt. Er begann mit der Stellvertretung in der Försterei Gambach am 29. August 1939 (für Revierförster *Egle* eingesetzt).

1942–1943 war er auch als Revierförster-Stellvertreter und zur Unterstützung des erkrankten Försters *Didra* in der Försterei Kümmerazhofen eingesetzt und wurde zum Jagdschutzgehilfen ernannt.

Er trat 1953 in den Ruhestand. Er war noch 6 Monate über sein 65. Lebensjahr beim Forstamt aktiv beschäftigt. Im Ruhestand hatte er noch die Privatwaldbetreuung bis ins hohe Alter durchgeführt.

Zu seiner Stellvertretungszeit in der Försterei Gambach:

Anfangs kam er zu Fuß von Reute zu seiner Dienststelle nach Gambach, dann mit dem Fahrrad und später mit dem Leicht-Motorrad, eine „NSU 98'erle". Neben seiner forstlichen Tätigkeit war *Gieger* auch ein leidenschaftlicher Jäger. In der „gewehrlosen" Zeit (Franzosenbesatzung) war er der große „Saujäger" und soll in den Revieren Kümmerazhofen und Gambach über 50 Sauen in Saufängen gefangen und mit der „Saufeder" abgefangen (abgestochen) haben.

Zum frommen Gedenken im Gebete an unseren lieben Vetter, Schwager, Onkel und Paten

Alois Gieger
Forstwart a. D.
Reute

geboren am 21. September 1887
gestorben am 11. März 1978

Gedenkbild Alois Gieger

August Rieg 1946–1973

Geb. am 4. Juli 1908 in Reichenbach Kreis Ellwangen, gest. am 1. September 1981 in Bad Wurzach.

Sein Vater *August Rieg* war Förster in Stafflangen, Unterkirchberg und Neukirch bei Rottweil.

Verheiratet mit Johanna geb. Leiprecht aus Oberzell, Eheschließung am 25. November 1937. Kinder: *Hans-Joachim* geb. 1939, (Salvator-Pater Albert in Bad Wurzach) und *Gerda*, geb. 1940, gest. 1970.

Einstellung als Forstlehrling 1924 beim Forstamt Rottenmünster/Rottweil. Seine Ausbildung endete am 31. Juli 1937 mit der Revierförsterprüfung.

Von 1937–1938 war er als Förster beim Forstamt Heidenheim tätig.

Militärdienst vom 27. Aug. 1939–15. Nov. 1945 bei den Pionieren, dreimalige Verwundung in Russland (Lungenstecksplitter rechts und Stecksplitter in der rechtseitigen Rückenmuskulatur und im rechten Oberschenkel, chronische Bronchitis). Anschließend in amerikanischer Kriegsgefangenschaft.

Nach Kriegsende war er Förster in Neuhausen, Forstamt Tuttlingen und Schöneburg, Forstamt Ochsenhausen.

Am 1. Mai 1946 übernahm Revierförster *Rieg* das Forstrevier Gambach beim Forstamt Baindt.

Aus einem Schreiben des Forstamts (Forstmeister *Barth*) vom Mai 1946:

„Betr. Zulassung eines Kraftrades

Da Förster Rieg im letzten Krieg eine schwere Lungenverletzung erhalten hat, ist er auf die Benützung eines Motorrades angewiesen und bittet um Zulassung seines Kleinkraftrades (NSU Hubraum 98 ccm) zum Dienstgebrauch.

Mit Erlass der Forstdirektion wurde Rieg die stets widerrufliche Erlaubnis erteilt, sein Kraftrad im Dienst zu benützen und ihm eine Fahrentschädigung von 15 DM gewährt. In dem Erlass wurde noch folgendes erwähnt: Im Hinblick auf eine wirksame Ausübung des Forstschutzes und nicht weniger mit Rücksicht auf die gebotene Sparsamkeit an Betriebsstoff und Reifen ist das Motorradfahren im Dienst möglichst einzuschränken."

Am 10. Juni 1965 ist Oberförster *Rieg* mit seiner Familie in das neuerbaute Revierförsterhaus in Bergatreute, Welfenstraße umgezogen.

Aus Zweckmäßigkeitsgründen wurde die Revierförsterstelle Gambach in Revierförsterstelle Bergatreute umbenannt.

Der Südwestfunk brachte im Oktober 1969 eine Reportage über die Gemeinde Bergatreute. Förster *Rieg* gab Erläuterungen zum Altdorfer Wald und über das Revier Bergatreute. Von ihm kommentiert wurde eine Baumfällung bei der Sprengsteinhütte mit Axt und Waldsäge durch die Waldarbeiter *Josef Kempter* und *Hans Gindele* und mit der Motorsäge durch Haumeister *Alois Sonntag*.

Infolge seiner schweren Kriegsverletzungen, einem Kreislaufkollaps, einer Operation und verschiedenen Heilkuren war er von 1968–1971 längere Zeit krank. Krankheitsvertretung im Forstrevier Bergatreute durch *Jochen Jauch* vom Juli 1971–Dezember 1971.

Am 2. Dezember 1972 wurde Förster *Rieg* zum Oberamtsrat ernannt, er trat im Juli 1973 in den Ruhestand.

Förster August Rieg

Revierförster August Rieg (mit Dienstmütze) bei einem Besuch des 1957 im Forstamt Zwiefalten pensionierten Försters Alois Senser (geboren in Gambach).

Ende 1950 landete ein Hubschrauber anlässlich eines Manövers auf der Sprengsteinwiese, Förster Rieg durfte bei einem Rundflug über den Bergatreuter Wald mitfliegen.

AUF DEM BILD NAMENTLICH BEKANNT: *Lydia Detzel (verh. Gresser), Hilde Hepp (verh. Wäscher), Gerda Stehle (verh. Weber), Rese Weißhaupt, Anna Weiß*

Aus der „Schwäbischen Zeitung" vom 13. Oktober 1973:

„In seiner Abschiedsrede würdigte der Leiter des Forstamts Baindt, Forstdirektor Kruttschnitt, die Verdienste des aus einem alten Förstergeschlecht stammenden Pensionärs. Er dankte dem erfolgreichen Forstmann und passionierten Jäger für seinen Einsatz und hob besonders die anpassungsfähige, aktive Persönlichkeit und technischen Fähigkeiten des langjährigen Lehrrevierförsters und arbeitstechnischen Stützpunktleiters aus Bergatreute hervor. Für die vorbildliche Privatwaldbetreuung ebenso wie für die aktive Mitarbeit in den örtlichen Vereinen dankte Bürgermeister Fleischer dem Forstmann. Die Anerkennung der Gemeinde wurde unterstrichen durch die Überreichung eines Wappenzinntellers, während die Kollegen des Forstamtes ihrem scheidenden Pensionär ein wertvolles, auf Glas gemaltes Jagdbild schenkten."

Hans Lutz 1974–1983

Geb. am 16. Mai 1918 in Wain bei Laupheim,
Eheschließung am 21. Januar 1950 mit Frau *Gertrud*,
Kinder: *Eberhard, Hans-Ulrich, Norbert* und *Helmut*.

Hans Lutz begann seine forstliche Laufbahn im Dezember 1935 im damaligen Forstamt Dietenheim bei Ulm. Seine Ausbildung wurde durch Kriegsdienst und Gefangenschaft unterbrochen.

Forstlehrling *Hans Lutz* legte die Forstanwärterprüfung am 3. Dezember 1947 in Hinterlangenbach ab.

Nach dem Revierförsterlehrgang an der Landesforstschule in Dornstetten wurde er am 1. November 1949 zum Revierförster ernannt.

Ab 1. Januar 1951 war *Lutz* auf der Revierförsterstelle „Unterer Eiberg" beim Forstamt Wildbad tätig.

Zum 1. August 1953 wurde ihm die Revierförsterstelle „Meistern-Lehenhardtswald" beim Forstamt Wildbad übertragen.

Am 7. Mai 1954 bekam Förster *Lutz* von der Forstdirektion die Genehmigung zur Benutzung eines Motorrades.

Sein nächstes Fahrzeug war dann ab November 1959 ein VW-Standard, Baujahr 1955.

Förster Hans Lutz

Verabschiedung von Förster Hans Lutz in der „Stellplatzhütte" im Juli 1983

AUF DEM BILD VON RECHTS:
Frau Lutz, Förster Hans Lutz, Förster Reinhold Knor und Hannes Holzapfel

Am 31. Oktober 1964 wurde er zum Oberförster und am 4. September 1967 zum Forstamtmann ernannt.

Bei einem Reh, welches *Hans Lutz* 1962 erlegte und anschließend aufgebrochen hat, wurde nachträglich Tollwut festgestellt. Die ganze Familie *Lutz* musste sich dann einer damals sehr belastenden Tollwutschutzimpfung unterziehen.

Nach der Pensionierung von Oberamtsrat *Rieg* übernahm er das Forstrevier Bergatreute am 10. April 1974. Die Familie *Lutz* bezog das Forsthaus in Bergatreute in der Welfenstraße.

Mit dieser Stellenübernahme ging für *Hans Lutz* doch noch ein lange gehegter Wunsch in Erfüllung, die Rückkehr in sein geliebtes „Oberland".

Bereits 1980 wurde *Hans Lutz* in den Gemeinderat von Bergatreute gewählt und im gleichen Jahr konnte er noch sein eigenes Haus in Bergatreute beziehen.

In einer kleinen Feierstunde in einer Waldhütte verabschiedete sich Herr Lutz an seinem letzten Dienst-Tag im Mai 1983 von den Mitarbeitern und Kollegen des Forstamts. Forstamtsleiter *Gerhard Maluck* überreichte ihm die Ehrenurkunde des Landes Baden-Württemberg und sprach ihm Dank und Anerkennung für die in 48 Dienstjahren geleistete Arbeit aus.

„Heute gibt er", so Forstamtsleiter *Maluck*, „ein Revier zurück, das rundherum mustergültig in Ordnung und gepflegt ist. Mit Hans Lutz scheidet ein ‚Förster guter alter Art' aus dem Dienst: pünktlich, korrekt, zuverlässig und vollem Einsatz und Engagement. Das Forstamt verliert einen Mitarbeiter, der durch sein Fachwissen und durch seine offene und ehrliche Art bei Vorgesetzten und Kollegen gleichermaßen beliebt war", betonte *Maluck*.

Für die Kollegen und das Forstamtsbüro schloss ich mich dem Dank in herzlichen Worten an. Ich sagte noch: *„Es wird für mich bestimmt nicht einfach werden, als Nachfolger in diesem Revier anzutreten, denn ein „Neuer" wird immer wieder an seinem Vorgänger gemessen."*

Jochen Jauch 1983–2000

Geb. 5. Juli 1939 in Rottweil,
verheiratet mit *Christa*, geb. *Dorn*, aus Rottweil, seit 1964,
Kinder: *Christina* und *Shirin*

Stationen meiner forstlichen Laufbahn:

1957	Einstellungsprüfung für den gehobenen Forstdienst in Nagold,
1957–1959	Forstlehrling bei den Forstämtern Rottweil, Tuttlingen, Spaichingen, Nagold und Sulz,
1959	Forstanwärterprüfung an der Waldarbeitsschule Hinterlangenbach,
1959–1961	Forstanwärter bei der Forstdirektion (FD) Tübingen und Reviervertretung im Forstrevier Dettenhausen im Forstamt Einsiedel (Tübingen),
1960	Jägerprüfung bei der Forstdirektion Tübingen im Schloss Bebenhausen,
1962	Hilfsförsterlehrgang an der Landesforstschule Schadenweilerhof in Rottenburg und Ernennung zum „Hilfsförster",
1962–1964	Revierunterstützung im Forstamt (FA) Nagold und Calmbach (Schneebruchaufbereitung), Forstl. Arbeitslehrer an der Waldarbeitsschule Hinterlangenbach Reviervertretung im Revier Ellbach im Forstamt Obertal (7 Monate),
1964	Revierförsterlehrgang und Revierförsterprüfung an der Landesforstschule,
1. Aug.1964	Ernennung zum Revierförster, Dauer der Forstausbildung: 7 Jahre und 5 Monate,
1964–1967	Forstl. Arbeitslehrer an der Waldarbeitsschule Hinterlangenbach im Forstamt Schönmünzach (Nord-Schwarzwald),
1967–1971	als Forstexperte in der Entwicklungshilfe bei der Deutschen Forstgruppe in Afghanistan mit dem Aufgabengebiet: Aufbau

Förster Jochen Jauch (1989)

Auch unsere Rauhaardackel dürfen in diesem Buch nicht unerwähnt bleiben. Dienst- und jagdlich waren sie mir immer treue Begleiter. Zu Hause haben sie der Familie viel Freude bereitet.

„Enza" (1989)

Der letzte Jagdhund: „Vasko" (2001)

*60er-Fest im Pfarrgemeindesaal von Bergatreute
Christa und Jochen Jauch mit Christina und Shirin*

einer Waldarbeits- und Forstschule in der Provinz Paktia und Ausbildung von Waldarbeitern in Holzerntetechnik und Holzbringung,

1971–1983 Als Revierförster i.G. (Büroleiter) und Ausbildungsförster beim Forstamt Baindt/Bad Waldsee,

Ab 1. Nov. 1983 Revierleiter des Forstreviers Bergatreute mit Ausbildungsfunktion für den gehobenen Forstdienst.

Bericht von Forstdirektor *Gerhard Maluck* in der „Schwäbischen Zeitung" (Ausgabe Bad Waldsee) vom 7. August 2004 über meine Verabschiedung.

„Über 50 Nachwuchsförster gingen durch Jauchs Schule.
Nach 47 Dienstjahren geht der Büroleiter des Forstamts Bad Waldsee, Oberamtsrat Jochen Jauch, in den Ruhestand. 34 Jahre lang gehörte er dem Forstamt Baindt/Bad Waldsee an, bekannt aber ist er weit über dessen Grenzen hinaus als forstlicher Lehrer und Ausbilder.

Der aus Rottweil stammende Jauch begann seine forstliche Laufbahn 1957 als Forstlehrling. 1967 begann das wohl größte Abenteuer seiner forstlichen Laufbahn: Als Mitglied der so genannten ‚Deutschen Forstgruppe Afghanistan' baute Jauch im Rahmen eines Entwicklungshilfe-Projekts in dem unruhigen Land am Hindukusch die erste Waldarbeits- und Forstschule auf. Die Arbeitsbedingungen im bewaldeten und schwer zugängliche Osten des Landes waren schwierig und gefährlich, die Technik völlig unterentwickelt und die Verantwortung riesig, die Jauch für das Projekt tragen musste und für seine junge Familie, die mit ihm zusammen in dieses raue Land gezogen war. Stolz erinnert sich Jauch auch heute noch an den Besuch des Königs Zahir Schah beim deutschen Forstprojekt, als er den Monarchen persönlich kennen lernen und führen durfte. Leider hat die Forstschule die langen Kriegswirren nicht überstanden und ist völlig zerstört worden.

1971 kam Jauch mit seiner Familie aus Afghanistan zurück und wurde Büroleiter im damaligen Forstamt Baindt. Als der Dienstsitz des Amtes nach Bad Waldsee verlegt wurde, wechselte er 1983 in das Forstrevier Bergatreute. An diese Zeit der forstlichen Praxis erinnert er sich besonders gerne, und auch in der Gemeinde Bergatreute, deren Gemeindewald er betreute, ist der ‚Förster

Noch Revierleiter in Bergatreute (2000

Verabschiedung aus dem Forstdienst 2004
Forstamtsleiter Gerhard Maluck, Christa und Jochen Jauch

Jauch' noch in allerbester Erinnerung. Sowohl im Büro als auch im Revier übte Jauch dank seiner Qualifikation die Funktion eines ‚Ausbildungsförsters' aus, indem er Praktikanten und Forststudenten in die forstliche Praxis einführte. Mehr als 50 junge Nachwuchsförster sind durch seine bekannt strenge Schule gegangen.

Im Jahr 2000 übernahm Jauch erneut die Leitung des Forstamtsbüros, jetzt in Bad Waldsee. Dort wurde er zuständig für den gesamten Holzverkauf und gestaltete in den schwierigen Zeiten von Sturm- und Käferholz die Einnahmeseite der Forstbetriebe durch den Verkauf von jährlich über 70 000 Festmetern Holz sehr erfolgreich."

Im Amtsblatt der Gemeinde Bergatreute vom 6. August 2004 veröffentlichte Bürgermeister Helmfried *Schäfer* den Bericht von Herrn *Maluck* über meine Verabschiedung. Er ergänzte noch folgendes:

„Im Namen des Gemeinderates und auch persönlich danken wir Förster Jauch für die jahrelange geleistete glänzende Arbeit für die Gemeinde Bergatreute. 17 Jahre hat er den Gemeindewald vorbildlich betreut. Durch seine umgängliche und hilfsbereite Art war er bei den Bürgern und der Verwaltung hoch geschätzt. Wir wünschen ihm in seinem Ruhestand alles Gute, Gesundheit und noch viele unbeschwerte Jahre im Kreise seiner Familie."

Thomas Keller (seit 2000)

Geb. am 18. Dezember 1960 in Aach-Linz (jetzt Pfullendorf),
Juni 1980: Allgemeine Hochschulreife,
Juli 1980 bis August 1981: Grundwehrdienst bei der Bundeswehr,
Verheiratet mit *Ingrid* geb. *Bächle* seit 1986,
Kinder: *Sabrina* und *Steffen*.

Stationen seiner forstlichen Laufbahn:

Sept. 1981 bis Aug. 1982: Forstpraktikant im Forstrevier Weissenau bei OAR Maier,
Sept. 1982 bis Okt. 1985: Forstinspektoranwärter,
Studium an der FHF Rottenburg, fachpraktische Studienzeit im Forstamt Mössingen und Forstamt Burladingen,
Abschluss: Dipl. Ing. FH im Okt. 1985,
4. November 1985: Einstellung als Forstinspektor und Übertragung des Büroleiterpostens beim Forstamt Leutkirch,
1. Dezember 2000: Übertragung des Forstreviers Bergatreute mit Ausbildungsfunktion.

Förster Thomas Keller

Forstdienstgebäude in Bergatreute

Ehemaliges Forsthaus in Gambach 1901–1965

Das ehemalige Forsthaus in Gambach wurde 1886 von *Josef Senser* erstellt. *Josef* Senser war der Großvater von Oberholzhauer *Anton Senser* und Urgroßvater von *Horst Senser* Bergatreute.

Josef Senser, geb. am 15. November 1846 war Königl. Forstwart in Gambach und ist am 22. April 1901 in Gambach verstorben.

Seine Frau, die Forstwart Witwe *Josefine,* geb. Zeh, hat das Haus im Oktober 1901 an das Königl. Kameralamt (Staatsfinanzverwaltung) um 9 491 Mark und 28 Pfennig verkauft.

Die Bewohner des Forsthauses:

1909–1928	Förster *Anton Traub* mit Familie
1931–1934	Förster *Dionys Klotzbücher* mit Familie
1943–1946	Familie *Pfeil* aus Stuttgart
1946–1965	Förster *Rieg* mit Familie
Ab Juli 1965	Waldfacharbeiter *Rudolf Hafner*

Das Revierförsterhaus wurde am 16. Dezember 1943 an die vom Gauwohnungskommissar zugewiesene Schlosserfamilie *Otto Pfeil* mit 7 Kindern aus Stuttgart vermietet.

Am 14. April 1966 wurde das Revierförstergebäude in Gambach vom Land an den Waldfacharbeiter *Rudolf Hafner* (Maschinenführer beim Forstamt) verkauft.

Vor dem Verkauf an Familie Fischer (2010)

Alter Kaufvertrag

Kaufvertrag.

Kameralamt: Waldsee.

Gemeinde: Bergatreute. **Markung:** Engenreute.

Zwischen dem K. Kameralamt Waldsee im Namen der Staatsfinanzverwaltung als **Käuferin** und der *[...]*

als Verkäuferin ist heute der nachstehende Kaufvertrag abgeschlossen worden:

I. Gegenstand des Kaufs:

a. *[...]* Nro. 13 *[...]* mit 6 a 34 qm *[...]*

b. *[...]* von der Parzelle Nro. 460 mit 49 a 06 qm *[...]*
   55 a 40 qm

[...]

II. Der Kaufpreis beträgt:

9 491 ℳ 28 ₰

Die Jahresmieten im Forsthaus Gambach betrugen:

1907: 170 Reichsmark
1939: 309 Reichsmark

Die Erben von *Rudolf Hafner* verkauften das ehemalige Forsthaus im Jahr 2010 an die Familie *Fischer* aus Bergatreute.

Die Bewohner des Forsthauses hatten von Anfang an Schwierigkeiten mit der Wasserversorgung und der Funktion der Wasserpumpe. Im Jahre 1912 wurde eine neue Flügelpumpe eingebaut. *Förster Klotzbücher* war 1931 von Mitte Juli bis im September ohne Wasser, da die Wasserpumpe kaputt war und vom zuständigen Bezirksbauamt nicht repariert wurde. Während dieser Zeit musste die Familie das Wasser in Eimern bei Bauer *Peter* in der Nachbarschaft holen.

1921 wurde vom Forstamt Baindt über die Forstdirektion in Stuttgart an das Finanzministerium ein Antrag über den Einbau des elektrischen Lichtes gestellt. Nach zweijährigem Gerangel über die Finanzierung erhielt das Forsthaus dann 1923 elektrisches Licht.

Die Reichspostverwaltung wollte 1922 gemeinsam für die Bewohner von Gambach und Engenreute im Forsthaus ein Telefon installieren. Nach einer Befragung der Einwohner von Engenreute und Gambach lehnten diese den Einbau mit dem Argument ab, sie würden weiterhin im Sägewerk Löffelmühle ihre Gespräche führen und das Telefon im Forsthaus (obwohl ja viel näher gelegen) nicht benützen. Wann das Telefon dann tatsächlich eingebaut wurde, konnte nicht ermittelt werden.

Am 22. Februar 1939 richtete Förster *Egle* folgendes Schreiben an das Forstamt in Baindt:

„Betreff: Mietzins für staatliche Revierförsterwohnungen.

Anlässlich der Überprüfungen der Miet- und Pachtzinsen für die Försterwohnungen möchte ich auf verschiedene Missstände, die den festgesetzten Mietzins in hiesiger Gemeinde zu hoch erscheinen lassen aufmerksam, machen:
hat meine Wohnung keine Wasserleitung,
von 9:30 Uhr an keine Sonne mehr,
ist die Wohnung am Fuße des Berges sehr feucht,
hat sie nur 3 elektrische staatliche Lampen,
bei der Einrichtung einer Waschküche, die ja nur zum Vorteil eines Gebäudes ist, da dann beim Waschen nicht mehr das ganze Haus vom Wasserdampf durchdrungen wird, wurde mir die damalige Friedensmiete um 24 RM erhöht. Ein Stelleninhaber bezahlt somit in ca. 20 Jahren die ganze Waschküche, obwohl der Vermieter den Vorteil hat, dass sein Haus durch die Einrichtung einer Waschküche besser geschont ist, besonders dieses feuchte Haus.

Ein Ofen ist in meinem Schlafzimmer, der zweite in meinem Arbeitszimmer. Mein Wohnzimmer, für das ich Miete bezahle, muss ich als Arbeitszimmer bzw. als Dienstzimmer benützen, da ich in ungeheizten Räumen nicht wohnen noch weniger meine schriftlichen Arbeiten erledigen kann.

Sind verschwiegene oder vertrauliche dienstliche Angelegenheiten in meinem Dienst- und Wohnzimmer zu erledigen, so müssen sich meine Frau und die evtl. anderen anwesenden Personen in der Küche oder in einem anderen kalten Raum aufhalten, denn das Schlafzimmer ist kein Aufenthaltsraum für fremde Personen.

Ein Gesuch an das Bezirksbauamt Ravensburg um Aufstellung eines weiteren Ofens wurde mit der Begründung, dass 2 Öfen vorhanden seien und ich keinen Anspruch auf einen 3. Ofen habe, abgelehnt. Dem Bauamt ist aber bekannt, dass ich das eine Wohnzimmer mit Ofen als Dienstzimmer benützen muss.

Das Bauamt erteilte mir wohl die Genehmigung einen weiteren Ofen auf meine Kosten aufstellen zu dürfen.

Bei der heutigen Überlastung an Schreibarbeiten ist die Aufstellung eines Ofens keine Privatangelegenheit wenn man genötigt ist, das einzige heizbare Wohnzimmer als Dienstzimmer zu benützen und trotzdem eine Jahresmiete von 309 RM zu bezahlen ist.

Ich bitte deshalb um Einrichtung eines heizbaren Dienstraumes oder um Nachlass der Miete, damit ich weitere Öfen aufstellen und mir einen Dienstraum einrichten kann."   *Gez.: Revierförster Egle*

Dieses Schreiben wurde vom Forstamt Baindt über das Bezirksbauamt in Ravensburg an das Finanzministerium in Stuttgart weitergeleitet.

Am 22. April 1939 schrieb das Finanzministerium aus Stuttgart folgendes:

AUSZUG:

„Die Zahl der vorhandenen Räume im Revierförsterhaus in Engenreute ist für einen Revierförster vollauf genügend. Ich bin aber mit der Aufstellung eines weiteren Ofens einverstanden und habe das zuständige Bezirksbauamt Ravensburg entsprechend angewiesen."

Unter Förster August *Rieg* wurden im Forsthaus Gambach an der Sonnenseite des Hauses Reben angebaut und ein trinkbarer Rotwein gekeltert.

Im Oktober 1958 fand eine bakteriologische Untersuchung der Trinkwasseranlage statt. Wie dem Prüfungsbefund zu entnehmen ist, hatte das Trinkwasser in einem Liter Wasser über 20 000 Kolikeime. Das Ergebnis der Untersuchung zeigte, dass das Trinkwasser durch Fäkalienstoffe stark verunreinigt war. Da zunächst eine andere Versorgung mit Trinkwasser nicht möglich war, musste das Trinkwasser, das vom Schachtbrunnen des Bauern *Peter* kommt, für menschlichen Genuss und auch zum Spülen abgekocht werden. Am 4. April 1959 fand eine gemeinsame Besichtigung verschiedener Quellen in der Nähe des Revierförsterhauses mit den Herren des Staatl. Hochbauamts, dem Wasserwirtschaftsamt sowie dem Bürgermeister von Bergatreute statt. Eine brauchbare Lösung für eine Verbesserung der Wasserversorgung konnte aber nicht gefunden werden. Als Ergebnis der Besichtigung wurde festgehalten: Bei der gegebenen Situation erscheint der Neubau eines Revierförstergebäudes die einzig brauchbare und zweckmäßige Lösung.

Als Zwischenlösung wurde im Mai 1959 (Bewohner Familie *Rieg*) das Staatl. Hochbauamt Ravensburg beauftragt, eine Chlorierungsanlage einzubauen, diese Anlage soll aber nie richtig funktioniert haben.

Auf Drängen von Förster *Rieg* hat die Forstdirektion Tübingen mitgeteilt, dass sie den Neubau eines Forsthauses für die Revierförsterei Gambach in ihren vorläufigen Plan für das Jahr 1964 eingesetzt hat. Die Forstdirektion empfiehlt in absehbarer Zeit einen geeigneten Bauplatz zu erwerben.

Hinsichtlich des Neubaues eines Revierförstergebäudes empfiehlt es sich aus forstlichen Gründen nicht mehr in Gambach, sondern in dem günstiger gelegenen Bergatreute den Neubau zu errichten.

Laut einem Gutachten des Staatl. Hochbauamtes Ravensburg war der bauliche Zustand des Hauses so schlecht, dass eine Instandsetzung und Beibehaltung des Hauses als Waldarbeiterwerkswohnung sich nicht lohnen würde. Außerdem wurde an die äußerst mangelhafte Wasserversorgung des Hauses erinnert.

Das Revierförstergebäude in Gambach wurde laut Kaufvertrag vom 14. April 1966 an den Waldfacharbeiter *Rudolf Hafner* (Maschinenführer beim Forstamt) verkauft.

Der Kaufpreis betrug 32 000 DM.

Stellt man sich so ein neues Forsthaus vor?

Neues Forsthaus

Revierförstergebäude in Bergatreute 1965–1980

Das Liegenschaftsamt hat 1961 vom Bürgermeisteramt Bergatreute ein Teilstück des Flurstücks Nr. 751/1 (ehemaliger Besitzer Familie *Buschle*) mit rund 10 ar an der Welfenstraße erworben. Der Kaufpreis betrug 5,50 DM/qm.

Im August 1964 wurde dann der Auftrag für den Neubau des Revierförstergebäudes vergeben.

Bei der Neuplanung musste folgendes Raumprogramm zugrunde gelegt werden:

Wohnhaus:

    1 Wohnzimmer   20–22 qm
    1 Elternschlafzimmer   15–17 qm
    1 Kinderzimmer   12 qm
    1 Kammer   10–12 qm
    1 Küche mit Speisekammer   10–12 qm
    1 Essnische   8 qm
    1 Bad, 1 WC
    1 kleines Dienstzimmer   9 qm
    1 Waschküche (gleichzeitig Wildkammer)
    1 Vorratskeller
    1 Raum für Brennmaterial

Nebengebäude:

    1 Garage
    1 Abstellraum für Dienstgerät
    1 Hühnerstall
    1 Hundezwinger
    1 Holzlege

Der umbaute Raum des Nebengebäudes konnte nicht festgelegt werden. Es musste aber auf eine sparsame und wirtschaftliche Grundrisslösung geachtet werden.

Außenanlagen:
    1 Wäschetrockenplatz mit Teppichklopfstange
    1 Müllgrube

Die Gesamtbaukosten betrugen 100 000 DM plus 5 500 DM Mehrkosten für die gesamte Unterkellerung (zusätzlicher Werkraum für Forstlehrlinge). Das Forstrevier war Stützpunktrevier und Ausbildungsstelle für den gehobenen Forstdienst.

Bei der Außenanlage mussten auch verschiedene Arbeiten von der Waldarbeitergruppe unter Haumeister *Alois Sonntag* erledigt werden. Dabei passierte folgendes: Ein mitarbeitender Forstlehrling konnte es einem anwesenden Waldarbeiter nicht recht machen. Dieser kam so in Wut, dass er die Schaufel nahm und dem armen Forstlehrling damit auf den Kopf schlug und zwar so fest, dass der Schaufelstiel dabei abbrach (Namen des Lehrlings und Waldarbeiters sind bekannt). Allerdings konnte der Waldarbeiter dann seine „Papiere" auf dem Forstamt in Baindt abholen.

Bewohner des Forsthauses

Oberförster *August Rieg* ist am 10. Juni 1965 mit Familie vom Forsthaus in Gambach in das neu erbaute Revierförsterdienstgebäude in der Welfenstraße umgezogen. Dort hat er bis zu seiner Pensionierung im Juli 1973 gewohnt.

1974–1980   Forstamtmann *Lutz* mit Familie
1980–1983   vorübergehende private Belegung durch zwei Familien
1983–1996   Förster *Langlouis* (Büroleiter beim Forstamt Bad Waldsee)
1996–2004   durch Liegenschaftsamt privat vermietet

Im Jahre 2004 wurde das ehemalige Forsthaus vom Liegenschaftsamt an die Familie *Sandra* und *Michael Schmidt* verkauft (heute Welfenstraße 12).

„Saasholz" (1)
„Hansenwiese" (2)
*Abteilungen „Rieglenwies"
und „Erlenmoos"* (3)
„Stockweiher" (4)
B 30 (5)
Kümmerazhofer Wald (6)
Schießstand der KJV (7)
Reute / Kümmerazhofen (8)
Enzisreute (9)
Gaisbeuren (10

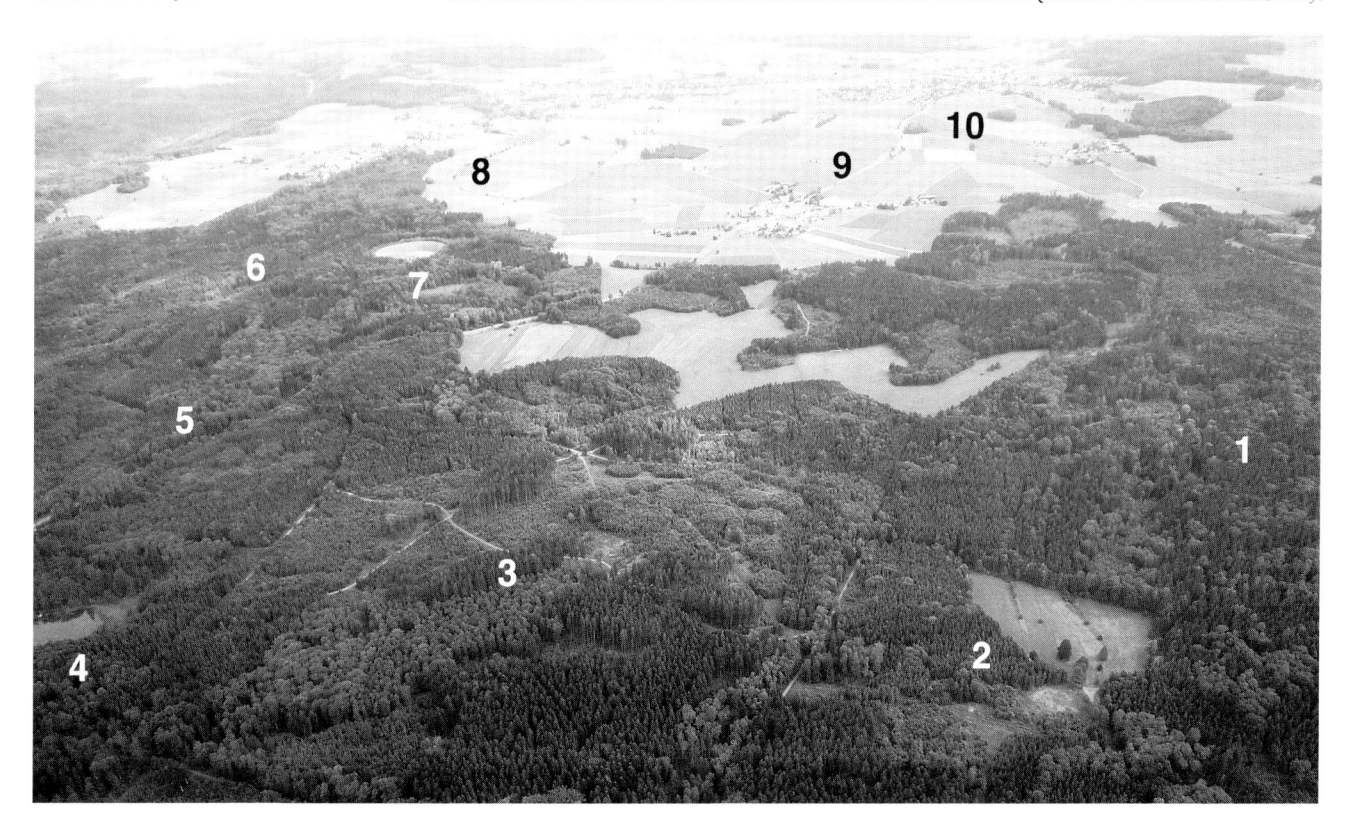

Die Waldarbeiter

Oberholzhauer

Alois Senser, Oberholzhauer von Gambach bis 1918

Geb. am 16. August 1854 in Gambach, gest. am 12. Februar 1921,
 er war ein Bruder des Königl. Forstwarts *Josef Senser*,
 (geb. am 25. November 1846 in Gambach, gest. am 22. April 1901)

Kinder:
Alois Senser, er war Förster in Mörsingen, Forstamt Zwiefalten,
 (geb. am 10. Mai 1882 in Gambach, gest. 1957 in Zwiefaltendorf),
Johann Georg Senser, Küfer in Gambach
 (geb. am 11. November 1887 in Gambach, gest. am 20. Mai 1955 in Gambach), er war der Vater von *Agathe Senser*, verh. *Wirbel*, langjährige Vorarbeiterin bei den Waldarbeiterinnen im Revier Gambach,
Gebhard Senser, Schuhmacher in Engenreute,
 (geb. am 22. August 1892 in Gambach, gest. 1985), er war der Großvater von Forstwirtschaftsmeister *Hubert Gresser* aus Engenreute.

Erinnerung an Alois Senser

Anton Jäckle

Oberholzhauer von Gambach bis 1937 unter Förster *Traub* und Förster *Klotzbücher*

Geb. am 26. April 1886, gest. am 2. Juli 1953 in Altann,
er war verheiratet mit *Josefine*, geb. *Rigoni*, aus Italien,
sie hatten 8 Kinder: *Anton, Anna, Josefine, Thekla, Hildegard, Franz, Crescentia* und *Erwin*.

Von diesen Kindern leben heute noch fünf im Alter zwischen 80 und 90 Jahren. Der Taufpate vom jüngsten Sohn *Erwin* war Förster *Klotzbücher*.
Tochter *Anna Jäckle*, geb. am 10. Januar 1914, gest. am 15. Juni 2004, war verheiratet mit dem Waldfacharbeiter *Josef Kempter*, geb. am 23. März 1912, gest. am 19. März 1989. *Anna Jäckle* war einige Jahre Haushaltshilfe bei Oberforstmeister *Barth* in Baindt.
Einige alte Bilder in diesem Buch sind aus ihrem Besitz, auch viele Namen von abgebildeten Personen konnte ich von ihr noch erfahren.
Unter *Anton Jäckle* wurde vom Freiwilligen Arbeitsdienstdienst der „Hütteweg" und „Hänglesweg" gebaut.
Er war Mitglied im Gemeinderat von Bergatreute von 1923–1933.
Wegen Dienst- und Parteiangelegenheiten kam es zu Differenzen mit seinem Förster *Klotzbücher*. Er wollte dann mit Frau und 8 Kindern nach Brasilien auswandern. So weit kam es aber doch nicht, 1937 zog er mit der Familie nach Alttann und wurde Pächter der „Wirtschaft zur Traube".

Oberholzhauer Jäckle von 1934

Haumeister

Anton Kieble, Haumeister aus Gwigg, von 1937–1949

Geb. am 7. November 1896, gest. am 5. Dezember 1949,
verheiratet mit *Rosa*, geb. Schneider,
Kinder: *Josef* („Bienenkieble") und *Rosmarie*.

Aus der „Schwäbischen Zeitung" vom 6. Dezember 1949:
„Bei Holzfällerarbeiten verunglückte gestern Morgen der verheiratete Landwirt und Oberholzhauer Anton Kieble von Gwigg tödlich. Er hatte mit seinen Kameraden eine Buche, die einen Meter Durchmesser hatte, umgesägt. Die weitausladende Buche fiel in die gewünschte Richtung, streifte aber an einer anderen Baum. Dabei brach ein etwa zehn Zentimeter starker Ast ab, schnellte weit rückwärts und traf Kieble auf dem Hinterkopf, so dass der Tod sofort eintrat."

Haumeister Anton Kieble

Anton Senser, Haumeister aus Bergatreute, von 1949–1957

Geb. am 13. Juni 1900 in Engenreute, gest. am 23. Oktober 1957,
verheiratet mit *Hedwig*, geb. Jung, aus Gwigg, gest. am 23. Oktober 1992,
  Vorarbeiterin im Revier Gambach von 1932–1935,
Kinder: *Siegfried, Horst, Edda* und *Werner*.

Waldarbeiter im Revier Gambach von 1921–1935. Gründungsmitglied vom Radfahrverein Bergatreute und langjähriger Schriftführer. Aufgrund seiner guten Schulkenntnisse und seiner gestochen scharfer Schrift war er Ratsschreiber bei der Gemeinde Bergatreute von 1935–1939.

Militärdienst und Kriegsgefangenschaft von 1939–1946.

Anschließend war er wieder Waldarbeiter und dann ab 1949 Oberholzhauer unter Förster *August Rieg*. Bei der Arbeit war er immer äußerst korrekt und genau, mit den jungen Waldarbeitern sehr streng. Er achtete stets auf Disziplin und Pünktlichkeit. Im Auftrag von Förster *August Rieg* hat er in den Wintermonaten im Bauernwald selbständig regelmäßig Stammholz vermessen, aufgenommen und die Holzlisten gefertigt. Leider ist er schon frühzeitig mit 57 Jahren an einer unheilbaren Krankheit verstorben.

Haumeister Anton Senser

Alois Sonntag,

Haumeister aus Bergatreute von 1957–1990 unter den Förstern *August Rieg, Hans Lutz* und *Jochen Jauch*

Geb. am 18. September 1931 in Gwigg,
verheiratet mit *Josefine*, geb. Oberhofer
Kinder: *Renate, Irmgard, Thomas, Kurt* und *Melanie*

Nach der Schule war er zunächst bei Landwirt Bendel in Gwigg beschäftigt, mit 22 Jahren zog es ihn dann in den Wald. Nach dem frühen Tod von Haumeister *Anton Senser* wurde er bereits im Alter von 26 Jahren von der Waldarbeitergruppe als neuer Haumeister vorgeschlagen und anschließend vom Forstamt bestimmt.

Aufgrund seiner ruhigen, ausgeglichenen Art, seiner Zuverlässigkeit und Pünktlichkeit war er für die Waldarbeiter immer ein Vorbild. Durch seine vielseitigen Fertigkeiten und Kenntnisse war er für die Förster eine große Unterstützung bei der Ausbildung der Forstpraktikanten und Forstanwärter.

Haumeister Alois Sonntag

Zusammen mit Förster *Rieg* hat Haumeister *Sonntag* mit dem forsttechnischen Stützpunkt des Reviers viele Motorsägeschulungen in den umliegenden Forstämtern durchgeführt. Neben seinem Hauptaufgabengebiet als Haumeister war er für die Gemeinde Bergatreute, die Kirche, die Vereine und die Bevölkerung jahrzehntelang der Ansprechpartner für forstliche Angelegenheiten, als „rechte Hand" des zuständigen Försters. Ob am Sonntag nach der Kirche, oder auch nach der Arbeit, er war jederzeit ansprechbar.

Eine große Entlastung für den Förster war die Abgabe der „Reisschläge" durch Haumeister *Sonntag*. Diese oftmals nicht einfache Arbeit erforderte viel Fingerspitzengefühl und gute Menschenkenntnis. Für das jährliche große Wallfahrtsfest (Maria Heimsuchung), die kirchlichen Feiertage, für die Feste der Vereine, für das Rathaus musste Reisig, Grünzeug, Christbäume, Maibaum, Narrenbaum usw. geliefert werden. Unterstützt wurde er bei diesen Arbeiten von den Mitarbeitern der Waldarbeitergruppe des Forstreviers Bergatreute.

Rottenführer, Vorarbeiter und Waldarbeiter

Für die ehemaligen Waldarbeiter *Wilhelm Jung, Johann Gindele, Alois Peter, Josef Kempter* und *Karl Weiß* habe ich die Nachrufe anlässlich ihrer Beerdigung auf dem Friedhof in Bergatreute gesprochen, sie waren mir noch persönlich bekannt.

Alois Dick aus Engenreute
Geb. am 16. Mai 1899, gest. am 30. Juli 1977,
verheiratet mit *Rosa* (geb. Nold),
Kinder: *Anton, Anna* und *Rosa*.

In der Försterei Gambach hat er von 1921–1964 (43 Jahre) als Waldarbeiter gearbeitet. Viele Jahre davon war er in den Wintermonaten als Rottenführer eingesetzt.

Revierausflug 1958

AUF DEM BILD VON LINKS NACH RECHTS: *Busfahrer, Josef Detzel, Fine Gresser (verh. Oberhofer), Bernhard Gresser, Hermann Gindele, Rosa Dick, (verh. Ruff), Anna Oberhofer (verh. Weiß), Lydia Detzel (verh. Gresser), Alois Sonntag, Josefine Oberhofer (verh. Sonntag).*

Wilhelm Jung aus Bergatreute

Geb. am 22. Februar 1904, gest. am 8. Juli 1987,
verheiratet mit *Wilhelmine*,
Kinder: *Elfriede, Erwin, Marga* und *Robert*.

Über 35 Jahre war er im Wald beschäftigt. Eingetreten in den Dienst des Forstamts ist er 1934 und arbeitete bis 1960 in den Wintermonaten als Waldarbeiter, im Sommer war er Bauhandwerker. Nachdem er aus gesundheitlichen Gründen nicht mehr regelmäßig auf dem „Bau" arbeiten konnte, war er als hauptberuflicher Waldarbeiter im Revier Bergatreute beschäftigt. 1962 absolvierte er an der Waldarbeitsschule Hinterlangenbach die Prüfung zum Waldfacharbeiter.

Gedenket meiner im Gebete
Wilhelm Jung
Bergatreute
geb. am 22. Februar 1904
gest. am 8. Juli 1987

Alois Dick

Wilhelm Jung war nach Aussagen von ehemaligen Mitarbeitern stets ein sehr zuverlässiger und grundehrlicher Arbeiter. 1969 trat er mit 65 Jahren in den wohlverdienten Ruhestand. An ein „Ausruhen" war bei *Wilhelm Jung* aber nicht zu denken. Nach wie vor fuhr er fast täglich in seinen Wald, bereitete Papierholz für die Papierfabrik in Baienfurt auf, oder arbeitete einen Reisschlag nach dem anderen auf. An seinem 80. Geburtstag zeigte er mir noch voller Stolz seine großen Vorräte an Holz im Hause.

Johann Gindele aus Gwigg

Geb. am 18. Mai 1905, gest. am 4. September 1987,
verheiratet mit *Josefine*, Kinder: *Lisa, Hermann, Manfred, Ottmar, Marianne, Waltraud* und *Martha*.

In den Dienst des Forstamts ist er 1939 eingetreten. Bei jedem Wetter fuhr er zunächst mit dem Fahrrad und dann mit seinem Motorrad Marke „Viktoria", meistens nur mit einem leichten „blauen Kittel" bekleidet, in den Wald.

Hans Gindele war ein äußerst zuverlässiger und fleißiger Waldarbeiter, keine Arbeit war ihm zu schwer. 1957 absolvierte er an der Waldarbeitsschule Hinterlangenbach die Prüfung zum Waldfacharbeiter. Der Wald war stets seine zweite Heimat, er war immer gut aufgelegt und für manchen lockeren Spruch bereit.

Nach 31 Jahren Waldarbeit ging er 1970 in den Ruhestand. Aber auch nach seinem Ausscheiden war er dem Forstrevier weiterhin noch treu verbunden. Viele Jahre war er noch bei jedem Forstamtsausflug und Revierfest dabei. Mit 80 Jahren fuhr *Hans Gindele* noch mit seinem roten PKW NSU-Prinz in den Reisschlag. Als es mit dem „Schnaufen" nicht mehr so gut ging, verließ er mit dem Auto auch manchmal die festen Kieswege und befuhr mit Vollgas selbst nasse Rückegassen.

Alois Peter aus Engenreute

Geb. am 29. November 1907, gest. am 4. Mai 1987,
verheiratet mit *Josefine*,
Kinder: *Hans* und *Josef*.

Über 31 Jahre von 1938–1969 war der Wald neben seiner kleinen Landwirtschaft im Winter die Hauptarbeitsstätte. Unterbrochen wurde die Waldarbeit durch den Kriegsdienst von 1943–1945. Die Prüfung zum Waldfacharbeiter legte er 1951 an der Waldarbeitsschule Hinterlangenbach ab und wurde dann auch im Winter als Rottenführer eingesetzt.

Alois Peter war nach Aussagen ehemaliger Rottenkameraden stets ein zuverlässiger und gewissenhafter Waldarbeiter. Keine Arbeit war ihm zu schwer und kein Wetter zu schlecht, ausgeglichen und ruhig verrichtete er seine Arbeit. Auch nach seinem Ausscheiden war er noch bei jedem Forstamtsausflug dabei und beim Revierfest ein gern gesehener Gast.

Josef Kempter aus Gwigg-Bergatreute

Geb. am 23. März 1912, gest. am 19. März 1989,
verheiratet mit *Anna*, geb. *Jäckle*,
 (ihr Vater war Oberholzhauer *Anton Jäckle* aus Bergatreute),
Kinder: *Dagobert, Josef, Helmut* und *Friedel*. Sohn *Helmut* verunglückte 1983
  bei einem Autounfall auf der Heimfahrt nach Gwigg tödlich.

Über 46 Jahre, von 1929–April 1975 war der Wald neben seiner Landwirtschaft die Hauptarbeitsstätte, unterbrochen durch Kriegsdienst und Gefangenschaft von 1941–1947.

Johann Gindele

Alois Peter

Josef Kempter

Josef Kempter war bei seinen Mitarbeitern und Förstern durch sein vielseitiges Können und sein großes Betriebsinteresse hochgeschätzt. Beim Entasten der Bäume (früher nur mit der Axt) und dann mit der Motorsäge war er leistungsmäßig fast unschlagbar.

Josef Kempter war in Bergatreute der erste Waldarbeiter, der mit einem Auto zur Arbeit in den Wald fuhr. Zuerst hatte er einen Fiat, dann einen Jeep, ich kannte ihn nur im Mercedes. Bis zu seinem 75. Lebensjahr erledigte er noch zusammen mit einem Mitarbeiter *(Rudolf Hafner)* den jährlichen Holzeinschlag im Gemeindewald. Ich musste immer wieder staunen, wie er noch im hohen Alter bei nachlassendem Augenlicht mit der Motorsäge so sicher fällen und entasten konnte. Vom Tragen eines Schutzhelmes wollte er allerdings nichts wissen. Wiederholt musste ich ihn auf die Tragepflicht hinweisen, aber er sagte nur kurz: In meinem Alter braucht man keinen Helm mehr. Noch bei meinem letzten Krankenbesuch erzählte er mir voller Begeisterung aus seinem Arbeitsleben im Wald.

Waldarbeiter auf dem Schwarzergrat-Turm (1960)

AUF DEM BILD VON LINKS: *Josef Kempter, Wilhelm Jung und Karl Weiß*

Karl Weiß aus Engenreute

Geb. am 21. April 1912, gest. am 22. Februar 1998,
verheiratet mit *Anna*, geb. Oberhofer

Fast 30 Jahre, von 1946–1975, hat er als Waldarbeiter unter den Förstern *August Rieg* und *Hans Lutz* im Forstrevier Bergatreute gearbeitet. Die Waldfacharbeiterprüfung legte er an der Waldarbeitsschule Hinterlangenbach ab. Bereits im Jahre 1971, ich hatte gerade Revierstellvertretung für den erkrankten Förster *August Rieg* konnte ich *Karl Weiß* bei der Waldarbeit im Forstrevier kennenlernen. Laut Haumeister *Alois Sonntag* war er in der Holzhauerei der Spezialist für das „Reppeln" der Fichtenstämme mit dem Schäleisen (heute gibt es dazu Maschinen). Bei dieser Arbeit entwickelte er die höchste Leistung. Kein anderer Waldarbeiter war dabei schneller und ausdauernder als er. Seine Arbeitsleistung war immer gleichbleibend hoch, ob im Akkord oder im Zeitlohn. Auch war er stets guter Laune. Schwierigkeiten hatte *Weiß* mit der Mobilität und dem Erreichen des Arbeitsplatzes, da er nie einen Führerschein hatte. Dafür stand er aber an jedem Arbeitstag pünktlich auf die Minute beim Hof *Hubert Nold* in Engenreute und ließ sich von Rottenkameraden (meistens von Haumeister *Alois Sonntag*) mit dem PKW zur Arbeit in den Wald mitnehmen.

Nach seinem Ausscheiden mit 63 Jahren 1975 war er dem Wald und dem Forstrevier weiterhin treu verbunden. So lange er es aus gesundheitlichen Gründen machen konnte, nahm er an unserem jährlichen Revierfest teil. Es war für ihn immer eine besondere Freude wenn er zu mir sagen konnte: *„Zum Revierfest bringe ich dann eine gute Zigarre mit."* Bei meinen Krankenbesuchen erzählte er immer voll Begeisterung aus seinem Arbeitsleben im Wald. Jedes Mal wollte er von mir genau wissen, welche Arbeit gerade erledigt wird oder wo der Holzeinschlag momentan läuft.

Zum Gedenken im Gebet an unseren lieben Schwager und Onkel

Karl Weiß
Engenreute

Karl Weiß

Alois Strobel aus Bergatreute, geb. 1934

Er begann die Waldarbeit mit 14 Jahren sofort nach der Schule bei der Wiederaufforstung der „Franzosenhiebe" in den Abteilungen „Bolanden" und „Brand" in den Jahren 1948–1949 unter Förster *August Rieg*. Von 1952–1962 war er dann ganzjährig im Forstrevier Bergatreute als Waldarbeiter beschäftigt.

Leider hatte er 1961 einen schweren Unfall. Die *Strobels* waren auch Bienenzüchter, eines Tages in der Schwärmzeit machte sich ein Bienenvolk selbständig und hing in einem Obstbaum im Garten hinter dem Haus. *Alois Strobel* wurde aus dem Wald von der Arbeit geholt, um den Schwarm zu bergen. Beim Besteigen des Baumes brach die Holzleiter, *Strobel* stürzte rückwärts zu Boden und zog sich dabei einen Lendenwirbelbruch zu. Seinen so geliebten Beruf als Waldarbeiter konnte er dann leider nicht mehr ausüben. Nachdem Straßenwärter *Josef Allgäuer* aus Bergatreute im Ruhestand war, bekam *Alois Strobel* dessen Stelle bei der Straßenbauverwaltung. Er war dann von 1962–1997 als Straßenwärter (im Volksmund „Wegknecht") zuständig für den Straßenabschnitt der L 314 von Roßberg, Bergatreute, Löffelmühle bis zur Bergatreuter Markungsgrenze südlich des Parkplatzes beim „Jakobsbrünnele". Auf dem Straßenabschnitt von der Löffelmühle bis zum „Jakobsbrünnele" gab es für *Strobel* immer viel Arbeit in Bezug auf die erforderliche Verkehrssicherheit. *Alois Strobel* war für den Förster und die Waldarbeiter vom Forstrevier Bergatreute immer ein kompetenter, ortsansässiger und zuverlässiger direkter Ansprechpartner für alle Arbeiten entlang der Straße.

Die Waldarbeiter *Reinhard Dangel, Hubert Gresser, Karl Lay, Josef Detzel, Manfred Detzel und Roland Graf* waren während meiner Dienstzeit im Forstrevier beschäftigt.

Hubert Gresser, Josef und *Manfred Detzel* und *Gerhard Kieble* arbeiten heute noch im Forstrevier.

Reinhard Dangel Forstwirt
von 1990–2001 Vorarbeiter beim Forstrevier Bergatreute

Geb. am 30. März 1943 in Bergatreute,
verheiratet mit *Gertrud*, geb. Forderer,
Kinder: *Martina, Reinhard* und *Gerwin*

Reinhard Dangel, hat bei der Firma *Fleischer* in Bergatreute Elektriker gelernt, aber schon bald nach seiner Ausbildung zog es ihn in den Wald. Im Forstrevier Bergatreute begann er 1965 mit der Waldarbeit und absolvierte die Lehrgänge zum Waldfacharbeiter, Forstwirt und Vorarbeiter. Nach dem Ausscheiden von Haumeister *Alois Sonntag* 1990 übernahm er die Waldarbeitergruppe vom Forstrevier Bergatreute als Vorarbeiter. Während seiner Beschäftigungs- und Vorarbeiterzeit hat er sich für das Revier immer voll eingesetzt und niemals geschont. Neben der Forsttechnik und Maschinenkunde war sein Spezialgebiet die Pflanzenbotanik und Baumartenkunde. Bei der Ausbildung der Forstlehrlinge, Praktikanten und Forstanwärter war er dem Förster oft eine wertvolle Hilfe. Selbst die lateinischen Namen vieler Pflanzen und Bäume waren ihm geläufig. Leider musste *Reinhard Dangel* aus gesundheitlichen Gründen bereits mit 58 Jahren seine Arbeitsstätte im Wald verlassen.

Sein Hobby ist aber die Kleintierzucht. Mit seinen Hühnern, Enten, Gänsen, Fasanen, Pfauen usw. holte er bei Zuchtschauen viele Preise und Pokale. Zu Hause in Reute-Tobel, Haldenweg, hat er eine mustergültige Zuchtanlage mit den verschiedensten Volieren und Wasserflächen.

Reinhard Dangel in voller Ausrüstung (2000)

Hubert Gresser, Forstwirtschaftsmeister aus Engenreute

Geb. am 6. April 1962 in Engenreute,
Vater: *Josef Gresser*, Landwirt (geb. am 17. August 1919, gest. am 11. Jan. 1996)
Mutter: *Maria Gresser*, geborene *Senser* (geb. 1923, gest. 1979).

Neben seiner Landwirtschaft erledigte *Josef Gresser* laufend Fuhrarbeiten für das Revier, z. B.: Beifuhr von Kies für die Wegunterhaltung, im Winter Schneeräumung der Waldwege und Winterfütterung des Rehwildes.
Maria Gresser war nach der Schule zunächst als „Waldmädle" beschäftigt, besuchte dann aber die Handelsschule und wurde Buchhalterin bei der Firma „Nudel-Buck" in Bolanden.

Hubert Gresser begann die Ausbildung zum Forstwirt gleich nach der Schule als Waldarbeiterlehrling bei Haumeister *Alois Sonntag*. Als Forstwirt war er immer im Revier Bergatreute beschäftigt. Nach einem Meisterlehrgang am Forstlichen Ausbildungszentrum in Itzelberg absolvierte er dann im Jahr 2000 mit Erfolg die Forstwirtschaftsmeisterprüfung. Im Forstamt ist er als Sicherheitsfachkraft tätig und für alle Waldarbeiter zuständig.

Seit dem Ausscheiden von Vorarbeiter *Reinhard Dangel* im Jahr 2001 ist er im Revier als Vorarbeiter der Waldarbeitergruppe eingesetzt. Er unterstützt den Revierleiter bei vielen Aufgaben und Tätigkeiten und ist zuständig für die Abgabe von „Reisschlägen".

Hubert Gresser ist handwerklich sehr begabt und immer gefragt wenn es um die Herstellung von Erholungseinrichtungen (Hütten, Brunnen, Bänke usw.) geht. Für die Bevölkerung ist er als örtliche Ansprechperson da, wenn es um die Lieferung der verschiedensten Walderzeugnisse geht.

Hubert Gresser

Karl Lay, Forstwirt aus Bergatreute

Geb. am 26. April 1956 in Bergatreute, gest. am 16. Februar 2012,
verheiratet mit *Gabriele*, geb. Szaguhn,
Kinder: *Thomas* und *Andrea*

Nach der Schule absolvierte er eine Elektrikerlehre bei der Firma *Gomm* in Ravensburg, anschließend war er bei der Firma *Nudel-Buck* in Bolanden beschäftigt.

Im Oktober 1975 begann er als Waldarbeiter im Forstrevier Bergatreute und besuchte die Ausbildungslehrgänge zum Forstwirt mit dem erfolgreichen Abschluss 1980.

1987 absolvierte er den Ausbildungsgehilfenlehrgang und war dann sechs Jahre an der Forstwirtausbildungsstelle im Forstrevier Baindt tätig. Anschließend war *Karl Lay* als Schlepperfahrer in allen Forstrevieren im Forstamt eingesetzt. Seine Haupttätigkeit war die laufende Unterhaltung der Waldwege mit Schlepper und Pflegegerät (im sog. Regelquerschnittverfahren).

Aus Krankheitsgründen ist er im Jahr 2000 im Forstrevier Baindt ausgeschieden.

Karl Lay

Josef Detzel, Forstwirt aus Bergatreute

Geb. am 14. Mai 1965 in Engenreute,
Lebensgefährtin: *Cornelia Ruf*,
Kinder: *Julia* und *Jasmin*.

Zunächst absolvierte *Josef Detzel* eine Ausbildung in der Landwirtschaft und arbeitete sieben Jahre auf dem elterlichen Hof in Engenreute, den elterlichen Hof wollte er aber nicht übernehmen.

Er begann 1988 die Ausbildung zum Forstwirt bei der Ausbildungsstelle in Baindt.

Seit 1990 arbeitet er als Forstwirt im Forstrevier Bergatreute.

Im Nebenerwerb betreibt *Josef Detzel* einen Brennholzhandel und hat sich auf private Baumpflegearbeiten spezialisiert.

Manfred Detzel, Forstwirt aus Engenreute

Geb. am 22. Juni 1968 in Engenreute,
Lebensgefährtin: *Christine Angerer*,
Kind: *Ann-Kathrin*.

Von 1984–1987 absolvierte *Manfred Detzel* an der Ausbildungsstelle in Baindt unter Forstwirtschaftsmeister *Josef Kees* die Ausbildung zum Forstwirt. Seit 1987 arbeitet er als Forstwirt im Forstrevier Bergatreute.

Der Vater von *Josef* und *Manfred Detzel* war Landwirt und Waldarbeiter *Josef Detzel*, geb. im Mai 1932 in Stocken. Er ist leider schon frühzeitig im Alter von 49 Jahren am 21. August 1981 verstorben.

Roland Graf, aus Engenreute

Geb. am 10. Juni 1961,
verheiratet mit *Karin*, geb. Huber.

Er arbeitete nach der Schule von 1977–1988 als Waldarbeiter im Forstrevier Bergatreute.

Josef Detzel

Manfred Detzel

VON LINKS: *Manfred Detzel, Hubert Gresser, Josef Detzel*

Die Ausbildung der Waldarbeiter

Der Waldfacharbeiter

Ein wichtiger Bestandteil bei der Ausbildung der Waldarbeiter waren die Lehrgänge an den Waldarbeitsschulen. Für unseren Bereich war die Waldarbeitsschule Hinterlangenbach im Schwarzwald zuständig. Sie lag im Kreis Freudenstadt, am Fuß der Hornisgrinde im Langenbachtal.

Die ersten Holzhauerkurse begannen dort bereits 1935. Die Waldarbeiter wurden in mehrwöchigen Lehrgängen gründlich auf die Facharbeiterprüfung vorbereitet. Zum Kern der Ausbildung gehörten damals z. B.: Vermittlung rationeller Arbeitsverfahren, Fällungstechnik, Werkzeugkunde, Werkzeuginstandsetzung (Sägen feilen, Axtstiele und Keile anfertigen) Forstschutzarbeiten (Verbissschutz, Zaunbau, Unkrautbekämpfung), Holzmessanweisung (HOMA). Unterricht über Unfallverhütung, richtige Bekleidung, Waldarbeitsordnung und Tarifwesen.

Mitte der 1950er-Jahre begann dann auch die intensive Ausbildung an der Motorsäge (Typenkunde, Motorenkunde, Bedienung, Fällungstechnik, Kettenpflege, Reparaturen usw.). Der erfolgreiche Besuch der Waldarbeitsschule endete dann mit der Waldfacharbeiterprüfung. Die Waldarbeitsschule stellte auch den Kontakt und die Verbindung zwischen der Arbeitswissenschaft und dem praktischen Forstbetrieb her. Neue rationelle und ergonomisch günstige Arbeitsverfahren wurden entwickelt und von den Waldarbeitsschulen im Zuge von Wanderschulungen bei den Forstämtern im ganzen Land eingeführt.

Der Forstwirt

Mit Inkrafttreten der „Verordnung über die Ausbildung zum Forstwirt" im Jahre 1974 verschwand der Begriff „Waldfacharbeiter".

Die neue Berufsbezeichnung lautet seitdem „Forstwirt".
Die Ausbildungszeit wurde den übrigen staatl. anerkannten Ausbildungsberufen angeglichen und auf drei Jahre festgelegt.

Gliederung der Ausbildung:

Ausbildung in einer staatlich anerkannten forstlichen Ausbildungsstelle unter Leitung eines Forstwirtschaftsmeisters.
Für das Forstrevier Bergatreute ist die Ausbildungsstelle beim Forstrevier Baindt zuständig.
Besuch des Blockunterrichts und der Lehrgänge an den forstlichen Ausbildungszentren des Landes (Mattenhof und Itzelberg).
Die Ausbildung endet mit bestandener Forstwirtprüfung.

Die ehemalige Waldarbeitsschule in Hinterlangenbach im Schwarzwald (1962)

Der Forstwirtschaftsmeister

Nach einer mindestens zweijährigen praktischen Tätigkeit als Forstwirt in einem Forstbetrieb besteht heute die Möglichkeit, die Prüfung zum Forstwirtschaftsmeister abzulegen.

Die Vorbereitung auf die Meisterprüfung kann im Rahmen von freiwilligen Lehrgängen mit etwa halbjähriger Dauer am forstlichen Ausbildungszentrum Itzelberg erfolgen.

Der Forstwirtschaftsmeister kann vom Forstbetrieb bei der Aus- und Fortbildung der „Forst-Azubis" zum Forstwirt eingesetzt werden.

Im Forstrevier kann er als Vorarbeiter die Aufgaben des bisherigen „Haumeisters" übernehmen.

Bei der Vorbereitung und Durchführung von Betriebsarbeiten übernimmt der Forstwirtschaftsmeister besondere arbeitsorganisatorische und technische Aufgaben, er unterstützt den Revierleiter im Forstbetrieb.

Die Waldarbeitsordnung

Auszug aus der Waldarbeitsordnung

Die Waldarbeitsordnung gilt für alle Waldarbeiter und Waldarbeiterinnen der Staatsforstverwaltung.

- *Die Waldarbeiter arbeiten in der Regel in Gruppen, die von einem Haumeister, Rottenführer oder Vorarbeiter angeleitet werden. Den Einsatz der Waldarbeitergruppe bestimmt der Betriebsleiter.*
- *Der Gruppe können Waldarbeiterlehrlinge, oder in Ausbildung stehende Anwärter einer Forstbeamtenlaufbahn zugeteilt werden.*
- *Haumeister werden durch den Betriebsleiter im Benehmen mit der Personalvertretung bestellt und abberufen.*
- *Als Haumeister kommen nur Waldarbeiter in Betracht, die die fachlichen und persönlichen Voraussetzungen erfüllen und einen einwandfreien Leumund besitzen.*
- *Im Regelfall kann ein Waldarbeiter erst nach dreijähriger Bewährung als Waldfacharbeiter und nicht vor Beendigung des 25. Lebensjahres zum Haumeister ernannt werden.*

Der Haumeister hat:

- *Die Betriebsinteressen zu wahren,*
- *die Waldarbeiter zur Arbeitsstelle zu bestellen,*
- *die Einhaltung der Arbeitszeit und der Pausen zu überwachen,*
- *Arbeitsversäumnisse, Erkrankungen, Pflichtverletzungen und Verfehlungen dem Förster zu melden,*
- *zuverlässige Aufschriebe über Arbeitszeit und Arbeitsmenge zu führen,*
- *bei der Hiebsauszeichnung, Holzaufnahme und Holzkontrolle Hilfe zu leisten,*
- *die Lohngelder abzuholen und auszuzahlen,*
- *betriebseigene Geräte und Maschinen pfleglich zu behandeln und ordnungsgemäß zurückzugeben,*
- *die Durchführung und Beachtung der Unfallverhütungsrichtlinien zu überwachen,*
- *die Mitführung von ausreichendem Verbandsmaterial zu besorgen,*
- *für die Erste Hilfe und Bergung von bei der Waldarbeit Verunglückten oder Erkrankten besorgt zu sein.*
- *Der Haumeister ist zur Mitarbeit in seiner Gruppe verpflichtet.*

Erinnerungen von Haumeister Alois Sonntag über die Lohnauszahlungen an die Waldarbeiter und Waldarbeiterinnen in den Jahren 1940–1965:

Der „Zahltag" war immer monatlich an einem Samstag ab 18.00 Uhr in einer „Wirtschaft", entweder in der „Rose" in Gwigg, im „Ölkänntle" („Traube") in Gambach, im „Hasen" oder „Adler" in Bergatreute. Für die Waldarbeiter und Waldarbeiterinnen war es natürlich immer ein ganz besonderer Tag und einige kamen dann auch manchmal etwas später nach Hause.

Waldarbeitsordnung
(WO)

für die staatlichen Forstbetriebe
in Baden-Württemberg
1957

Titelseite der „Waldarbeitsordnung"

Der Haumeister musste bereits einen Tag vor dem „Zahltag" zur Bank gehen, damit sie das Lohngeld für den nächsten Tag bereitstellen konnte. Es handelte sich immerhin um einen Barbetrag in Höhe von 8 000 bis 10 000 RM/DM.

Mit der Einführung der bargeldlosen Lohnauszahlung durch Überweisung auf ein Konto waren viele Waldarbeiter aber dann zunächst gar nicht einverstanden. Dies hatte verschiedene Gründe: Nun konnten sich auch die Ehefrauen oder Eltern über den genauen Verdienst informieren. Bisher mussten sie immer den Lohnbetrag akzeptieren den die Waldarbeiter mit nach Hause brachten. Die Waldarbeiter hatten auch kein Bargeld mehr zur Hand und mussten ungewohnterweise immer zuerst zur Bank gehen, um Bargeld zur Verfügung zu haben.

Zu den Aufgaben eines Haumeisters gehörte auch die Mitarbeit bei der Holzkontrolle.

Nach Beendigung eines Holzeinschlages in einer Abteilung, nach Fertigstellung der Holzaufnahme und der Holzliste durch den Förster kam der Forst- oder Oberforstmeister vom Forstamt zur „Holzkontrolle". Jeder fertig gestellte „Schlag" wurde vor dem Verkauf noch einmal überprüft.

Vom Revier waren dabei: Förster, Haumeister (Rottenführer) und ein Waldarbeiter. Alle bereits bei der Aufnahme mit dem „Schlägel" nummerierten Stämme (ob schwach oder stark) wurden aufgesucht und kontrolliert. Angeschrieben mit Kreidestift am Stamm waren Länge und Zopfdurchmesser.

Der Forstmeister hatte die vom Förster gefertigte Holzliste mit den Daten der einzelnen Stämme in der Hand.

Kontrolliert wurde: Stammnummer, Länge, Mittendurchmesser, Zopfdurchmesser und Güte.

Aufgabe des Haumeisters war die „Führung" des Kubierungsgabelmaßes zur Kontrolle des Durchmessers und der Ermittlung der Holzmasse.
Waren alle Daten eines Stammes in Ordnung, wurde er vom Forstmeister in der Holzliste abgehakt.

Der Rottenführer

Für jede selbständige und mit gesonderter Abrechnung arbeitende Rotte ist vom Betriebsleiter im Benehmen mit der Rotte ein Rottenführer zu bestimmen.

Der Rottenführer hat innerhalb seiner Rotte die Aufgaben eines Haumeisters.

Er ist zur Mitarbeit verpflichtet.

Der Vorarbeiter

Für Waldarbeitergruppen, denen mehr als 4 Waldarbeiter angehören, sind Vorarbeiter zu bestimmen. Stehen keine geeigneten Haumeister zur Verfügung, so sind geeignete Waldfacharbeiter bei der Bestimmung des Vorarbeiters zu bevorzugen.

Er ist zur Mitarbeit verpflichtet und hat sinngemäß die gleichen Aufgaben wie der Haumeister.

Die Waldarbeitsordnung (WO) von 1957 wurde durch die Betriebsordnung von 1993 abgelöst und ist für die Waldarbeit in den staatlichen Forstbetrieben des Landes Baden-Württemberg seither gültig.

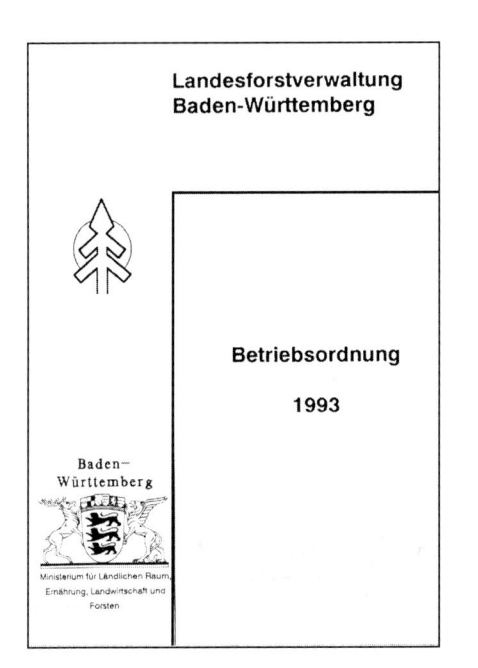

Titelblatt „Betriebsordnung"

Aus dem Alltag der Waldarbeiter bei der Holzernte (früher)

In den Wintermonaten (bis in die 1950er-Jahre) sammelten sich die Waldarbeiter morgens noch in der Dunkelheit in kleinen Gruppen in Gwigg, Gambach und Engenreute und marschierten dann auf den bekannten Fußwegen, oftmals bei hohem Schnee, in den Bergatreuter Wald („Unterer Wald"). Sie trugen einen Rucksack, bepackt mit Axt, kleiner Bratpfanne, Essen und Most, zusätzlich hatte ein Waldarbeiter immer noch trockenes „Anfeuerholz" dabei. Die Waldsäge war in einen Sack eingewickelt und wurde auf der Schulter getragen.

An der Arbeitsstelle verteilte der Oberholzhauer oder Rottenführer die Arbeiter auf die durchzuführenden Holzerntearbeiten. Es wurde je nach Fertigkeit und Können spezialisiert gearbeitet. Zwei Mann fällten die ausgezeichneten Bäume mit Axt und Säge, dann kamen Arbeiter nur mit der Axt zum Entasten, dann mit dem Reppeleisen (Schäleisen) die „Entrinder". Das Vermessen, Anschreiben und Sortieren war Aufgabe des Oberholzhauers. Schließlich wurde das Nutz- und Brennholz vom Hauptstamm abgetrennt und auf 1 m oder 2 m Länge eingeschnitten. Das Schichtholz wurde meistens erst nach Beendigung des Hiebes auf der Schulter zum nächsten befahrbaren Weg getragen und auf „Raubeigen" abgelegt. Das Beihauen der Wurzelanläufe und Anlegen des Fallkerbes mit der Axt, das Führen der zweimännigen Waldsäge in tiefgebeugter oder kniender Stellung, das Abhauen der Äste, das Reppeln, das Drehen und Wenden der Stämme, das Tragen des Schichtholzes an die Wege, das Aufsetzen und Spalten des Holzes erforderten vom Waldarbeiter eine stetige Kraftleistung. Der durchschnittliche Kräfteverbrauch lag in der Regel auch über dem in der Landwirtschaft oder auf dem „Bau" und wurde nur von den körperlichen Anforderungen weniger anderer Arbeitsgebiete wie z.B. der Eisenindustrie oder im Bergbau übertroffen.

Dieser normale Tagesablauf wurde durch die erste Vesperpause von 10.00 Uhr bis 10.45 Uhr mit warmem Essen und einer zweiten Pause von 14.00 Uhr bis 14.45 Uhr unterbrochen. Rechtzeitig vor Pausenbeginn wurde ein großes Feuer angezündet, mit dem trockenen Holz und Reisig aus dem Rucksack. Die Waldarbeiter saßen bei jeder Witterung, ob Regen oder Schnee, auf einem Holzstück rund um die offene Feuerstelle herum. In die mitgebrachte Bratpfanne kam zuerst eine Portion Schmalz, dann entweder Nudeln, Eier, Kraut oder Speck, manchmal auch Fleisch. Anschließend stellte jeder seine Pfanne in die Feuerstelle und ein einfaches warmes Essen war schnell zubereitet. Beim zweiten Vesper gab es dann z. B. Brot, Rauchfleisch, Wurst, Käse oder auch nur Marmelade. Nach dem Vesper wurde Pfeife geraucht oder eine selbstgedrehte Zigarette angezündet. Manchmal war auch für die Vesperpausen eine Waldhütte in erreichbarer Entfernung. Wesentlich angenehmer und komfortabler wurden die Vesperpausen erst Ende der 1950er-Jahre. Die Schreiner *Senser* und *Peter* fertigten für das Revier den ersten Einachs-, Unterkunft- und Vesperwagen. Die vielen kleinen Pfannen wurden durch den Waldarbeitertopf „Isotherm" ersetzt und die

*Verdiente Vesperpause
(Ende 1960)*

AUF DEM BILD VON LINKS:
Karl Weiß, Josef Kempter und *Rudolf Hafner*

FOTO: G. GROSS

Waldarbeiter brachten warmes Essen von zu Hause mit. Im Wagen war es aber immer warm, nasse Kleider konnten auch getrocknet werden. Alle Waldarbeiter zusammen hatten im Wagen aber keinen Platz, und so blieb es nicht aus, dass es oftmals zu Streitereien über das erste Benutzungsrecht kam. Rottenführer *Alois Peter* aus Engenreute wollte den Wagen mit seiner Waldarbeitergruppe zunächst gar nicht benützen, er sagte: *„Die Arbeiter wollen nach der Pause nicht mehr aufstehen und an die Arbeit gehen."*

Die ersten fahrbaren Waldarbeiterschutzwagen Typ „Itzelberg" gebaut vom Forstmaschinenbetrieb Ochsenberg, kamen in den 1960er-Jahren ins Revier. Mit jeder Ersatz- und Neubeschaffung wurden die Wagen komfortabler und zweckmäßiger.

Waldarbeiterschutzwagen

Die Waldarbeiterinnen

Heute kann man es sich nicht mehr vorstellen, was die Waldarbeiterinnen in früherer Zeit im Wald alles geleistet haben. Vom Frühjahr bis in den späten Herbst hinein (außer der „Heuet" und der Erntezeit) waren sie meistens die einzigen Arbeitskräfte im Revier. Die Männer kamen als Saisonarbeiter erst in den Wintermonaten zum Holzeinschlag in den Wald, nur einzelne waren ganzjährig beschäftigt.

Unter diesen Voraussetzungen war es selbstverständlich, dass die Frauen (außer der Holzernte) für fast alle anfallenden Waldarbeiten eingesetzt wurden. Bedingt durch die verschiedenen Tätigkeiten, gab es im Volksmund auch die unterschiedlichsten Berufsbezeichnungen. Offiziell wurden sie als „Waldarbeiterinnen" bezeichnet, in manchen Gegenden sprach man auch von „Kulturarbeiterinnen" oder „Kulturfrauen". In Bergatreute gab es nach örtlicher Redensart „Waldweiber" (die älteren erfahrenen Frauen) und „Waldmädle".

Das Revier Gambach und das Forstrevier Bergatreute konnte je nach Jahreszeit und Bedarf immer auf eine große Anzahl von geeigneten Arbeiterinnen aus Engenreute, Gambach, Gwigg und Bergatreute zurückgreifen. Im Einsatz waren meistens 8–10 Waldarbeiterinnen. Für junge Mädchen, frisch aus der Schule, gab es in Bergatreute oftmals keinerlei Beschäftigung,

Waldarbeiterinnen 1919 aus Gambach, Gwigg und Engenreute

Im Pflanzgarten „Speckenried", im Hintergrund eine Hütte gedeckt mit Rinde (ca. 1930)

VON LINKS: *Regi Jung, Engenreute, Hedwig Jung, verh. Senser, Gwigg, Frieda Knecht, Resi Michel, Stocken, Klara Wiedmann (Löchle), unbek., Lina Jung, Förster unbek.*

sie waren daher über eine Tätigkeit als „Waldmädle" sehr erfreut. So konnten sie ihr erstes Geld verdienen. wenn auch in den 1930/40er-Jahren ein Stundenverdienst von 25 Pfennig recht wenig war.

Vorarbeiterinnen im Revier

Hedwig Jung (verh. Senser) von 1932–1935 (geb. 1907, gest. 1992)
    (Mutter von *Horst Senser*)
Ellenore Natterer von 1935–1940 (geb. 1899, gest. 1985)
Mina Sonntag (geb. Lang) von 1940–1944
Agathe Wirbel (geb. Senser) von 1944–1953
Maria Hepp (verh. Denzel) von 1954–1955 (geb. 1928)
Anna Hepp (geb. Dick) von 1955–1956 (geb. 1933)
Anna Weiß (geb. Oberhofer) von 1956–1973 (geb. 1925, gest. 1994)

Ab 1973 waren keine Waldarbeiterinnen mehr im Revier beschäftigt.

Agathe Wirbel (geb. 1924), konnte mir noch vieles über ihre langjährige Tätigkeit im Wald erzählen:

Gleich nach der Schule im Jahr 1938 durfte *Agathe Senser* als „Waldmädle" unter Förster *Egle* in den Wald gehen. *Agathe Senser* war dann 16 Jahre im Wald tätig.

Im Jahre 1943, während des 2. Weltkriegs, war in Bergatreute im Rathaus und in der Schule großer Brennholzmangel. Über die Verbindung von *Agathe Senser* zu ihrem Onkel *Alois Senser* (geb. 1882 in Gambach), Förster in Mörsingen auf der Schwäbischen Alb, bekam die Gemeinde Bergatreute einen Eisenbahnwaggon gefüllt mit Buchenbrennholz. Das Brennholz wurde am Bahnhof Rossberg ausgeladen und auf Rathaus, Schule, Bäckerei und Metzgerei verteilt. Als Dankeschön für die Vermittlung bekam *Agathe Senser* vom Rathaus einen Gutschein für ein Paar Schuhe.

Ihren Ehemann *Franz Wirbel (1)* (Holzrücker und „Schwarzwälder Pferdezüchter" hat sie 1954 geheiratet. Sohn *Franz Wirbel (2)* leitet heute noch den Rücke- und Fuhrbetrieb in Gambach.

Einsatzgebiete der Waldarbeiterinnen

Pflanzschulbetrieb

Ohne ständig und jederzeit verfügbare, gute Waldarbeiterinnen wäre ein geregelter Pflanzschulbetrieb nicht möglich gewesen. Jede gute Witterung konnte kurzfristig ausgenutzt werden.
Größere Pflanzgärten waren in:

  Abteilung „Speckenried" (mit Hütte)
  Abteilung „Brenner" (mit „Sprengsteinhütte")
  Abteilung „Hummelbühl" (mit „Mohrenhütte")

Diese Pflanzschulen waren mit einem festen Zaun umgeben und dienten vorrangig der Anzucht von Fichten und Laubholz.

Kleinere Pflanzschulen ohne festen Zaun waren in den Abteilungen: „Wannenbühl", „Grottbuch", „Brand", „Schwarzer Graben" und „Mühlhalde".

Diese Pflanzschulen waren für Tannen und sonstiges Schattholz geeignet.

Folgende Arbeiten mussten in den Pflanzschulen durchgeführt werden:
- Umgraben mit Spaten (sehr anstrengend!).
- Saaten anlegen (Fichtensaaten in der Pflanzschule bei der „Sprengsteinhütte").
- Verschulen: Pflanzen aus dem Saatbeet werden mit weiterem Abstand umgepflanzt, um sie zu einer besseren Wurzel- und Triebbildung zu bringen.
- „Unkraut" zwischen den Pflanzreihen entfernen (vor dem Blühen).
- Bei Trockenheit: Saaten beschatten durch Abdecken.
- Im Frühjahr: Ausheben mit der Grabegabel, Bündeln und Einschlagen.

Die einzelnen Pflanzschulen waren immer in bestem Zustand und die Qualität der selbstgezogenen Pflanzen war jedem Ankauf aus den Handelspflanzschulen mindestens gleichwertig, meistens aber überlegen.

Verschulmaschine

AUF DEM BILD: *Maschinenführer Hans Gindele aus Gwigg, Waldarbeiterinnen Anna Weiß (geb. Oberhofer), Waltraud Lorenz (geb. Gindele), Hilde Wäscher (geb. Hepp).*

Frauen beim Verschulen von Fichten-Sämlingen in der Baumschule Scheerer in Bad Waldsee

Einsatz der Verschulmaschine in der Baumschule Scheerer in den 1960er-Jahren.
Tausende Pflanzen für Fichten und Laubhölzer für den Staats-, Gemeinde- und Privatwald lieferte die Baumschule Scheerer.

Obergärtner Karl Giray aus Bergatreute-Witschwende, Anfang der 1950er-Jahre in der Baumschule Scheerer Bad Waldsee. Er hängt die Fichten-Sämlinge entlang der Schnur in die Verschullatte ein.

Karl Giray (geb. am 24. Februar 1916, gest. am 10. April 2004), hat über 50 Jahre bei der Firma Scheerer in Bad Waldsee gearbeitet.

Einsatz der ersten Verschulmaschine 1963 im Revier Baindt (Pflanzschule bei der „Hoffmannhütte"). Diese Maschine wurde von der privaten Pflanzschule der Firma Edelmann aus Leutkirch ausgeliehen. Die Bedienungsmannschaft kam aus dem Revier Bergatreute. Verschult wurden Fichten-Sämlinge.

Kulturarbeiten

Jährlich mussten Tausende von Pflanzen gesetzt werden. Mit der Kreuzhacke wurden Löcher gehauen und dann gebückt oder kniend die Pflanzen gesetzt. An Ausdauer und Kraft wurden höchste Anforderungen gestellt. Diese Arbeiten waren oftmals anstrengender als Erntearbeiten in der Landwirtschaft. Bis 1955 gab es im Revier als Pflanzverfahren nur die Lochpflanzung und bei kleinen Pflanzen oder unkrautfreien Böden, die Schräg-

Pflanzerinnen 1949 mit Förster Rieg

VON LINKS:
Förster Rieg, unbekannt, Maria Senser (verh. Gresser), Engenreute, Agathe Senser (verh. Wirbel) Gambach, unbekannt, Mathilde Bendel, Riedhof, unbekannt, Hedwig Reiss (verh. Baumann), Frieda Haberstock, Maria Hepp, Stocken, Maria Detzel, Stocken

KNIEND VON LINKS: *Elfriede Jung (verh. Merk), Erika Schmid (verh. Schmode), Gambach, Mina Sonntag (verh. Merk), Gwigg, Rosa Dick, Engenreute*

pflanzung. Eine erste Rationalisierung und Erleichterung beim Pflanzensetzen brachte dann die Einführung und der Einsatz der „Winkelpflanzhaue" („Wiedehopfhaue") im Jahr 1957.

Im Laufe des Sommers kam dann eine weitere wochenlange, anstrengende Arbeit. Die „Sichlerinnen", meistens mit Hut gegen die Sonne, waren im Einsatz. Auf den Kulturflächen wurden die einzelnen Pflanzen mit der Handsichel durch Flächenschnitt von bedrängendem Bewuchs befreit (sog. „Grasausschneiden").

In den 1960er-Jahren begann man in den Pflanzschulen und auch auf Freiflächen mit der chemischen Unkrautbekämpfung. Verwendet wurden die verschiedensten Unkrautbekämpfungsmittel und Ausbringungsverfahren, meistens ohne besonderen Schutz für die arbeitenden Menschen und ohne große Rücksicht auf die Lebensgemeinschaft Wald.

Mit dem Ende der „Sichlerinnen" in den 1970er-Jahren ging diese Arbeit dann auf die Waldarbeiter über.

Forstschutzarbeiten

Im Herbst mussten die Gipfeltriebe der Pflanzen dann gegen Wildverbiss geschützt werden. Als Verbissschutzmittel wurde Baumteer verwendet, der in 20-Liter-Kanistern angeliefert und mit der Doppelbürste aufgetragen wurde. Allgemein bekannt war diese Arbeit unter dem Namen „Anteeren". Im Gemeinde- und Privatwald wurden mit Erfolg immer auch noch „Hausmittel" gegen den Wildverbiss eingesetzt, als Streichmittel zusammengesetzt aus Kalk, Kuhmist, Gülle und Haftmittel. Nachdem keine Waldarbeiterinnen mehr im Revier waren, wurde der Verbissschutz von den Waldarbeitern mit Rückenspritzen durchgeführt.

Weitere Einsatzgebiete

Jahrzehnte lang wurden die Fichten in den Revierpflanzgärten in Eigenanzucht angezogen. Das erforderliche Saatgut kam von den anerkannten Fichtenbeständen im Revier. Die Waldarbeiterinnen sammelten die Zapfen von den gefällten Bäumen in Säcken. Die Zapfen kamen zum Trocknen auf Tennen oder auf die Bühne im Forsthaus. Auch im Kloster Baindt wurden

1958 vor der „Erlenmooshütte"

VON LINKS: *Josefine Gresser, Engenreute, Josefine Oberhofer, Resie Weißhaupt, Lydia Detzel, Stocken, Anna Weiss, Irene Fleischer (verh. Gresser), Dobelmühle, Klara Wiedmann Löchle.*

Beim „Sicheln" 1955

VON RECHTS: *Anna Oberhofer (verh. Weiss), Klara Wiedmann, Rese Weißhaupt, unbekannt, Josefine Gresser (verh. Oberhofer), unbekannt, unbekannt*

Fichtenzapfen getrocknet. Sobald die Zapfen dann trocken und offen waren, kamen die Waldarbeiterinnen und „klopften" die Samen in mühevoller Handarbeit aus. Der Samen wurde bis zur Aussaat in Gläsern aufbewahrt.

Eingesetzt wurden die Waldarbeiterinnen noch bei den verschiedensten Arbeiten: z. B. bei der Jungbestandspflege, Wegunterhaltung (Grabenpflege), Hochsitzbau, Hüttenbau usw.

Beim Pflanzensetzen 1955 (schon mit der Wiedehopfhaue)

VON RECHTS: *Anna Oberhofer (verh. Weiss), Rese Weisshaupt, Lydia Detzel (verh. Gresser), Josefine Gresser (verh. Oberhofer), Klara Wiedmann, Waltraud Gindele (verh. Lorenz)*

„Sichlerinnen" 1956

VON LINKS: *Josefine Gresser (verh. Oberhofer) Engenreute, Maria Detzel, Stocken, Martha Sonntag, (verh. Strobel) Löchle, Fanny Weißhaupt, Gambach, Klara Wiedmann, Löchle, Anna Oberhofer, (verh. Weiss) Vorarbeiterin, Gwigg*

Von der „Wald- und Wiesenbekleidung" zur zweckmäßigen Arbeitsschutz-Bekleidung

Von einer speziellen Bekleidung der Waldarbeiter konnte jahrzehntelang nicht gesprochen werden. Angezogen wurden irgendwelche alten abgetragenen Kleidungsstücke und „genagelte" Lederschnürstiefel mit Ledergamaschen. Als Kopfbedeckung gab es den Filzhut oder die Schildkappe aus Stoff. Eine Wetterschutzbekleidung gab es überhaupt nicht. Bei Regen wurde einfach noch ein weiterer „Kittel" übergezogen oder ein Rupfensack über die Schultern gelegt. Der erste brauchbare Regenschutz waren die Loden-Rückenschürzen. Als erste, einigermaßen feste lange Hose kam die „Manchester-Hose". Sie war bei den Waldarbeitern sehr beliebt und wurde in der wärmeren Jahreszeit von den blauen Körperhosen („Blauer Done") abgelöst. Bei der Fällarbeit mit den Zweimann-Handsägen wurden von einigen Waldarbeitern Lederknieschützer getragen. Mitte der 1950er-Jahre kamen die ersten Gummistiefel mit Stahlkappen auf den Markt. Diese Stiefel waren aber noch sehr schwer, brachten aber bei Nässe und Schnee doch große Vorteile gegenüber den Lederschnürstiefeln. In den Stiefeln wurden Rosshaarsocken getragen. Gegen Kälte gab es im Winter Handschuhe aus festem Stoff oder aus Wolle.

Die erste komplette Regenschutzbekleidung wurde 1958 von den Waldarbeitern beschafft und selbst bezahlt. Hose und Jacke waren aber noch aus Gummigewebe mit dem bekannten Nachteil des Schwitzens.

Eine gravierende Änderung in der Waldarbeiterbekleidung begann mit dem Einsatz der Einmann-Motorsäge, denn nach den Unfallverhütungsvorschriften (UV-Forst) ist beim Motorsägeneinsatz eine Schutzausrüstung zu tragen. Die Kosten für die Schutzausrüstung wird heute vom Arbeitgeber bezahlt.

Zu einer vollständigen Schutzausrüstung gehören folgende Ausrüstungsgegenstände:
- Der Schutzhelm der Waldarbeiter muss mit Gesichts- und Gehörschutz ausgestattet sein. Der Helm bietet Schutz vor herhabfallenden Ästen. Der Gesichtsschutz schützt Augen und Gesicht vor herumfliegenden Ästen, Holzspänen und Sägemehl. Der Gehörschutz dämpft den Motorlärm und verhindert Dauerschäden am Gehör.
- Arbeitsjacken in Signalfarben sorgen für bessere Sichtbarkeit und bieten Schutz vor Kälte und Schmutz.
- Schutzhandschuhe schützen die Hände und Finger vor Verletzungen, Nässe und Kälte und erleichtern die Arbeit.
- Die Schnittschutzhose soll vor Verletzungen der Beine bei der Arbeit mit der Motorsäge schützen.
- Sicherheitsschuhe mit griffiger Sohle, Zehenschutzkappe, Knöchelschutz und Schnittschutz schützen den gesamten Fuß.

Zur Ausrüstung der Waldarbeiter gehört heute auch noch eine moderne Wetterschutzbekleidung. Sie lässt den Wasserdampf des Körpers nach außen und schützt gleichzeitig vor Regen, Schnee und Kälte.

FOTO: FIRMA STIHL

Waldarbeiter mit kompletter Schutzausrüstung

Unfallverhütungsvorschriften

Anhang V
zur Waldarbeitsordnung 1957

Richtlinien
zur Unfallverhütung für die staatlichen Forstbetriebe
in Baden-Württemberg

Die nachstehenden Unfallverhütungsrichtlinien gelten für die staatlichen Forstbetriebe in Baden-Württemberg. Für den Körperschafts- und Privatwald gelten die entsprechenden Vorschriften der gesetzlichen Unfallversicherungsträger. Die vorliegenden Unfallverhütungsrichtlinien wurden auf die der gesetzlichen Unfallversicherungsträger (landwirtschaftl. Berufsgenossenschaften, Gemeindeunfallversicherungsverbände) abgestimmt und stimmen mit diesen im Wortlaut oder dem Inhalt nach überein. Sie können daher bei allen Waldarbeiten im Staats-, Körperschafts- und Privatwald zugrunde gelegt werden.

Titelblatt „UVV"

Die Waldarbeit ist eine gefährliche und körperlich stark belastende Tätigkeit. In welchem anderen Beruf treten sonst so viele Schwierigkeiten auf durch:

– Witterungseinflüsse wie Hitze, Kälte, Regen, Schnee, Wind.
– Rutsch- und Sturzgefahr durch Hindernisse, schwieriges Gelände, Nässe und Glätte.
– Arbeit mit gefährlichen Werkzeugen und Maschinen.
– Wucht fallender Bäume, Bruch von Ästen und Kronenteilen,
– ständig wechselnde Arbeitsorte.

Arbeitsbedingte Erkrankungen und schwere Unfälle können nur verhindert werden, wenn sich Arbeitgeber (Forstamt) und Arbeitnehmer (Waldarbeiter) gleichermaßen für den Gesundheitsschutz und Unfallschutz bei der Waldarbeit einsetzen. Die Unfallverhütung ist immer ein zentrales Thema der Waldarbeit. Viel dazu beigetragen hat die Aus- und Fortbildung der Waldarbeiter an den Waldarbeitsschulen. Arbeiten mit der Motorsäge sind mit einer andauernden hohen Gefährdung verbunden. Voraussetzung für den Motorsägenführer ist die Teilnahme an einem speziellen Motorsägenlehrgang und die Einhaltung der Unfallverhütungsvorschrift für den Motorsägeneinsatz vom Januar 1958.

Auszug aus den Richtlinien zur Unfallverhütung

Aus § 1 Belehrung:

Die Waldarbeiter sind verpflichtet, die Unfallverhütungsrichtlinien genau zu befolgen. Die Waldarbeiter sind bei der Einstellung mit den Unfallverhütungsrichtlinien vertraut zu machen. Darüber hinaus sind sie jährlich mindestens einmal über die Unfallverhütungsrichtlinien eingehend zu belehren. Die Durchführung der Belehrung ist nachzuweisen.

Aus § 2 Überwachung:

Sämtliche Forstbeamte, sonstige Aufsichtsführende, wie Haumeister, Rottenführer und Vorarbeiter sind verpflichtet, die Einhaltung der UVV zu überwachen.

Anlage: Protokoll der Bekanntgabe und Belehrung über die Unfallverhütungsvorschriften aus den Jahren 1963–1967 von Förster *August Rieg*. Die Bekanntgabe erfolgte immer jährlich vor Beginn des Holzeinschlages. Auf dem Protokoll sind die Namen und Unterschriften der Waldarbeiter der Waldarbeitergruppe von Haumeister *Alois Sonntag* und die Namen der ehemaligen Forstlehrlinge *Robert Marquart, Hermann Hohnheiser, Roland Schock, Paul Riescher, Manfred Geiger, Hubertus Jörg* und *Helmut Dewindinat*.

Bekanntgabe der Unfallverhütungsvorschriften

Name	Unterschrift 1963/64	1964/65	1965/66	1966/67
Sonntag Alois	Sonntag	Sonntag	Sonntag	Sonntag
Hermann Gindele	Gindele			
Jung Wilh.	Jung	Jung		Jung
Peter Alois	A. Peter	Peter	Peter	Peter
Gindele Hans	Gindele Hans	Gindele Hans	Gindele Hans	
Detzel Josef	Detzel			
Weiss Karl	Weiss	Weiss Karl	Weiss Karl	
Kempter Josef	Kempter Jos.	Kempter Jos		
Mimm Erich				
Traub Albert	Traub Albert	Traub Albert	Traub Albert	
Rupp Georg	Georg Rupp			
Paul Bened.	—			
Marquart Rob.	Marquart	—		
Hohnheiser Herm	Hohnheiser	—		
Schoch Roland	Schoch	—		
Riescher Paul	Riescher	Riescher		
Geiger Manfred	Manfred Geiger	Manfred Geiger		
Dangel Reinhard	Reinhard Dangel	Dangel	Dangel	
Riescher Paul	—	—		
Geiger Manfred	—	—		
Bendel Anton		Bendel A.	—	
Hafner Rudolf		Hafner	Hafner	
Jörg Hubertus		bf. Liste	Jörg	
Dewindinat Helmut		bf. "	Dewindinat	
Forderer Franz			Forderer	

Protokoll der Belehrung, Unterschriftsliste

Von der Axt bis zum Vollernter (Harvester)

Zur Geschichte der Waldarbeit

Jahrtausendelang war der Wald mit der Entwicklung der Menschen aufs engste verbunden.

Von Anfang an waren unsere Urahnen Waldarbeiter. Von der Steinzeit bis zum frühen Mittelalter bestand die Waldarbeit vor allem aus Roden. Es gab zuviel Wald, er galt als Feind und musste zurückgedrängt werden.

Im 14. Jahrhundert war der Wald weithin den Äckern, Obstwiesen und Weiden gewichen.

Nun ging es nicht mehr darum, den Wald zu beseitigen, um Land zu gewinnen; man brauchte jetzt das Holz.

Alle Häuser, ganze Städte (Burgen und Kirchen ausgenommen) wurden jahrhundertelang nur aus Holz gebaut. Armeen von „Holzknechten" wurden eingestellt, um die Wälder auszubeuten. An einen planmäßigen Einschlag dachte aber niemand. Was zum Bauen nichts taugte nahm man als

„Holzfäller"
H. KAUFMANN
PRIVATSAMMLUNG MÜNCHEN

101

Brennholz. Die offenen Kamine und die Küchenherde brauchten riesige Mengen. Ganze Wälder lösten sich sprichwörtlich in Rauch auf. Keiner dachte daran, dass Holz auch einmal knapp werden könnte.

Aber genauso kam es: Holz begann nach vielen Jahrhunderten knapp zu werden. Der Nachwuchs fehlte.

In den Städten, die das meiste Holz verbrauchten, erkannte man die Gefahr am frühesten. Im 14. Jahrhundert begann man dann den Einschlag zu rationieren.

Die großartigste Idee hatte man in Nürnberg. Dort kam *Peter Stromeir*, Ratsherr und Kaufmann auf den Gedanken, Waldbäume so auszusäen, wie man Getreide sät.

Ostern 1368 begann er mit seinen Experimenten im Nürnberger Reichswald. Er ließ tonnenweise Tannen-, Fichten- und Kiefernzapfen in brachliegende Felder streuen. Bald gingen Nürnberger Waldsamen „dieser drei Sorten" in alle Welt.

Peter Stromeir war der erste Mann, der nicht nur abholzte, sondern auch neue Wälder anlegte.

Äxte

Bis ins 17. Jahrhundert arbeitete man im Wald nur mit der Axt. Die Säge war im Wald praktisch unbekannt.

Die Äxte dienten zur Erledigung folgender Arbeitsaufgaben:
- zum Durchhauen schwachen Holzes (Ästen) = Astäxte
- zum Einhauen von Kerben im stärkeren Holz (Fällen) = Flläxte
- zum Spalten von Holz = Spaltäxte (Spalthammer)

Aus der Ast- und Fällaxt entwickelte sich dann die „Einheitsaxt" mit einem Gewicht von 1200–1400 Gramm, zunächst als Schmiedeaxt, dann als Fabrikaxt.

Mit dieser „Universalaxt" konnte man alle Axtarbeiten erledigen.

Die Schmiedeaxt war bei guter Herstellung sehr dauerhaft und scharf, aus Eisen und Stahl. Die Fabrikaxt war dann billiger, sie ist ganz aus Stahl. Jede Axt besteht aus dem Stiel und der eigentlichen Axt.

Die Entwicklung des Holzstieles ging über den geraden, runden Stiel zum doppelt gebogenen sog. „Kuhfußstiel". Der Querschnitt dieses Stieles war in der Mitte eirund, am Griff brettrund und hatte hinten einen Knauf. Durch diese Form bekam man eine gute Axtführung und die Hand wurde geschont.

Der Axtstiel wurde am häufigsten aus Esche, Hainbuche, Feldahorn oder Akazie von den Waldarbeitern selbst hergestellt, später kamen dann aus Amerika die Hickory-Stiele.

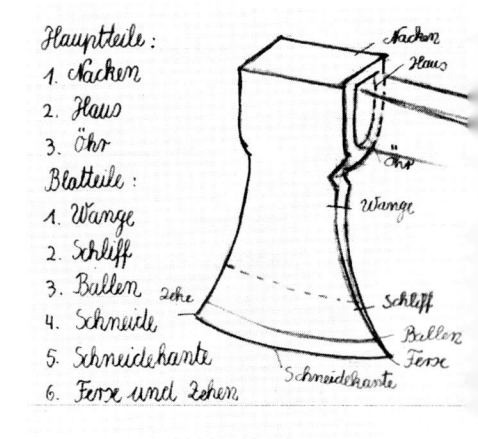

Die Teile der Axt
(Aus dem Arbeitsheft des Verfassers während der Ausbildung 1957)

Handsägen

Die Handsäge war neben der Axt das wichtigste Werkzeug. Verwendet wurden die Sägen zum Fällen und Ablängen. Man unterscheidet zwischen gespannten- und ungespannten Sägen. Bei den gespannten Sägen gibt der Bügel dem Blatt die Spannung, bei den ungespannten Sägen liegt die Spannung im Blatt.

Gespannte Sägen: 1- und 2-Mann-Bügelsäge, Baumsäge
Ungespannte Sägen: Wald- oder 2-Mann-Zugsäge, Fuchsschwanz, Sensensäge usw.

Richtiges Schärfen von Sägezähnen der Dreieckszahnsäge und Hobelzahnsäge

(Aus dem Arbeitsheft des Verfassers während der Ausbildung 1957)

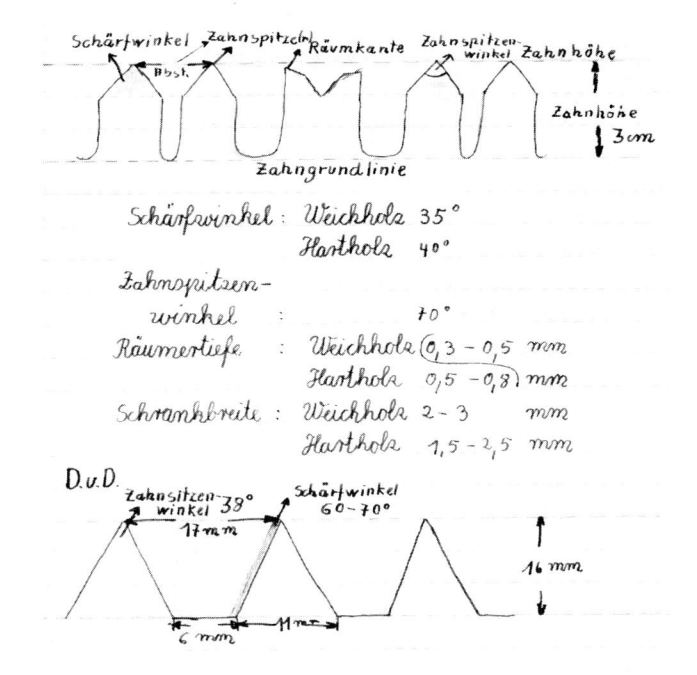

Bis 1950 wurden im Revier als Fällsägen ausschließlich „Dreieckszahnsägen" verwendet, anschließend kam die leistungsfähigere „Hobelzahnsäge". Die richtige Instandsetzung der Hobelzahnsäge (das „Feilen") beherrschten aber nur wenige Waldarbeiter einwandfrei.

Die Bügelsägen mit einem „Immerscharfblatt" wurden zum Abzopfen der Stämme, zum Einschneiden von Schichtholz („Faserholz") und in der Jungbestandspflege eingesetzt.

Während man in manchen Gegenden die Handsäge im Wald noch mit Misstrauen betrachtete, machten sich anderswo kluge Köpfe schon daran, zum Fällen und Ablängen mechanische Sägen zu konstruieren, die man in den Wald mitnehmen konnte.

Die Werkzeugausrüstung der Waldarbeiter auf dem Bild

Axt, 2-Mann-Dreieckszahn-Zugsäge, Reppeleisen, Wendehaken mit Holzstiel, Ablängstab aus Holz (2 m lang), dazu kommen noch (nicht auf dem Bild), Spaltaxt und Eisenkeil mit Holzeinsatz.

Waldarbeitergruppe mit ihren Werkzeugen nach dem Sturm am 20. Januar 1938 im „Grottbuch"

VON LINKS: Förster Egle, Georg Detzel, Karl Jäger (Rottenführer), Alois Dick, Anton Traub, Josef Kempter, Franz Jung (Gwigg), Rudolf Knitz, Franz Sonntag, Wilhelm Jung

Beschaffung und Bezahlung der Werkzeuge:

Die Waldarbeiter waren für die Beschaffung und Bezahlung der Werkzeuge für die „Holzhauerei" immer selbst verantwortlich. Als Entschädigung bekamen sie von der Forstverwaltung mit der monatlichen Lohnauszahlung eine Werkzeugvergütung ausbezahlt. Leider floss diese Entschädigung meistens mit dem Lohngeld in die Haushaltskasse und wenn dann die Notwendigkeit zum Ankauf einer neuen Säge, Axt, usw. gegeben war, fehlte das notwendige Bargeld und die Neubeschaffung wurde von Monat zu Monat verschoben. Trotz sinkender Leistung und geringerem Verdienst wurde mit dem alten, schlechten Werkzeug weitergearbeitet. Eine grundlegende Änderung in der Werkzeugbeschaffung gab es erst mit der Einführung der Werkzeugkasse im Staatswald Baden-Württemberg 1952.

Auszug aus der Waldarbeitsordnung für die staatl. Forstbetriebe in Baden-Württemberg von 1957

Werkzeugkasse

Der Betrieb überweist die Werkzeugvergütung der Waldarbeiter für jede Waldarbeitergruppe in einer Summe auf ein Sonderkonto bei einer Bank oder Sparkasse.

Für die Waldarbeitergruppe ist auf den Namen des Haumeisters (Rottenführers, Vorarbeiters) ein gemeinschaftliches Konto („Werkzeugkasse") zu eröffnen.

Der Haumeister hat über das Guthaben jedes Mitglieds der Waldarbeitergruppe Buch zu führen. Er ermittelt aus dem Lohnschein jeweils den auf den einzelnen Waldarbeiter entfallenden Betrag und schreibt ihn dessen Konto gut.

Aus der Werkzeugkasse sind geeignete Werkzeuge und Geräte anzuschaffen. Der Haumeister darf eine Rechnung nur begleichen, wenn sie der Betrieb (Förster) als sachlich richtig anerkannt hat.

Am Schluss des Forstwirtschaftsjahres musste der Haumeister die Werkzeugkasse zur Überprüfung dem Forstamt vorlegen, pfenniggenaue Übereinstimmung der bezahlten Rechnungsbeträge mit den Überweisungen war Voraussetzung für die Genehmigung.

Es konnten nur Werkzeuge und Geräte beschafft und bezahlt werden, die von der Waldarbeitsschule oder vom Forstamt empfohlen wurden.

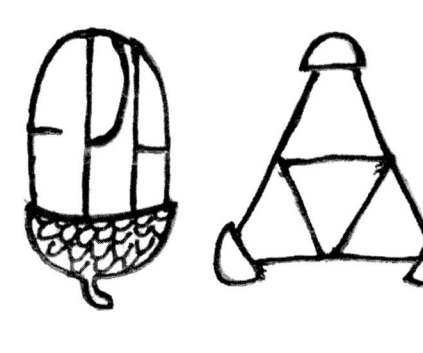

Diese beiden Zeichen mussten auf dem Werkzeug oder dem Gerät vorhanden sein:
FPA-Zeichen (eine stilisierte Eichel), wurde vom forsttechnischen Prüfausschuss für die Brauchbarkeit vergeben
Gütezeichen (für geeignetes Material)
(Aus dem Arbeitsheft des Verfassers während der Ausbildung 1957)

Die erste Motorsäge im Revier war die „Stihl BLK" im Jahr 1956.

Hier die neueste Klein-Motorsäge

Die kleinste und leichteste Einmann-Benzin-Motorsäge mit nur **11 kg** Gewicht. Schnittlängen 30 u. 40 cm. Motorleistung 3 PS.

Motorsägen

Den größten Rationalisierungsfortschritt in der Waldarbeit brachten die Entwicklung und der Einsatz der Motorsägen.

Die Einmann-Motorsäge löste die schwere Handarbeit bei der Fällung mit den Handsägen (Dreiecks-Hobelzahnsäge) und später auch die Handentastung mit der Axt und das Einschneiden mit der Bügelsäge vollständig ab.

Die Motorsäge hat das Sozialprestige und das Selbstwertgefühl der Waldarbeiter stark aufgewertet. Aus dem Waldarbeiter mit Axt, Handsäge und 60-Stunden-Woche wurde der Spezialist mit 40-Stunden-Woche. Ab Ende der 1950er-Jahre weicht die Axt immer mehr der Motorsäge.

Die „Stihl BLK" gehörte nach den schweren Zweimannsägen (waren im Revier Bergatreute nie im Einsatz) zu den ersten „Leichtsägen" der Welt. Allerdings war sie noch mit einem Benzinvergaser mit Schwimmer ausgerüstet und hatte daher noch ein Schwenkgetriebe (Schwimmervergaser musste immer senkrecht stehen) für den waagrechten Fällschnitt.

Die Revolution im Motorsägenbau begann bei der Firma Stihl mit der Einführung der „Stihl-Contra 1959" als Einmannmotorsäge, mit lageunabhängigem Membranvergaser (sog. Fliegervergaser) mit 14 kg und 7 PS.

Diese Einmann-Motorsäge überzeugte die maßgeblichen Forstleute und Waldarbeiter davon, dass diese Motorsäge das richtige Gerät ist um die Waldarbeit zu modernisieren und rationalisieren. Die „Contra" hat dazu beigetragen, dass STIHL heute Weltmarktführer bei der Herstellung von Motorsägen ist.

Noch im Jahre 1959 beschaffte sich die Waldarbeitergruppe *Sonntag* zwei Motorsägen vom Typ „Contra", ausgeliefert vom Stihl-Dienst (Firma Hipp) in Pflummern bei Riedlingen. Viele Jahre waren im Revier Bergatreute nur Stihl-Sägen im Einsatz.

Nach, oder noch parallel zur „Stihl Contra" kamen: „Stihl 07", „Stihl 08", die „Contra" wurde abgelöst von der „Stihl 040" und „Stihl 041". Eine starke Fällsäge „Stihl 064 W" wurde 1991 beschafft.

Stihl-Motorsägen und Husqvarna 346

AUF DEM BILD: *„Stihl BLK", „Contra", „07", „040", „08" und eine neue „Husqvarna 346"*

(Die Stihl-Sägen stammen aus der Motorsägensammlung von Forstwirtschaftsmeister Jürgen Schmid von der Ausbildungsstelle im Forstrevier Baindt)

Mit der Zeit wurden die Motorsägen immer leichter (bis 4 kg) und vielseitiger einsetzbar. Mit dem Einsatz der „Stihl 034" ab 1988 wurde auch die Axt beim Entasten der Bäume immer mehr verdrängt.

Die Motorsägen wurden laufend verbessert. Automatische Kettenschmierung, Antiviberationsgriff, automatische Kettenbremse, Griffheizung usw.

Motorsägenkasse

Auszug aus der Waldarbeitsordnung für die staatlichen Forstbetriebe in Baden-Württemberg von 1957

„Für die Verwendung einer im Eigentum der Waldarbeiter stehenden Motorsäge beim Holzeinschlag wird ein Motorsägengeld bezahlt. Durch dieses Motorsägengeld sind sämtliche mit der Benutzung der Motorsäge verbundenen Aufwendungen wie Versicherung, Abnützung, Reparaturen, Treibstoff, Kettenschmieröl und dgl. abgegolten.

Für die Führung der Motorsägenkasse sind die Bestimmungen über die Führung der Werkzeugkassen sinngemäß anzuwenden (Führung durch den Haumeister)."

Entrindung

Jahrzehntelang wurden die langen Nadelholzstämme im Bestand sofort nach der Fällung mit dem Schäleisen (Reppeleisen) von Hand entrindet. Starkborkige Stammfußstücke mussten mit der Axt entrindet werden. Das Entrinden war eine sehr zeitaufwendige und anstrengende Arbeit. In den Waldarbeitergruppen gab es immer wieder sog. „Reppelspezialisten", die den ganzen Arbeitstag nur „reppelten".

Verwendet wurden hier die handgeschmiedeten „Schwarzwälder Reppeleisen" (Schmied-Sackmann) Fabrikreppeleisen „Schwarzwälder Form" von der Firma Dominikus oder das „Dauner-Schäleisen", bestehend aus einem Eisenteil mit scharfer Schneide und einem runden Holzstiel mit Knauf, hergestellt aus einer trockenen Fichtenstange.

Die schwere Arbeit der Handentrindung wurde in den 1970er-Jahren durch Schicht- und Stammholzentrindungsmaschinen abgelöst.

Zur maschinellen Entrindung im Forstrevier

Eingesetzt wurden Maschinen mit Fräsköpfen oder Messerscheiben als Anbaugeräte für leichte landwirtschaftliche Schlepper mit Zapfwellenantrieb. Für die werkseitige Entrindung des „Papierholzes", 1 m und 2 m lang, waren Kleinunternehmer mit fahrbaren Entrindungsmaschinen mit Fräsköpfen oder Messerscheiben im Einsatz (z.B. „Betzner-Entrindungsmaschine" im Revier Bergatreute). Messerscheibengeräte konnten auch völlig weiß schnitzen.

Danach kamen die ersten fahrbaren „Lochrotor-Entrindungsmaschinen" zum Einsatz. Sie werden als Anbaugeräte für den Dreipunktanschluss oder als Anhängegeräte gebaut. Bei den Lochrotoren wird das Holz, ohne gedreht zu werden, von Führungswalzen durch die Maschine transportiert. Das eigentliche Entrindungswerkzeug ist der Lochrotor, in dem die Messer strahlenförmig gegen das in der Mitte durchgeschobene Rundholz gedrückt werden. Die Rinde wird durch den Vorschub in Streifen geschnitten und ausgeworfen.

Eine oft eingesetzte Lochrotormaschine war die finnische „VK 16" auf einem Einachsanhänger mit Handbeschickung.

Unter Förster *Rieg* waren in einem Stützpunktversuch kurzzeitig handgeführte Stammholz-Entrindungsmaschinen (Stoßeisengerät der Firma Römer) im Einsatz. Die Waldarbeiter waren aber von der Leistungsfähigkeit dieser schweren Geräte nicht begeistert und verweigerten einen weiteren Einsatz. Diese handgeführten Entrindungsmaschinen konnten sich in der Praxis nicht durchsetzen und verschwanden bald wieder vom Markt.

Für den Forstmaschineneinsatz in den staatlichen Forstämtern im südlichen Oberschwaben war ab Mitte der 1960er-Jahre die Forstmaschinenstation „Rasthalde" unter Forst-Oberamtsrat *Anton Maier* im Forstamt Ravensburg zuständig, er war auch zugleich Revierleiter vom Forstrevier Weissenau.

Unter *Anton Maier* wurde 1974 im Forstamt Ravensburg der erste vollmechanisierte Entrindungszug zusammengebaut und eingesetzt.

Auf einem Magirus-LKW war ein „Chey-Lochrotoraggregat" mit einem Durchlass von 65 cm montiert, dazu kam auf dem Motorwagen ein Kran für die Aufnahme der zu entrindenden Langholzstämme. Ein Anhänger mit Kranaufbau legte die entrindeten Stämme wieder ab.

Voraussetzung für die maschinelle Stammholzentrindung waren sauber und rindeneben entastete größere Stammholzpolter entlang einer festen Waldstraße.

Große Verdienste mit der mobilen Stammholzentrindung haben sich auch *Johann* und *Berthold Halder* (heute Firma Halder GmbH) aus Bad Waldsee-Kümmerazhofen erworben. Bereits im Frühjahr 1978 wurde von *Johann Halder* die erste mobile Entrindungsanlage angeschafft. Das Entrindungsaggregat kam aus Schweden und das Holzaufnahmefahrzeug wurde von *Berthold Halder* als Eigenbau hergestellt. 1984 wurde die bestehende Entrindungsanlage durch eine neue abgelöst. Dabei wurde gemeinsam mit den „Vallewerken" aus Schweden ein neues Entrindungsaggregat (Lochrotor)

Erster Entrindungszug von der „Rasthalde" (Forstamt Ravensburg)

Entrindungsmaschine von der „Rasthalde" neu

entwickelt. Dieser Rotor wurde dann von der Firma „Chey" in Serie gebaut und vertrieben. Das Holzaufnahmefahrzeug ist wieder in Eigenbau entstanden. Im Frühjahr 1996 war dann die nächste Generation der Entrindungsanlage einsatzbereit. Diese Maschine wurde komplett in der eigenen Werkstatt konstruiert und zusammengebaut. Das Gerät ist ein kompletter Prototyp mit neuestem „Lochrotor-Aggregat". Als Zugfahrzeug wurde eine neuwertige MAN-Sattelzugmaschine mit 420 PS erworben und vollständig umgebaut. Die Entrindungsmaschine ist auf einem teleskopierbaren Zentralachsanhänger (auch Eigenbau) aufgebaut. Nachträglich eingebaut wurde noch eine geeichte Messanlage mit Ausdruck HKS (Handelsklassensortierung) konformer Holzliste für den Verkauf.

Die weitere Entwicklung der Entrindungsmaschinen führte dann zu immer leistungsstärkeren Entrindungszügen mit Lochrotoraggregaten bis 85 cm Durchmesser. Die Leistungen der Krananlagen mussten entsprechend dem

Entrindungsmaschine 1 der Firma Halder

Entrindungsanlage 2 der Firma Halder

stärkeren Holz auch laufend erhöht werden. Das Gesamtgewicht solcher Entrindungszüge beläuft sich bis zu einem Gewicht von 60 Tonnen.

Nachdem die Holzwerke und „Großsägewerke" vollständig zur Werksentrindung mit stationären leistungsfähigen Lochrotoren übergegangen sind, wird eine waldseitige Entrindung bald vollständig der Vergangenheit angehören.

Parallel zur mechanisierten Starkholzentrindung mit den Lochrotoren gab es für „Vollbäume" bis Brusthöhendurchmesser (BHD) 20 cm die „Astab". Die „Vollbäume" (in langer Form, mit allen Ästen) wurden vom Rücker entlang der Waldstraße gepoltert und anschließend durch einen Eisenkorb mit ca. 20 feststehenden Messern durchgezogen. Als Zugfahrzeug diente z. B. ein Rückeschlepper mit Heckzange.

Entrindungsanlage 3 der Firma Halder

Erste „ETE 100" der Firma Lindel

Die Firma *Karl* und *Peter Lindel,* Transport- und Lohnunternehmer aus Kasernen, Gemeinde Berg, entwickelte ab 1976 die „ETE 100". Mit der „ETE 100" wurden entastete Stämme ab BHD (Brusthöhe-Durchmesser) 20 cm entrindet. Die Stämme (der erste Meter von Hand entrindet) wurden mit dem Kran in einen offenen mit Messern bestückten Eisenkorb eingelegt, nach dem Schließen des Korbes legten sich die gebogenen Messer um den Stamm. Die Stämme wurden dann mit einem MB-Trac mit 125 PS und angebauter Heckzange durch den Messerkorb gezogen und entrindet. Zwei Arbeitskräfte konnten mit diesem Entrindungsgerät bis zu 250 Festmeter Fichtenstammholz an einem Arbeitstag entrinden.

Die „ETE 100" der Firma *Lindel* hat im Revier Bergatreute jahrelang qualitativ gut und erfolgreich Fichten-Stammholz entrindet.

Vom System her war dieses Entrindungsverfahren mittels Durchziehen der Stämme und abstreifen der Rinde der holzpfleglichen Handentrindung

Der neue „ETE 100" (1976)
(FOTOS: FIRMA LINDEL)

am ähnlichsten. Die Manteloberfläche der Stämme hatte keinerlei Verletzungen. Bei der Lochrotor-Entrindung entstehen am Holzmantel lauter kleine „Löcher", hervorgerufen durch den Druck der Einziehwalzen und bei längerer Lagerung kann dadurch Feuchtigkeit und Rotfäule in das Holz eindringen.

Vollernter (Harvester)

Seit Mitte der 1990er-Jahre wird auch im Forstrevier Bergatreute immer mehr der Vollernter (Harvester) in Verbindung mit dem Tragschlepper (Forwarder) eingesetzt. Die ersten Einsätze waren bei Durchforstungen (Fichten-Schwachholz) in den Abteilungen „Egelsee", „Stockweiher" und „Stockbühl". Eine wertvolle Hilfe war der Vollernter bei der Aufarbeitung des Fichten-Stammholzes nach Sturm „Lothar" im Jahre 2000. Rund 3 000 Festmeter wurden durch die Maschine von der „Rasthalde" (Forstmaschinenstation Ravensburg) und einem Unternehmervollernter aufbereitet.

Zum Vollernter

Diese Maschinen wurden in Skandinavien entwickelt und bei uns zunächst nur im Nadelschwachholz in Durchforstungen eingesetzt.

Der Vollernter bildet zusammen mit dem nachfolgenden Tragschlepper eine leistungs- und bestandespfleglichen Arbeitskette zur Holzaufarbeitung.

Die Maschine fährt auf der Rückegasse und greift von dort mit ihrem bis 10 Meter langen Arm nach den zu entnehmenden Bäumen (mit Farbe markiert). Eine Kettensäge am Greifer sägt den Baum ab und zieht ihn mit den Ästen bestandesschonend an die Rückgasse. Dort wird er entastet, auf die gewünschte Länge abgesägt, automatisch vermessen und verbucht. Der Maschinenführer (möglichst ein ausgebildeter Forstwirt) sitzt in seinem beheizbaren Führerhaus und kann mit Scheinwerfer sogar noch in der

Vollerntereinsatz in Abteilung „Tiefweiher"
(Maschine von der „Rasthalde", Forstamt Ravensburg)

Vollernteinsatz in Abteilung „Grünenberg"
(Maschine der „Rasthalde", Forstamt Ravensburg)

Dämmerung arbeiten. Die schwere Arbeit der Forstwirte mit der Motorsäge und das Langholzrücken entfällt. Die Leistung dieser Maschine liegt um ein Vielfaches über den herkömmlichen motormanuellen Verfahren. Je nach Holzstärke ersetzt diese Maschine 6–8 Waldarbeiter.

So ein Vollernter mit einem Gewicht von 25 Tonnen kostet rund 400 000 Euro.

Der Rückegassenabstand sollte aber auch auf tragfähigen Böden nicht unter 40 m betragen. Ein immer wieder empfohlener Rückegassenabstand von 20 m bedeutet 20% Verlust an Holzbodenfläche, eine Vielzahl von Randbäumen, die niemals zu Zukunftsbäumen heranreifen, und eine zu starke Zerschneidung der Bestände.

Heute ist die Rationalisierung so weit fortgeschritten, dass in befahrbaren Beständen sämtliches Schwachholz (ob Nadel- oder Laubholz), mit dem Vollernter aufbereitet wird. Seine Einsatzgrenzen liegen aber im Steilhang, im Nadel- und Laubstarkholz und in Beständen mit Naturverjüngung. Auch sollten die schweren Vollerntemaschinen und Holzrückezüge nur auf tragfähigen Böden eingesetzt werden, da Waldböden und Wege sonst schwer geschädigt werden.

Motormanuelle Arbeitsverfahren (Waldarbeiter mit Motorsäge) und kombinierte Verfahren (mit Vorlieferung der Stämme durch Schlepper bis an die Rückegasse), sind heute immer noch rationell und bei größerem Rückegassenabstand auch erforderlich. Der Vollernter arbeitet das vorgelieferte Holz dann von der Rückegasse aus auf (entasten und einschneiden).

Vom Vollernter aufbereitetes Kurzholz

Vollernter der Firma Halder im Winter-Einsatz

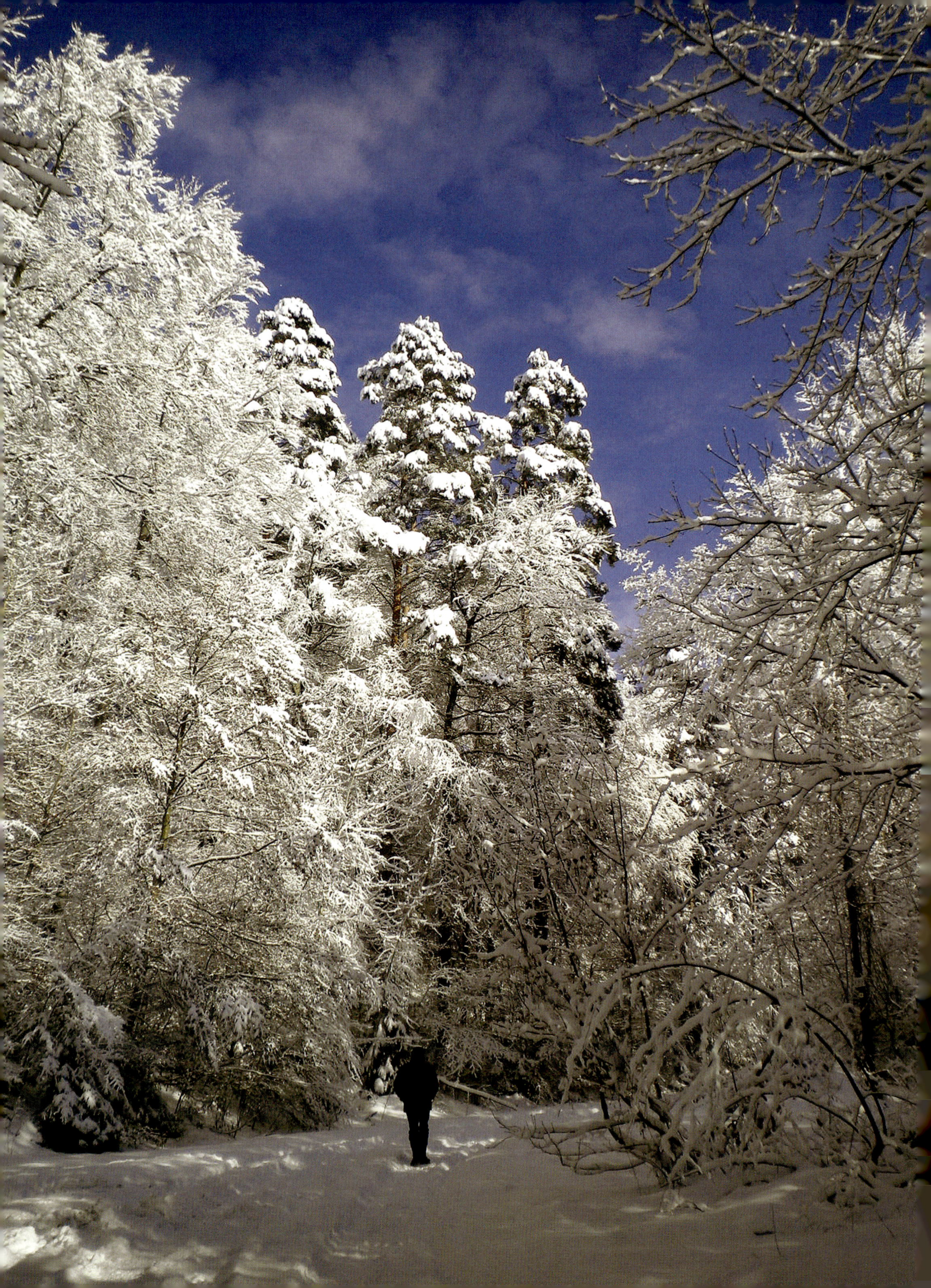

Holzrücker und Fuhrleute

Die Namen der alten Bauernfamilien *Nold, Wäscher* und *Wirbel* aus Gambach und Engenreute sind als Holzrücker und Fuhrleute seit Generationen mit dem Altdorfer Wald verbunden. Im „Unteren Wald", der Försterei Gambach und dann dem Forstrevier Bergatreute sind aber seit drei Generationen immer die „*Wirbels*" als Holzrücker im Einsatz. *Anton Wäscher*, Bauer aus Gambach, (geb. 1900, gest. am 17. August 1964), hat nur kurze Zeit in der Försterei Gambach Holz gerückt, er war dann immer im „Oberen Wald" (Forstrevier Bolanden) beschäftigt. Bis Ende der 1950er-Jahre erfolgte das Rücken des Langholzes (Schwach- und Starkholz) aus dem Bestand an die Wege ausschließlich mit Pferden.

Holzrücken mit Pferden

Die Stämme wurden nach der Fällung von Hand mit dem „Reppeleisen" entrindet. Sie blieben dann längere Zeit im Wald liegen, konnten austrocknen und verloren dabei auch an Gewicht. Doch die Rückearbeit mit den Pferden (speziell im Starkholz) war immer „Schwerstarbeit".

Franz Wirbel (1) lernte die Arbeit und das Holzrücken mit den Pferden im Wald schon im Kindesalter von seinem Vater. Bis ca. 1970 arbeiteten die „*Wirbels*" mit dem „Süddeutschen Kaltblut" (ein mittelschweres Pferd).

Die Entwicklung bei den Rückepferden ging immer mehr zu kleineren, leichteren und wendigeren Pferden.

Franz Wirbel (1) begann 1975 mit der Zucht der „Schwarzwälder Füchse" und wurde ein landesweit sehr erfolgreicher und vielgefragter Züchter.

Auszug aus der „Schwäbischen Zeitung" vom 20. März 1982:

„Auch im Zeitalter der Motorisierung und Mechanisierung sind die vierbeinigen Pferdestärken noch gern gesehene Arbeitskräfte im Forstrevier. Im eng stehenden Schwachholz des Waldes (Stämme bis ungefähr 25 cm Durchmesser) vor allem liegt das Einsatzgebiet für die selten gewordenen Arbeitspferde. Auf Grund ihrer Beweglichkeit beschädigen sie die Stämme der verbleibenden Bäume weniger als mechanische Winden, die die gefällten Stämme mit langen Stahlseilen auf den Weg herausziehen. Die Pferde verursachen geringeren Bodendruck als die schweren Schlepper und der Schaden an Vegetation und Boden ist daher auch geringer."

An die Rückepferde wurden hohe Anforderungen gestellt. Der „Schwäbische Bauer" (Nr. 21/1981) schreibt:

„Auszuwählen sind kräftige, ruhige, scheufreie Tiere. Sie müssen dem Willen des Fuhrmannes folgen und auch ohne Zügel gehen. Erforderliche Eigenschaften: Genügsamkeit, Ausdauer, Widerstandsfähigkeit gegen Witterungseinflüsse, hohes Anzugsvermögen, beste Standfestigkeit und Wendigkeit, Geländegängigkeit in Schwachholzbeständen und flottes Arbeitstempo."

Zum frommen Gedenken
im Gebete
an meinen lieben Gatten, unsern guten
Vater und Großvater

Anton Wäscher

Bauer
von Gambach

gest. am 17. August 1964
im 64. Lebensjahr

Nach so langen Leidensstunden
Hast Erlösung du gefunden.
Nach so vielen herben Schmerzen
Ruhest du an Jesu Herzen.
Guter Vater, dir zum Lohne
Gibt nun Gott die Himmelskrone.

Heiligstes Herz Jesu, ich vertraue
auf Dich!   100 Tage Ablaß.

Ihr alle, die ihr ihn im Leben gekannt
u. geliebt, gedenket seiner im Gebet!

O Herr, gib ihm die ewige Ruhe!

Erinnerung an Bauer Anton Wäscher

Bezeichnung der Generationen der Familie Wirbel in diesem Buch:

Franz Wirbel (1), sein Sohn
Franz Wirbel (2) und dessen Sohn
Franz Wirbel (3)

ABBILDUNG SEITE 114
Bei der „Hubertushütte" am Bergatreuter Weg im Winter

Pferderücken, Franz Wirbel (1) mit einem „Schwarzwälder"
(FOTO: R. RASEMANN)

Noch Ende der 1980er-Jahre unterstützten die Forstämter den Pferdeeinsatz. Für den Kauf eines Rückepferdes sowie für einen Pferdetransportanhänger wurde von der Forstverwaltung ein Zuschuss von 10% gewährt und ein Geldzuschlag pro Festmeter gerückten Holzes bezahlt.

Mit Beginn des Schleppereinsatzes verlagerte sich das Aufgabengebiet für das Rückepferd immer mehr in Richtung Schwachholz. Meistens wurde dann der Pferdeeinsatz mit dem Schlepper kombiniert. Der Rückeschlepper brachte die Pferde mit dem Pferdetransportanhänger schnell zum Einsatzort. *Franz Wirbel* (1) lieferte mit den Pferden das Holz vor und Sohn *Franz Wirbel* (2) rückte es mit dem Schlepper zum Einsatzort.

Neben ihrem Haupterwerb dem Holzrücken und Fuhrbetrieb lebten die „Wirbels" für und mit ihren „Schwarzwälder Pferden".

Sie nahmen jährlich an den Reiterprozessionen in Weingarten, Bad Wurzach und am St. Georgsritt in Gwigg teil.

Zum Gedenken im Gebet an
Franz Wirbel
* 15. April 1927   † 30. Juni 2009

Vater unser   Ave Maria

Franz Wirbel (1) mit Zylinder, Gedenkbild als Blutreiter

Pferderücken
Franz Wirbel (2) beim Schwachholzrücken
Foto: M. MACK

Transportanhänger für Pferde, mit Wirbel (1) und „Schwarzwälder"
(FOTO: R. RASEMANN)

In den Sommermonaten fahren sie die Festwagen (zwei- oder vierspännig) bei allen wichtigen und traditionellen Kinder- und Heimatfesten im südlichen Oberland.

Auch bei Jubiläumsfesten, Hochzeiten und sonstigen privaten Festen sind die „Wirbels" zum Kutschenfahren mit den Pferden gefragt.

3x Wirbel 1994 beim Blutritt in Weingarten. Franz Wirbel (1), Franz Wirbel (2), Franz Wirbel (3)

Franz Wirbel (1) hat den Rückebetrieb, die Landwirtschaft und die Pferdezucht 1985 an seinen Sohn *Franz Wirbel (2)*, (geb. am 24. Februar 1955), übergeben. Seit dieser Zeit leitet *Franz Wirbel (2)* den Gesamtbetrieb.

Franz Wirbel (3), (geb. am 25. August 1985), absolvierte nach der Schule an der Ausbildungsstelle im Forstrevier Baindt die Ausbildung zum Forstwirt. Heute arbeitet er als selbständiger Forst-Lohnunternehmer oder als Forstmaschinenführer im Rückebetrieb seines Vaters *Franz Wirbel (2)*.

Langholzwagen
Mit solchen Langholzwagen (mit Pferdegespann) wurde das Stammholz bis Ende der 1930er-Jahre vom Waldweg zum Sägewerk transportiert.

Fuhrleute

Anton Nold aus Gambach – „*Joose Done*" (geb. 1901, gest. 1966) hat bis 1939 im Revier mit Pferden Holz vorgerückt und anschließend zu den Sägewerken Löffelmühle, Staelin-Baienfurt und Eberle Weingarten gefahren. Geladen wurden pro Fuhre 3–4 Festmeter.

Der erste Langholzwagen mit Zugmaschine von Landwirt und Fuhrunternehmer *Anton Nold* aus Gambach im Jahre 1949, ein Hanomag 40 PS mit Holzvergaser.

Sohn *Anton Nold*, übernahm die Landwirtschaft in Gambach und Sohn *Karl Nold* den Fuhrbetrieb. Der landwirtschaftliche Betrieb wird heute von *Anton Sauter* in Gambach geleitet.

Georg Wirbel 1968 mit dem „Hiab-Kran" beim Aufladen von „Papierholz" auf den LKW.

1997 beim Fuhrmannstag in Bad Schussenried Franz Wirbel (1) und Franz Wirbel (2) mit Langholzwagen

FOTOS: W. WIRBEL

Bist Du auch von uns geschieden, in unserem Herzen lebst Du fort.

Georg Wirbel
Fuhrunternehmer

Gambach

geboren am 28. Oktober 1933
gestorben am 2. April 1998

Gedenkbild Georg Wirbel

Jahrzehnte war Fuhrunternehmer *Georg Wirbel* aus Gambach eng mit dem Forstrevier Bergatreute verbunden. Mit seinem LKW transportierte er das Nadel-Schichtholz zu den Papierfabriken. Zusätzlich übernahm er die Kiesbeifuhr für die Instandsetzung der Waldwege, im Winter war er für die Schneeräumung zuständig.

Langholzwagen Hanomag 1949
Auf dem Bild die Söhne von Anton Nold: Anton Nold („Joose Done") und Bruder Karl Nold

Karl Nold
(geb. am 12. Dezember 1935 in Gambach), hat den Fuhrbetrieb bis zu seinem Tode am 29. Juni 1995 erfolgreich geführt

Langholzfuhrpark von Karl Nold
Am 1. September 1995 wurde das Fuhrunternehmen von seinem Sohn Hermann Nold aus Bergatreute übernommen.

Holzrücken mit Schlepper

Der erste Schlepper, der im Revier Gambach in den 1950er-Jahren zum Holzrücken eingesetzt wurde, war ein landwirtschaftlicher Schlepper herkömmlicher Bauart mit kleinen Vorderrädern und großen Hinterrädern (Hinterradantrieb), mit einer einfachen Eintrommel-Seilwinde. Mangelnde PS-Zahl und Geländegängigkeit und fehlende Forstausrüstung ließen nur geringe Leistungen zu.

„Rückeschlepper Hela" (Aulendorf) mit Eintrommel-Seilwinde der Firma „Adler" aus Wolfegg und einfacher Bergstütze (umgebaute Ackerschiene).
AUF DEM BILD LINKS: *Josef Wirbel*, RECHTS: *Sohn Georg Wirbel*,
AUF DEM SCHLEPPER: *Alois Gresser aus Engenreute (1953)*

Erinnerungsbild an Josef Wirbel

Unter Berücksichtigung der forstlichen Anforderungen wurden diese ursprünglich für die Landwirtschaft entwickelten Zugmaschinen zu Forstschleppern umgebaut und den schweren Arbeitsbedingungen bei der Holzernte angepasst: Blockbauweise mit Schutz- und Tragrahmen, Motorleistungen zwischen 40–90 PS, größere Vorderräder, zuschaltbarer Vorderradantrieb, breitere Reifen, verstärkte Achsen, Schutz der Aggregate durch Bodenwanne usw. Später kamen dann noch Heckpolterschild, Doppeltrommel-Seilwinde, Frontpoltergabel und Funkfernsteuerung dazu.

In den letzten 50 Jahren hatten die „Wirbels" zwei „Hela-Lanz-Schlepper" (Aulendorf) und vier „Steyr-Schlepper" im Forsteinsatz.

Forstspezialschlepper

Die Weiterentwicklung der Forstschlepper führte zum Forstspezialschlepper. Sie haben vier gleichgroße Räder mit Spezialbereifung und Allradantrieb. Durch die Knicklenkung und große Bodenfreiheit sind sie sehr wendig und geländegängig. Für den jeweiligen Arbeitsbereich werden sie mit der erforderlichen Forstausrüstung ausgestattet. Es gibt sie als Seil- und

Schlepper „Hela" (Aulendorf) mit Eintrommel-Seilwinde (1960)

Josef Wirbel aus Gambach mit Sohn Franz Wirbel (1) mit dem ersten „Rückeschlepper Hela" Aulendorf mit 25 PS und Seilwinde.

Franz Wirbel (2) mit Steyr-Forst Schlepper, ferngesteuerter Doppeltrommelseilwinde und Frontpolterschild im „Katzenmoos" 1988, den Sender trägt der Fahrer am Gürtel. Die Doppeltrommel-Seilwinden für die Steyr-Forstschlepper wurden immer von der Firma Adler aus Wolfegg aufgebaut.

FOTO: R. RASEMANN

Zangenschlepper, als Tragschlepper (Forwarder) und Klemmbankschlepper. Der Zangenschlepper ist meistens noch mit einer Doppeltrommel-Seilwinde ausgerüstet, womit er das Langholz aus dem Bestand an die Rückegasse vorrücken kann. (Der Schlepper darf die Rückegasse nicht verlassen.) Ohne abzusteigen schwenkt er dann das Kurz- oder Langholz in die Rückegasse ein und liefert es an die Waldstraße. Dort erleichtert die Zange dann auch das sachgemäße Aufpoltern des Holzes. Die Reichweite der ausfahrbaren Zangen liegt zwischen 4 und 6 Meter. Mit dem Forstspezialschlepper ist ein bestandes- und wegeschonendes Rücken bei hoher Leistung möglich. Der Forstspezialschlepper wird auch weiterhin eine der wichtigsten Forstmaschinen bleiben.

Franz Wirbel (2) hat im Dezember 2006 einen Forstspezialschlepper HSM Typ 805 mit 115 PS beschafft. Ausgerüstet mit einer Rückezange mit einer Reichweite bis 6,5 Meter und einer „Adler-Doppeltrommelseilwinde" mit 2 x 8,0 Tonnen Zugleistung. Als Schlepperfahrer ist der Sohn von *Franz Wirbel* (2), *Franz Wirbel* (3) im Forsteinsatz.

*Fichte – der „Brotbaum" vom Altdorfer Wald –
Kurz- und Langholzpolter am Löffelmühlweg*

*Franz Wirbel (3) mit dem „HSM-Forstspezialschlepper"
beim Holzrücken*

Tragschlepper (Forwarder)

Der Tragschlepper liefert das vom Vollernter aufbereitete und an der Rückegasse abgelegte Kurzholz an den LKW befahrbaren Waldweg. Schwere Trag- und Zugarbeiten entfallen dadurch. Er ist mit Knicklenkung und Tandemachse ausgerüstet und erzielt dadurch höchste Geländetauglichkeit und

ABBILDUNG AUF SEITE 123:

*Blick über das Forstrevier
Bergatreute vom Egelsee (B 30)
aus in östlicher Richtung bis
Engenreute, Bergatreute und
Achtal*

temberg gepflanzt, die aber nur zum kleinen Teil noch leben. Man zählt in Württemberg etwa 300 alte Bäume. Unsere Mammutbäume hat die Forstliche Versuchsanstalt in Weilimdorf angezogen. Eine forstliche Bedeutung erlangte der Baum bei uns aber nicht.

1959 wurden im Revier 30 Wellingtonien gepflanzt.

Auszug aus dem Wellingtonienmerkblatt von der Pflanzung 1959:

Baumscheiben mit einem Durchmesser von einem Meter anlegen und mindestens in den ersten beiden Jahren unkrautfrei halten.

Angießen: Obwohl die Pflanzen mit Ballen gesetzt werden, ist ein gründliches Wässern (bei trockener Witterung evtl. mehrmals) erforderlich.

Schutz gegen Frost: Die in der Jugend sehr frostempfindlichen Mammutbäume müssen in den ersten Wintern nach der Pflanzung durch Umstecken mit Fichtenzweigen gegen Frost und Frosttrocknis geschützt werden.

Aufgrund von Vernachlässigung und falscher Standortswahl bzw. schlechter Pflanzenqualität sind nur noch 13 Exemplare verblieben. Soweit vital, sollten diese Bäume aus landschaftspflegerischen Gründen unbedingt erhalten werden. Alle drei Jahre sind sämtliche Wellingtonien auf Vitalität, Standraum und Belichtung zu prüfen. Benachbarte Bäume aus dem Wirtschaftswald können durchaus geopfert werden.

Weymouthskiefer in Abteilung „Brand"

Diese Weymouthskiefer stand in der Abteilung „Brand" am Bolander Weg (gegenüber dem „Hengstmoosweiher") und wurde aus Forstschutzgründen am 17. Dezember 1977 unter leichtem Schneefall gefällt. Der Stamm hatte eine Länge von 43,5 m mit rund. 14 Festmeter Nutzholz.

Bei der Fällung waren folgende Personen anwesend: Revierleiter *Hans Lutz*, Haumeister *Alois Sonntag*, die Waldarbeiter *Reinhard Dangel, Karl Lay, August Schnell* und *Hubert Gresser*.

Vom Forstamt Baindt: Die Forstreferendare *Gregor Schill* und *Gerhard Schindele*, die Angestellte *Ingrid Keller* (verh. *Pedrides*) und *Jochen Jauch*.

Weymouthskiefer nach der Fällung, das Erdstammstück war stark durch Rotfäule entwertet.

ABBILDUNG AUF SEITE 130
Mammutbäume am „Stöcklishaldenweg" in der Abteilung „Achhalde" (Auffahrt zur Kiesgrube Hämmerle)

Zur Baumart Weymoutskiefer (Pinus strobus):

Die „Strobe" ist eine bei uns „eingebürgerte" Nadelbaumart und stammt aus Nordamerika. In Deutschland hat sie aber ihre Bedeutung als wertvolle Mischbaumart eingebüßt, seit sie laufend vom Blasenrost (Pilzkrankheit) befallen wird. In Einzelmischung wird sie aber immer noch gerne angebaut. Das Holz der „Strobe" ist gelblichweiß, von geringer Festigkeit, aber mit gutem Stehvermögen, hervorragend geeignet als Schreinerholz zur Anfertigung von Bienenkästen und als Bretter für Holzvertäfelungen.

Tanne in Abteilung „Hofmeisterweiher"

Diese starke Weißtanne stand in der Abteilung „Hofmeisterweiher" (Nähe Wasserleitungsweg) und musste nach einem Blitzschlag im August 1978 gefällt werden.

Tanne vor der Fällung

Bei der Fällung
AUF DEM BILD: *Mit Motorsäge, Reinhard Dangel, mit Axt und Keil Haumeister Alois Sonntag und die Waldarbeiter Hubert Gresser und Roland Graf*

Nach der Fällung
AUF DEM BILD VON LINKS: *Holzrücker Franz Wirbel (2) mit Rückeschlepper, Reinhard Dangel, Roland Graf, Alois Sonntag, Hubert Gresser und Förster Hans Lutz*

Jakobsweg Ulm–Konstanz
(Etappe von Bad Waldsee nach Weingarten – 20 km)

Ein Teilstück des historischen Pilgerweges durch Oberschwaben verläuft durch das Forstrevier Bergatreute, das Ziel ist bekanntlich die Kathedrale von Santiago de Compostela. Auf der Etappe von Bad Waldsee nach Konstanz, von Gwigg–Engenreute kommend, durchquert der Jakobsweg über „Sprengsteinwiese", „Hengstmoos" in Richtung Waldbad das Forstrevier. Die Wegstrecke ist mit der gelben Jakobsmuschel auf blauem Grund markiert. Regelmäßig übernachten Pilgergäste bei Frau *Gutknecht* in Gwigg und Frau *Wirbel* in Gambach. Während der Sommermonate sind fast täglich Jakobspilger alleine oder in Gruppen unterwegs.

Wegmarkierung mit Jakobsmuschel

Eine Gruppe von Pilgern beim „Hengstmoosweiher"

Gedenksteine entlang der Waldwege

„Fehr-Stein"

Der „*Fehr*-Stein" steht am „Hütteweg" in der Abteilung „Brenner" gegenüber der ehemaligen Hochstich-Kiesgrube. Hier verunglückte am 25. März 1920 Maurermeister *Max Fehr* aus Gambach. Beim Absägen eines starken Wurzelstockes einer Fichte wurde er erdrückt.

„Fehr-Stein"

„Fischer-Stein", auf dem Bild vermutlich Oberforstmeister Fischer, das Bild ist von 1929

„Fischer-Stein"

Oberforstmeister *Karl August Fischer* war von 1901–1928 Forstamtsleiter in Baindt. Er und seine Frau sind in Baindt beerdigt. Der Stein steht in der Abteilung „Erlenmoos" an der kleinen Wiese an der Kreuzung Stockweiherweg-Erlenmoosweg.

Freiwilliger Arbeitsdienst

Gedenkkreuz

Das Kreuz steht am Heuweg in der Abteilung „Heuweg" gegenüber der Abteilung „Höll". Bei der Fahrt zu seiner Forstwirt-Ausbildungsstelle in Baindt verunglückte *Joachim Dentler* aus Rötenbach mit 18 Jahren am 26. Januar 1990 tödlich. Nach einem leichten Sturm in der Nacht lag eine Fichte in ca. ein Meter Höhe quer über dem Heuweg. Bei Dämmerung und leichtem Nebel sah er das Hindernis zu spät und fuhr mit dem Moped direkt gegen den Baum. Beim Aufprall erlitt er einen Genickbruch, die Waldarbeiter fanden ihn kurz darauf leblos an der Unfallstelle.

„Kieble-Stein"

Der *„Kieble*-Stein" steht am Heuweg oben auf der Wegeböschung Richtung „Sulzmooswiese" in der Abteilung „Heuweg". Hier verunglückte am 5. Dezember 1949 Haumeister *Anton Kieble* aus Gwigg tödlich. Zwei seiner Rottenkameraden waren mit der Fällung einer starken Buche beschäftigt, *Kieble* stand etwas abseits und beobachtete das Umsägen. Bei der Fällung brach ein dicker Ast ab, schlug zurück und fiel *Kieble* auf den Kopf. Er war sofort tot. Schutzhelme gab es damals noch nicht.

„Kieble-Stein"

Stein am Hütteweg (von der „Spengsteinhütte" bis zum „Heppenbühl")

Stein am „Hänglesweg" („Grünhalde", „Hochstichhängle")

Gedenkkreuz für Joachim Dentler

ABBILDUNG SEITE 135:
Am Schwarzgrabenweiher

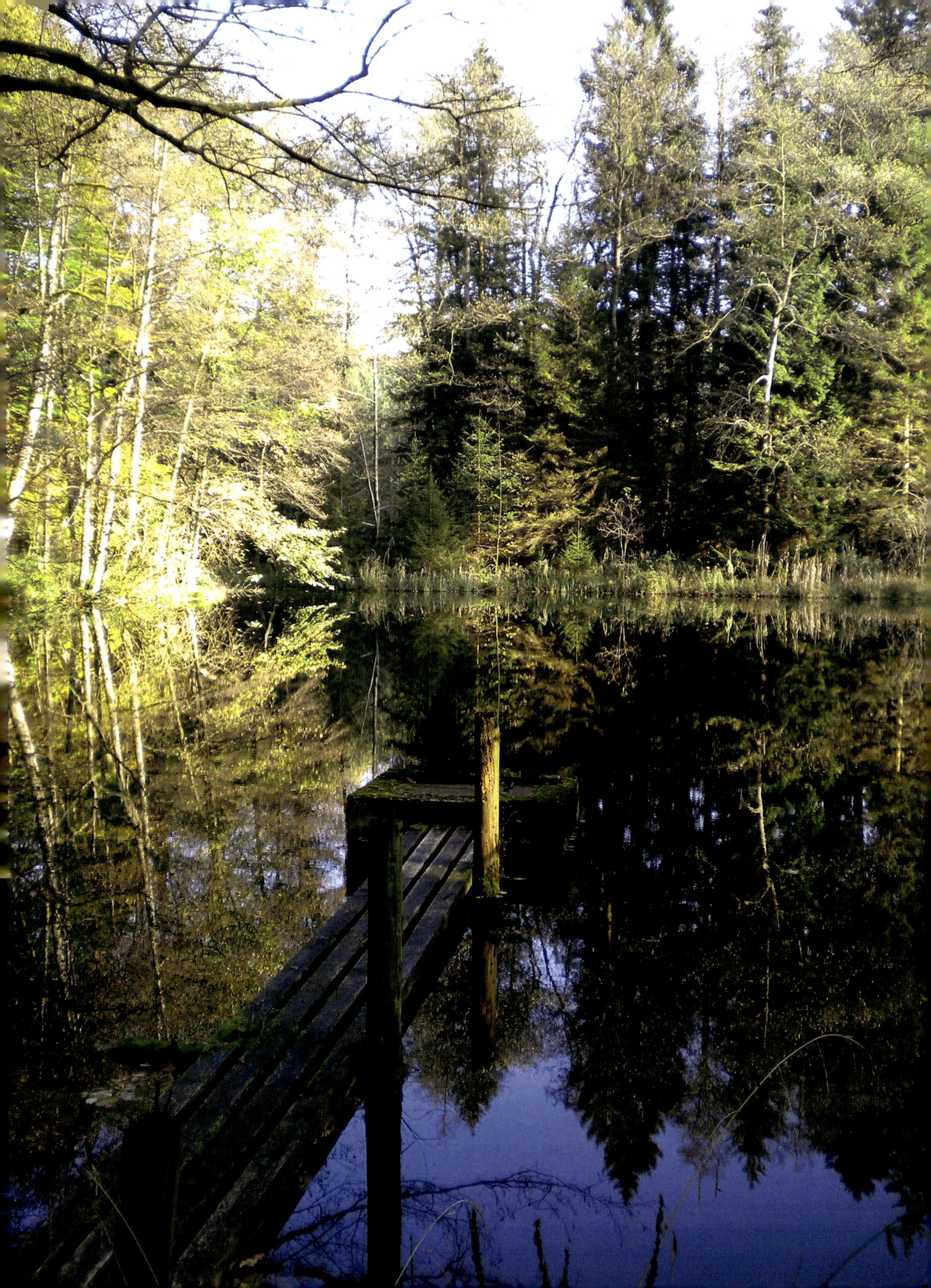

Wichtige Termine und Ereignisse im Jahresablauf

Am 20. Januar ist die Wallfahrt zur Kapelle „Sankt Sebastian" auf der „Grabener Höhe". Bis Mitte der 1960er-Jahre waren die Waldarbeiter auch dabei und marschierten die Strecke zu Fuß von Bergatreute aus hin und zurück. Auf dem Rückweg wurde in Haisterkirch im „Gasthaus zum Kreuz" eingekehrt.

Am 2. Juli feiert die Kath. Kirche das Wallfahrtsfest Maria Maria Heimsuchung. Das Forstrevier liefert das „Grünzeug" (Birken, Buchen). Früher und teilweise auch noch heute wird an diesem Tag nicht gearbeitet.

Jährliche regelmäßige Lieferungen aus dem Forstrevier:

- Tannen-Zier- und Schmuckreisig für Allerheiligen, Advent- und Weihnachtszeit für Kirche, Schule, Kindergarten, Gärtner und Privatpersonen.
- Weihnachtsbäume für Kirche, Pfarrhaus, Schwesternhaus, Schule und Bürgermeister.
- Großer Weihnachtsbaum zur Aufstellung vor dem Rathaus.
- Verschiedenes „Grünzeug" für Fronleichnamsfest, Christi Himmelfahrt, Sankt Georgsfest in Gwigg, Vereinsfeste (Maifest, Mostfest usw).

„Egelsee" (1)
„Stockweiher" (2)
B 30 (3)
„Schanzweiher" (4)
„Bunkhofer Weiher" (5)

Hütten im Forstrevier

„Wannenbühlhütte"

Die kleine Hütte wurde 1954 unter Mithilfe der Waldarbeiter und Waldarbeiterinnen vom lustigen Zimmermann *„Genal Ferde"* aus Bergatreute erbaut. Sie wurde als Geräte-, Unterkunft- und Vesperhütte für die Waldarbeiter beim Kiesabbau in der „Wannenbühl-Kiesgrube" benutzt. Während den Bauarbeiten fragte einmal eine Waldarbeiterin den Zimmermann: Du *„Ferde"* hast du auch „Henna", worauf dieser antwortete: Nein aber „Eier".

Die Baupläne und Finanzmittel in Höhe von 50 000 DM wurden dem Forstrevier von der Forstdirektion Tübingen zur Verfügung gestellt. Alle Beton-, Maurer- und Schreinerarbeiten wurden von den Waldarbeitern ausgeführt, die Holzkonstruktion und die Schiebetore erstellte die Zimmerei *Konzett* aus Baindt. Die Hütte hat vielseitige Funktionen zu erfüllen, sie bietet:

– Einen großen Raum mit Schiebetoren als Schlechtwetterarbeitsplatz für die Waldarbeiter,
– einen Werk- und Geräteraum für die Ausbildung von Forstpaktikanten,
– einen Arbeits- und Aufenthaltsraum für Forstanwärter und Praktikanten.

Am 23. April 1986 war im Forstamt Bad Waldsee und Umgebung die Abschiedsexkursion für Oberforstrat *Walter Wiech*. Von der Forstdirektion Tübingen waren dazu die aktiven und ehemaligen Forstamtsleiter in

Neubau der „Wannenbühlhütte" im Herbst 1984

Neubau der „Wannenbühlhütte" 1984, auf dem Dach Haumeister Alois Sonntag und Hubert Gresser

„Kleine Wannenbühlhütte"

Oberschwaben eingeladen. Von der Forstdirektion war der Leitende Forstdirektor *Siegfried Palmer* anwesend.

Die traditionellen jährlichen Revierfeste finden immer im Juli/August bei der „Wannenbühlhütte" statt. Dazu werden vom Revierleiter die Waldarbeiter, Holzrücker, Pensionäre und sonstige Mitarbeiter mit ihren Ehefrauen eingeladen. Jeder bringt etwas zum Essen oder Trinken mit und das Fest ist immer ein voller Erfolg.

Als zentrale Anlaufstelle im Forstrevier Bergatreute ist die „Wannenbühl-Drückjagdhütte" weit bekannt. Jährlich ist auch hier der Treffpunkt für die große Drückjagd.

Leitender Forstdirektor Palmer übergibt in der „Wannenbühlhütte" die Zuruhesetzungs-Urkunde an Oberforstrat Wiech (gest. am 14. Februar 2007).

Stein bei der „Wannenbühlhütte"

„Wannenbühlhütte"

Oberschwäbische Forstamtsleiter im April 1986 vor der „Wannenbühlhütte"

AUF DEM BILD VON LINKS DIE FORSTLEUTE:
Pfeilsticker, Pöllmann, Kruttschnitt, Deuschel, Ritter, Jauch, Maluck, Bauer, Huber, Dr. Werner, Wiech, Palmer, Dr. Koch, Dr. Bosch, Riester, Frevert, Kurz und Ruff

Revierfest 1989:
AUF DEM BILD VON VORNE LINKS: Anna Weiß, Fine Hämmerle, Hans Lutz, Christa Jauch, Jochen Jauch, Alois Sonntag, Michael Flöß, Franz Wirbel (2)

VON LINKS:
Hans Lutz, Frau Lutz, Franz Wirbel (!), Alois Sonntag, Michael Flöß

Revierfest im August 1994

AUF DEM BILD VON LINKS:
Jochen Jauch, Rudolf Hafner, Reinhard Dangel und Manfred Detzel

60er-Fest Jochen Jauch 1999 in der „Wannenbühlhütte"

AUF DEM BILD: Hubert Gresser, Jochen Jauch, Reinhard Dangel, Josef Detzel und Förster-Dackel „Carlo"

Sitzgruppe im „Wannenbühl" mit Teilstück der „Zigeunertanne".

Aufräumarbeiten im Januar 2000, nach Sturm „Lothar" am 2. Weihnachtsfeiertag 1999

„Sprengsteinhütte"

Die alte „Sprengsteinhütte" in der Ecke Hummelsweiher-Sprengsteinwiese ist in den 1930er-Jahren abgebrannt. Sie wurde aber bald wieder als Pflanzschulhütte in der Abteilung „Brenner" an der Wiese aufgebaut, mit einem Büroraum für den Förster, einem Aufenthaltsraum für Waldarbeiter und Waldarbeiterinnen und zwei Geräte- und Materialräumen. Nach den großen Sturmschäden in den Jahren 1966/67 und „Wiebke" 1990 diente die Hütte als Unterkunft- und Schlafhütte für Waldarbeiter aus Südtirol. 1986

„Sprengsteinhütte"

wurde die Wand zwischen Aufenthalts- und Schlafraum entfernt, dadurch entstand ein großer zweckmäßiger Hüttenraum.

Die Hütte dient heute als Anlaufstelle bei Waldführungen, Exkursionen und für Jakobspilger. Auch Bergatreuter Vereine können sie bei Bedarf einmal jährlich für Veranstaltungen nutzen.

Ende der 1950er-Jahre ereignete sich an der „Sprengsteinhütte" folgende Geschichte: Nach Beendigung der Vesperpause vor der Hütte hängte Waldarbeiter *Bernhard Gresser* (Stocken) seinen Rucksack an das Fahrrad und lehnte es an die Hütte. Nach der Arbeit kamen sie zurück und trauten ihren Augen nicht. Vom Rucksack waren nur noch verkohlte Teile vorhanden und am Fahrrad waren Mantel, Schlauch und Sattel verbrannt. Was war geschehen? Vermutlich fiel beim Rauchen nach der Vesperpause eine Glut in den Rucksack und verursachte dann den Brandschaden. Gott sei Dank brannte die Hütte nicht ab!

Waldarbeiterinnen vor der „Sprengsteinhütte" 1956
STEHEND LINKS: *Rese Weißhaupt*
SITZEND VON LINKS: *Josefine Gresser (verh. Oberhofer), Anna Oberhofer (verh. Weiss), Lydia Detzel (verh. Gresser), weitere Namen nicht bekannt*

Stammscheibe der „Zigeuner-Tanne" bei der „Sprengsteinhütte"

„Kleeblatthütte"

Die „Kleeblatthütte" an der kleinen Wiese zwischen der Abteilung „Bolanden" und „Brand" gelegen wurde 1939 unter Förster *Egle* erbaut. An dem Neubau war die Holzhauergruppe Gambach mit Oberholzhauer *Anton Kieble* und den Waldarbeitern *Alois Peter*, Gambach, und *Josef Gresser*, Stocken, maßgeblich beteiligt. Lange Jahre konnte man die Hütte vom Achtal aus gut einsehen, heute ist ein Ausblick ins Tal nicht mehr möglich, da der Hang mit hohen Bäumen bestockt ist. In der Zeit der „Franzosenhiebe" wurde sie eifrig benützt und anschließend ausgeplündert. Sie war Ausgangspunkt für Wilderei im Revier und Wildfischen in den Weihern.

AUF DEM DACH: *Agathe Senser (verh. Wirbel) und Mina Sonntag. Das Dach wurde mit Holzschindeln eingedeckt. (1939)*

„Kleeblatthütte"

„Hubertushütte"

Am Bergatreuter Weg in der Abteilung „Stöcklisbühl" in Richtung Baindt liegt die „Hubertushütte". Erbaut vom Revier Baindt im Jahr 1940 unter Mithilfe von Zimmermann Wilhelm Lang (geb. 1903 in Baindt), er war bei der Zimmerei Wurster in Weingarten beschäftigt. Damals hatte man noch einen wunderschönen Ausblick ins Achtal. Anfang der 1990er-Jahre wurde die Hütte renoviert und die Wände isoliert.

„Hubertushütte" im Winter

„Hubertushütte"

143

„Erlenmooshütte"

Die „Erlenmooshütte" wurde 1956 als Ersatz für die abgebrochene „Stockweiherhütte" an der kleinen Wiese im „Erlenmoos" als offene Unterstandshütte gebaut. Die ehemalige „Stockweiherhütte" war eine Blockhütte.

Nachdem bei Instandsetzungsarbeiten eine Leiche unter dem Holzfußboden gefunden wurde, wollte niemand mehr die Hütte benützen. Waldarbeiter *Josef Kempter* baute die Hütte dann ab und stellte sie auf seinem Grundstück in Gwigg wieder auf.

Hütte im „Speckenried"

Zunächst war im „Speckenried" nur eine kleine Rindenhütte. Nach der Anlage der Pflanzschule im „Speckenried" wurde sie zu einer Pflanzschulhütte ausgebaut. Nach Aufgabe der Pflanzschule wurde die Hütte abgebrochen.

Rindenhütte von 1924
Auf dem Bild Oberholzhauer Anton Jäckle und Georg Detzel aus Stocken

„Speckenriedhütte" von 1929 mit Oberforstmeister Hoffmann

„Alte Brandhütte"

„Brandhütte"

Die alte baufällige Hütte in der Abteilung „Brand" wurde 2011 abgebrochen. Es war eine einfache offene Unterstandshütte.

Unter Förster *Thomas Keller* erstellte „Baumeister" *Hubert Gresser* 2011 in Zusammenarbeit mit der Waldarbeitergruppe eine neue offene Hütte. Sie steht direkt am Jakobsweg und dient den Pilgern und Waldbesuchern als Rast- und Unterstandshütte.

„Neue Brandhütte"
(Dezember 2011)

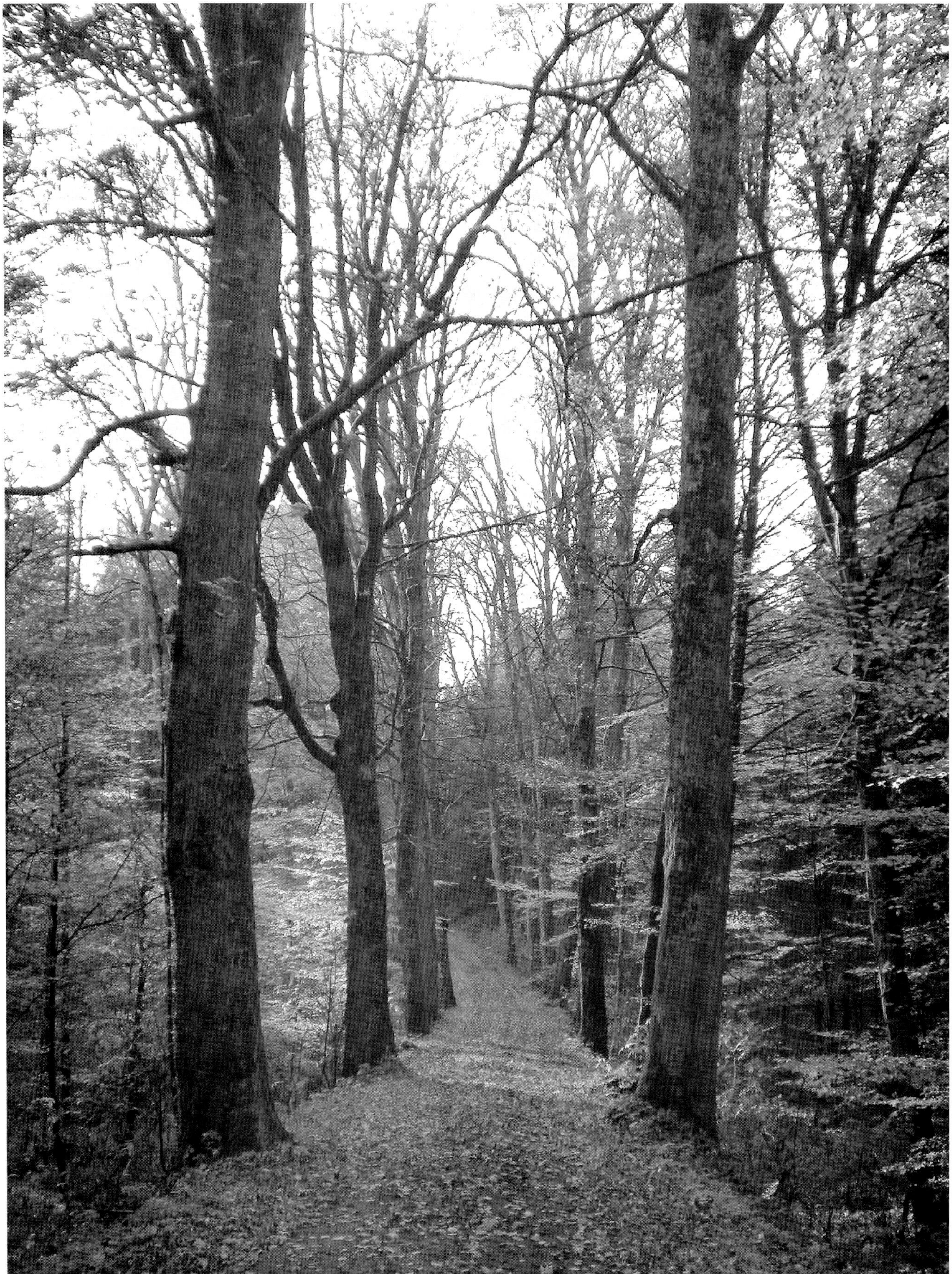

Die Jagd

Auszug aus einem Brief vom 25. Juli 1942 von Förster *Peter Egle* an Forstmeister *Barth* in Baindt:

"Liebwerter Herr Forstmeister!

Für Ihre freundlichen Zeilen vom 23. des Monats meinen herzlichen Dank und Weidmannsheil zu Ihren erlegten Rehböcken. Von Ihrem Sohn habe ich diese Woche einen sehr netten Brief erhalten, in welchem er mir von seinem Weidmannsheil im Revier Gambach berichtete. Besonders freute mich, dass er den alten Wannenbühl-Sprengsteinbock auf die Decke legen konnte. Wünsche ihm von Herzen, dass er bevor er an die Front kommt noch ein paar Tage Urlaub erhält und während der Blattzeit noch den einen oder anderen Alten, die mich wegen der Vererbung immer reuten, strecken kann. Sollte dies nicht möglich sein, so empfehle ich Herrn Forstmeister mindestens den Schwarzgraben-Brennerbühlbock öfters zu Rufen. Der Schwarzgrabenbock ist mindestens 6 Jahre alt und war letztes Jahr der bestgeperlte Bock. Auf den Ruf kam er vor dem Hochsitz im Schwarzengraben im Stangenholz, wo Sie letztes Jahr den Laufkranken geschossen haben. Der Brennerbühlbock ist sehr heimlich, stark im Wildbret und hat sehr hoch auf. Derselbe ist mindestens 7 Jahre alt. Einmal kam er mir auf der Leiter im Grottbuch. Öfters wechselt er an dem Hochsitz oberhalb der Kiesgrube im Hochstich durch. Seine Erlegung dürfte viel Geduld erfordern, würde sich aber lohnen, da er seit Jahren mein stärkster Bock war. An dem Hochsitz im Hochstich kommt auch sehr vertraut ein junger Sechser-Bock, welcher ein Nachkömmling des starken sein dürfte. Der Bock in der Mooshalde ist nun auch 5 Jahre alt, wie er dieses Jahr auf hat, kann ich nicht sagen. Auch sollte der Erlenmoosbock endlich mal erlöst werden, denn sonst muss er noch an Altersschwäche sterben.

Für die Blattzeit herzliches Weidmannsheil und die besten Grüße an Sie und Ihre Familie".

Zu diesem Brief einige Bemerkungen zur heutigen Bejagung des Rehwildes:

Vom damaligen Zeitgeist geprägt (Verabschiedung des Reichsjagdgesetzes im Jahre 1934), sprach man von guten und schlechten Vererbern und forderte am Beispiel vom Rehwild, diese so genannten schlechten Vererber vor der Brunftzeit (Blattzeit) zu erlegen. Zu erkennen glaubte man sie an schlechter Gehörnbildung und schwacher Körperverfassung. Logische Konsequenz: Nur vom Hochsitz aus, bei genügend Zeit zum sicheren Ansprechen und für den sicheren Schuss sind diese Ausleseanforderungen zu erfüllen.

Hinterher ist man aber oft schlauer. Wir wissen heute, dass bei dieser Betrachtungsweise Umwelteinflüsse zu kurz kommen. Man glaubte, das äußere Erscheinungsbild werde ausschließlich von den genetischen Anlagen bestimmt. Tatsächlich aber führen unterschiedliche Umweltbedingungen

Am Bergatreuter Weg – zwischen Abteilung „Katzenmoos" und „Hengstmoos"

(besonders Stress- und Ernährungsbedingungen) zu stark voneinander abweichenden Erscheinungsbildern. Obwohl wir dies heute wissen, ist die Jagd vom Hochsitz aus die am weitesten verbreitete Jagdart beim Rehwild geblieben.

Nach dem 2. Weltkrieg mussten 1945 alle Waffen an die französische Besatzungsmacht abgegeben werden, auch die Förster und Privatjäger verloren alle ihre Jagdwaffen und Pistolen. Einige Waffenbesitzer versteckten unter großem Risiko einen Teil ihrer Waffen, oder verpackten sie in Ölpapier und vergruben sie auf ihrem Grundstück in der Erde. Erst 1952 wurde die Jagdhoheit von den Franzosen wieder zurückgegeben.

Von 1945–1952 hatten die Förster große Schwierigkeiten mit der Wildstandsregulierung auf den Wiederaufforstungsflächen nach den Reparationshieben. Dem Wildproblem mit der hohen Verbissbelastung versuchte man durch Zäunung, Einzelschutz mit Hausmitteln und Fegeschutz zu begegnen. Auch das Schwarzwild war damals Standwild im Revier und sorgte für ständige Schäden an den Zäunen.

Unter Förster *August Rieg* wurde Ende der 1940er-Jahre in der Abteilung „Sprengstein" ein stabiler „Saufang" aus Fichtenpfählen und Stangen mit eingegrabenem Viereckdrahtgeflecht gebaut. Haumeister *Alois Sonntag* hatte die Aufgabe den „Saufang" jeden Morgen zu kontrollieren. Förster *Rieg* saß eines Abends auf dem Hochsitz an der „Saumooswiese" und hörte grunzende Laute aus Richtung „Saufang". Anschließend hat er dann vier Wildschweine im „Saufang" angetroffen. Nachdem kein Gewehr vorhanden war, wurden die Sauen mit einem alten Säbel, befestigt an einer langen Stange abgefangen (abgestochen). Frischlinge und Überläufer wurden auch mit der Axt erschlagen.

Nachdem nach der „Franzosenzeit" die Jagdhoheit wieder bei der Forstverwaltung war, wurden die Wildschweine unter Förster *Rieg* wieder scharf bejagt und reduziert. Das Revier war ab den 1970er-Jahren praktisch frei von Wildschweinen. Ganz selten zog einmal eine Rotte durch, als Standwild war es nicht mehr vorhanden. Auf den angrenzenden Flächen gab es auch keinen Wildschaden.

Langjährige Jagdgäste zum Bockabschuss im Forstrevier Bergatreute:

- Amerikanische-, französische-, deutsche Militärangehörige aus Saarbrücken und Weingarten.
- Jäger ohne Jagdmöglichkeiten aus der damals isolierten Stadt Berlin.
- Dr. *Specht,* Rechtsanwalt aus Düsseldorf kam bis Mitte der 1970er-Jahre zur Bockjagd ins Revier, sein Lieblingsplatz war an der Sprengsteinwiese, untergebracht war er immer im Waldbad.
- Dr. *Hinze* aus Dörzbach bei Künzelsau, war beschäftigt bei der Firma Dynamit Nobel kam bis 1978 unter Förster *Rieg* und *Lutz* ins Revier. Er belieferte die Förster vom Forstamt Baindt jahrelang mit Munition für die Übungsschießen auf dem Schießstand im Revier Kümmerazhofen.
- Dr. *Walter Specht* ehemaliger Leiter vom Forstamt Wildbad wohnte nach seiner Pensionierung in der Gemeinde Schomburg bei Wangen und kam bis 1980 zur Bockjagd zu Förster *Lutz.*
- Dr. *Wilhelm Kappelhoff,* Veterinär i.R. aus Gummersbach und seine Frau kommen seit Anfang der 1990er-Jahre jährlich ins Revier und jagen in der „Rotlach" und im „Saßweiher".

Seit ca. 20 Jahren wohnen die Jagdgäste des Reviers Bergatreute immer bei der Fam. *Gutknecht* in Gwigg und sind dort stets in besten Händen.

Förster *August Rieg* war ein hervorragender Schütze. Bei jagdlichen Schießen mit Kollegen sicherte er sich meistens die Ehrenscheibe.

Ehrenscheiben von Förster August Rieg

Die Tollwutbekämpfung

Ende der 1960er- bis Anfang der 1970er-Jahre erforderte die Tollwutbekämpfung immer wieder vollen Einsatz von den Jagdausübungsberechtigten.

Die Tollwut ist eine altbekannte Virusinfektion. Fast alle warmblütigen Tiere können von diesem Virus infiziert werden. Dieser Virus ist im Speichel eines tollwütigen Tieres (z. B. Hund, Fuchs, Reh oder Dachs) vorhanden. Bei den Wildtieren führt eine Tollwut häufig zum Verlust der Scheu vor Menschen und eine Übertragung durch Biss ist leicht möglich. Aber auch kleinste Verletzungen der Haut können das Eindringen des Virus durch Kontaktinfektion ermöglichen. Von der Eintrittstelle aus wandert der Virus in Richtung Zentralnervensystem. Ohne rechtzeitige Impfung führt der Virus durch Gehirnentzündung, Rückenmarkentzündung oder starke Lähmungen sehr schnell zum Tod. Am stärksten betroffen von der Tollwut war bei uns der Fuchs.

Zur Tollwutbekämpfung wurde 1967 eine umfangreiche Fuchsbaubegasung landesweit angeordnet. Diese verantwortungsvolle Arbeit wurde im Revier Bergatreute von Waldfacharbeiter *Reinhard Dangel* durchgeführt. Dazu erhielt er von Förster *August Rieg* eine Revierkarte mit den markierten Fuchsbauten in den Abteilungen „Mühlholz", „Mooshalde", „Grünhalde",

Luftbild von Engenreute und Gambach, im Hintergrund ist Bergatreute zu sehen

„Brandhalde", „Grottbuch", „Speckenried", „Hansenwies", „Rieglenbühl", „Stockbühl" und „Stockwiese". Zusammen waren es 18 Baue mit 41 Röhren (siehe alte Revierkarte auf Seite 30).

Ablauf der Aktion

In den Haupteingang wurde ein handgroßer Plastikbeutel mit entsprechendem Inhalt und Zünder, verbunden mittels zweier dünner ca. 1,5 m langer isolierter Kontaktdrähte so weit wie möglich reingeschoben. Das Eingangsrohr, auch alle anderen Ausgänge wurden mit der Schaufel und Erde abgedichtet. Über den Anschluss der Drähte an eine kleine Batterie erfolgte dann eine hörbare Zündung des Gasgemisches. Durch diese Fuchsbaubegasung konnte die Population stark reduziert werden. Da der Dachs aber auch ein Bewohner der Fuchsbaue ist gab es einige Jahre fast keinen Dachs mehr. Der Fuchsbestand erholte sich sehr schnell wieder. In Jäger- und Tierschutzkreisen wurde diese Art der Fuchsbekämpfung aber strikt abgelehnt und dann auch bald verboten. Zur Tollwutbekämpfung wurden dann durch die Jäger Tollwutimpfköder ausgelegt und später großflächig aus dem Kleinflugzeug abgeworfen. Seit dem Jahre 2008 gilt Deutschland als tollwutfrei.

Eine der ersten Drückjagden auf Rehwild im Forstamt wurde am 9. Dezember 1988 im Forstrevier Bergatreute durchgeführt, erlegt wurden 12 Rehe und 2 Hasen.

Bis Mitte der 1990er-Jahre wurde die gesamte Staatswaldfläche des Forstreviers (mit kleineren An- und Abgliederungen) als Verwaltungsjagd genutzt. Vom Förster werden umfangreiche und vielseitige Kenntnisse auf dem Gebiet der Jagd vorausgesetzt. Die dienstliche Belastung durch die Jagd mit der erforderlichen Wildbestandsregulierung setzt viel Passion voraus und die Bereitschaft zur Ableistung erheblicher „Überstunden" sowie den Verzicht auf manche Stunde familiären Zusammenlebens.

Seit vielen Jahren bekommen auch Privatjäger ohne eigene Jagdreviere als sog. „Mithelfende Jäger" gegen Entgelt ganzjährige Jagdmöglichkeiten.

Letzte Drückjagd als Jagdleiter 1998

*An der „Wannenbühlhütte"
vor der Mittagspause (1998)*

VON LINKS:
*Thomas Ammer, Alois Sonntag,
Reiner Reithmeier, Kurt Nold,
Stefan Kempf, Jochen Jauch und
Hannes Holzapfel*

Jagdtauschvertrag mit der Jagdgenossenschaft Bergatreute von 1975

Mit der Jagdgenossenschaft des gemeinschaftlichen Jagdbezirks Bergatreute vertreten durch Bürgermeister *Wilhelm Fleischer* und *Franz Köberle* und dem Land Baden-Württemberg, vertreten durch den Amtsvorstand des Staatlichen Forstamts Baindt, Forstdirektor *Kruttschnitt*, wurde durch freiwillige Vereinbarung und mit Genehmigung der Forstdirektion Tübingen vom 16. Oktober 1975 ein Jagdtauschvertrag abgeschlossen. Dieser Vertrag tritt an die Stelle des bisherigen Jagdtauschvertrags zwischen dem Forstamt Baindt und Herrn *Franz Köberle*, Löffelmühle vom 23. Juli 1954.

Auszug aus dem Jagdtauschvertrag

Aus § 1:
Die Jagdgenossenschaft überlässt dem Land Baden-Württemberg (Forstamt) das Recht zur uneingeschränkten Jagdausübung nach den gesetzlichen Bestimmungen auf einer Feldfläche von 31 Hektar. Diese Feldflächen liegen entlang der Abteilungen „Brennerbühl", „Grottbuch" und „Saasholz".

Dafür überlässt das Land Baden-Württemberg (Forstamt) der Jagdgenossenschaft Bergatreute das Jagdausübungsrecht in gleicher Weise auf folgenden Grundflächen: Vom Staatswald die Abteilung „Mühlholz" östlich der L 314 mit 21,0 Hektar und den nördlichen Teil der Abteilung „Mühlhalde" bis zum Feldweg Nr. 86 „Mühlhalde-Ausfahrt" mit 1,5 Hektar. Vorliegender Flächentausch ist in der Anlage zum Tauschvertrag kartenmäßig dargestellt.

Aus § 3:
Mit dem Tausch geht die Pflicht zum Ersatz von Wildschaden nach den gesetzlichen Bestimmungen auf die Vertragsschließenden, die nunmehr auf den Tauschflächen jagdberechtigt sind, über.

Aus § 4:
Dieser Vertrag gilt ab 1. April 1975 (er ist heute noch gültig).

Aus § 6:
Nachträgliche Änderungen und Ergänzungen dieses Vertrages sowie sämtliche Erklärungen innerhalb des Vertragsverhältnisses bedürfen zu ihrer Gültigkeit der Schriftform.

Mit den Abteilungen „Bolanden", „Brandhalde", „Brand", „Glasbach", „Jägerweg", „Achhalde", „Hengstmoos", „Badhalde" und „Stöcklishalde" wurde in den 1990er-Jahren dann der neue Jagdbezirk „Achtal" mit 156 Hektar Waldfläche gebildet und vom Forstamt an einen privaten Jagdpächter im Losverfahren verpachtet.

Mutwillige Zerstörung von Hochsitzen

Seit April 1993 werden im Revier Bergatreute Jagdeinrichtungen mutwillig beschädigt und zerstört. Begonnen haben die Beschädigungen am Hochsitz auf der „Höllwiese" zwischen „Unteren-" und „Oberen abgebrochenen Weiher".

Wiederholt wurden Hochsitze an- und abgesägt und umgeworfen. Besonders heimtückisch und gefährlich waren solche Fälle, wo nur einige Leitersprossen auf der Rückseite mit einer feinen Säge fast unsichtbar angesägt waren. Dabei scheint es sich bis heute um denselben Täter zu handeln, denn die „Handschrift" und Vorgehensweise ist immer noch die gleiche.

Alle beschädigten Jagdeinrichtungen befanden sich dabei in der Nähe von befahrbaren Wegen. Durch diese kriminellen Handlungen sind nicht nur Förster und Jagdgäste stark gefährdet, sondern auch Spaziergänger, die gerne einen Ausblick von einem Hochsitz genießen wollen. Zwecks Ermittlung des Täters wurden die Kontrollen verstärkt und auch die Waldbesucher über Presse und Rundfunk gebeten, verdächtige Beobachtungen dem Förster zu melden. Leider konnte bis heute kein Täter gestellt oder ermittelt

Abgesägter und umgeworfener Hochsitz aus der „Höllwiese"
(FOTO: CLAUS JURICZ)

werden. In der Zwischenzeit werden solche Hochsitzbeschädigungen immer wieder auch in angrenzenden Forstrevieren durchgeführt.

Wer führt solche kriminellen Taten durch? Die Förster vermuten, es könnte sich um „fehlgeleitete Tierfreunde" oder „Bambi-Mentalität" handeln.

Eine wald- und wildgerechte Jagd ist aber eine wesentliche Voraussetzung für eine naturnahe Bewirtschaftung unserer Wälder. Dies ist immer eine der wichtigsten Aufgaben des zuständigen Försters auf der Staatswaldfläche. Wald und Wild gehören einfach zusammen.

Wir wollen die waldbaulichen Verjüngungsziele flächig ohne Schutzmaßnahmen erreichen. Der Aufbau von arten- und strukturreichen Mischwäldern mit standortgerechten Baumarten ist bekanntlich das herausragende waldbauliche Ziel. Unsere Hauptbaumarten müssen sich daher in ausreichendem Umfang natürlich verjüngen lassen.

Im März 2004 organisierte ich anlässlich meiner bevorstehenden Pensionierung, zusammen mit den Büroleitern der Oberland-Forstämter, ein „Abschiedsschießen" auf dem Schießstand im Revier Kümmerazhofen.

Übergabe der Schützenscheibe

Bergatreuter Wald (1)
Baindter Wald (2)
„Egelsee" (3)
B30 (4)

Schießstand der KJV im „Röschbühl" (5)
Kümmerazhofen (6)
Mochenwanger Wald und Kümmerazhofer Wald (7)
Mochenwangen (8)

Kiesgewinnung

In unserer Moränenlandschaft (auch im Forstrevier Bergatreute) sind Ablagerungen von Kies in großen Mengen zu finden. Der Kies wurde immer, ob als Wandkies oder sortiert, zum Bau von festen Waldwegen verwendet.

Alte Kiesgruben waren in folgenden Abteilungen:

„Mühlholz", „Brandhalde" „Am Mittelweg", „Hochstich" mit kleiner Hütte, „Brand" mit Hütte, „Wannenbühl" mit kleiner „Wannenbühlhütte".

In diesen ehemaligen Kiesgruben wurde der Kies noch von Hand mit Kreuzhaue, Schaufel und Schubkarre abgebaut. Die großen Steine wurden mit dem schweren Steinhammer klein geschlagen. Beim Wegeneubau kamen sie als Packlage unten rein, oder wurden zur Stabilisierung bei nassen Wegstellen eingebaut. Auf die groben Steine kam dann zunächst unsortierter Wandkies, dann als Deckmaterial sortierter Kies.

Wie wurde sortierter Kies gewonnen?

In den Kiesgruben wurde der abgebaute Wandkies mit der Schaufel durch ein schräg aufgestelltes Drahtsieb geworfen. Diese Arbeit, auch das Kleinschlagen der Steine, wurde von den Waldarbeitern im Akkord ausgeführt. Der Materialtransport zur Wegebaustelle erfolgte mit dem Pferdefuhrwerk, später mit Schlepper und LKW.

In der Abteilung „Mühlhalde" am alten Gambacher-Strä ßle war auch eine kleine „Kiesgrube", tatsächlich aber war es eine Sand- und Lehmgrube. Im Volksmund bekannt als sog. „Lehmsgrüble". Die Einheimischen holten dort Lehm für alle Abdichtungen und Tonarbeiten, Fegesand in bester Qualität zum Putzen und „Schrubben" von Pfannen, Töpfen, Tischplatten und Fußböden.

Kiesgrube in der Abteilung „Stöcklisbühl" (Gemarkung Baindt)

Die Kiesgrube im „Stöcklisbühl" liegt in einem mit etwa 20% Neigung gleichmäßig nach Westen abfallenden Hang im Altdorfer Wald südöstlich von Baindt.

Hier stehen besonders fein sortierte, auffällig schräg geschichtete Kiese an. Bei genauer Betrachtung gewährt uns diese Abgrabung Einblicke in die Landschaftsgeschichte seit der letzten Eiszeit in unserem Raum.

„Während der letzten Vereisung, der Würmeiszeit (bis vor etwa 15 000 Jahren), floss die Ur-Wolfegger-Ach zwischen der Haupt-Endmoräne im Osten und dem Wallsystem des Altdorfer Waldes (wo die zurückweichende Gletscherzunge lag) Richtung Nord-Westen der Riß zu. Dabei verfrachtete der Fluss gewaltige Geröllmassen und lagerte diese immer wieder um. Mit dem Abtauen des Eises wurde der Weg ins tief ausgehobelte Schussenbecken frei, wohin das Wasser nun abfloss.

„Sprengsteinwiese" mit Hütte

Gambach (1/2)   „Mühlhalde" (4)   Bergatreute (6)
Löffelmühle (3)   „Mühlholz" (5)

Kiesgrube Hämmerle in der Abteilung „Stöcklisbühl" mit Hofstelle „Stöcklis" an der L 314

Otto Kempter, Pächter der Kiesgrube ab 1966

„Zunächst mündete die Wolfegger Ach noch auf einer Höhe von 560 m ü.NN in den Baienfurter Eisstausee, der durch die etwa bei Weingarten gelegene Eisbarriere des Schussengletschers zurückgestaut worden war. An der Mündung bildete sich ein riesiger Kies-Schwemmfächer, der weite Teile des Humpiswaldes sowie Bergatreuter- und Baienfurter Forstes aufschotterte. Als der See bereits bis zur Oberfläche verfüllt war, lagerten sich noch sog. Übergussschichten aus feinen Flusssedimenten der Ur-Ach darüber.

Nachdem dieser erste Eisriegel zusammengeschmolzen ist, floss die Ach in den tiefergelegenen Schussen-Eisstausee, wo abermals Deltaschüttungen abgelagert wurden, deren vielstufige Kies-Terrassentreppe den jeweiligen Seespiegel markiert (Humpiswald 590 m, Stöcklis 560 m, Annaberg 505 m, Baienfurt 460m)."

Eine kleine Kiesgrube findet sich schon in der Forst-Revierkarte von 1953 im „Stockbühl" eingezeichnet. Sie diente dem gelegentlichen Abbau von Wandkies zur laufenden Unterhaltung der vorhandenen Waldwege. Ab 1966 wird die Grube dann auch gewerblich genutzt. Die neu errichtete Sortieranlage ermöglichte nun zusätzlich die Gewinnung von hochwertigem Feinkies.

Laut Genehmigungserlass der Forstdirektion Tübingen wurde der 1. Pachtvertrag für die Kiesgrube am 1. April 1966 zwischen dem Staatl. Forstamt Baindt (als Verpächter) und Herrn *Otto Kempter*, Baienfurt-Rainpadent (als Pächter) abgeschlossen.

Grundlage war ein Genehmigungsgesuch mit Bauantrag des Staatl. Forstamt Baindt zum Abbau von Kies auf dem Flurstück 248 der Markung Baindt im Staatswald Abteilung „Stöcklisbühl" an das Bürgermeisteramt in Baindt.

Die Genehmigung zum Kiesabbau aus dem Flurstück gem. Bauantrag vom 29. Juni 1967 wurde mit entsprechenden Auflagen und Bedingungen am 19. November 1974 erteilt und mehrmals verlängert.

Kiesgrube 1978

In der Zwischenzeit wurde die Kiesgrube von der Firma Kieswerk *Werner Hämmerle* GmbH in Baindt-Stöcklis übernommen.

Abgebaut wurden in der Zeit von 1966–2010 ca. 1 700 000 Kubikmeter Kies. Nach Ablauf der bau- und naturschutzrechtlichen Genehmigung für die Kiesabbaufläche Baindt-Stöcklis zum 31. Dezember 2008 wurde für einen weiteren Abbau ein umfangreiches neues Genehmigungsverfahren erforderlich.

Schwerpunkt war als Grundlage eine umfangreiche standortbezogene Vorprüfung (Umweltverträglichkeitsprüfung).

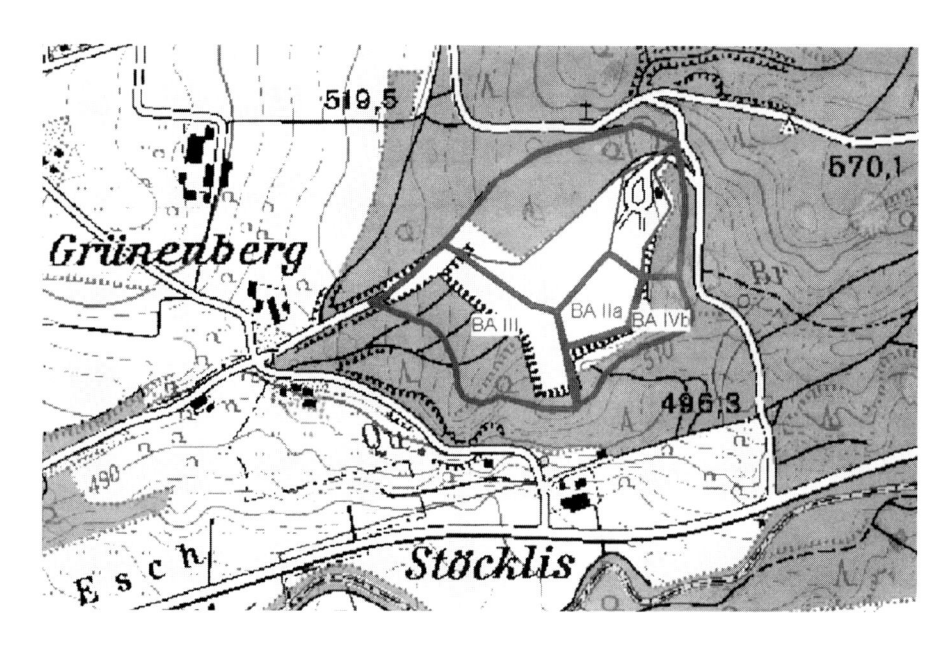

Werner Hämmerle (Schwiegersohn von Otto Kempter)

Lageplan

Kiesgrube mit Abbauwand (2011)

Kiesgrube mit rekultivierten Flächen für die Umweltverträglichkeitsprüfung

Blick in die Kiesgrube (2011)

Blick über den Herbstwald mit Kiesgrube in Richtung Baindt.

Alois Sonntag und Reinhard Dangel 1987 beim Pflanzensetzen auf der abgebauten Kiesgrubenfläche (Rekultivierung).

Die Aufgabenstellung umfasste Untersuchungen zu folgenden Punkten:

Merkmale des Vorhabens, Größe des Vorhabens, Nutzung und Gestaltung von Wasser, Boden, Natur und Landschaft, Abfallerzeugung, Umweltverschmutzungen und Belästigungen, Nutzungskriterien, Schutzkriterien.

Zusammenfassend wurde festgestellt, dass im Rahmen des weiteren geplanten Kiesabbaues keine erheblichen nachteiligen Umweltauswirkungen zu befürchten sind.

Vom Regierungspräsidium Tübingen (Forstdirektion) wurde die Genehmigung zur befristeten Waldumwandlung zum Kiesabbau am 13. Januar 2010 mit entsprechenden Nebenbestimmungen erteilt.

Materialqualität

Bei dem abbauwürdigen Gesteinsmaterial handelt es sich um Deltaablagerungen, die sich aus einer Wechselfolge von locker gelagerten Kiesen, Kies-Sand-Gemischen und reinen Sandablagerungen zusammensetzen. Die Sedimente werden nach unten feinkörniger und es treten dort verstärkt Feinsandlagen auf.

Die Kiese werden mit dem Radlader im Trockenbau von der Wand entnommen, zum Silo gefördert und über eine Bandstraße der vorhandenen Sortieranlage zugeführt und aufbereitet.

Die Hauptabnehmer sind mittelständige Bau- und Tiefbauunternehmen, Forstamt (für die Waldwege) und Kleinabnehmer.

Die Gesamtlaufzeit für den Kiesabbau wird auf 29 Jahre veranschlagt. Dabei wird unterstellt, dass jährlich ca. 45 000 Kubikmeter Kies abgebaut werden.

Die gesamte genehmigte Abbaufläche beträgt rund 10 Hektar, davon sind bereits 2 Hektar im Nordwesten rekultiviert.

Rekultivierungsplanung

Die Planung sieht auf ca. 85 % der ausgebeuteten Flächen verschiedene Waldtypen vor. Etwa 15 % der Fläche sollen als Flächen für den Naturschutz (Rohbodenbiotop, offene Steilwände, Anlage eines Tümpels) angelegt werden.

Die Rekultivierung und Wiederaufforstung ist entsprechend der Planung und in Absprache mit der Unteren Forstbehörde vom Pächter kontinuierlich durchzuführen.

Die Kiesgrube *Hämmerle* ist für das Revier Bergatreute ein „Glücksfall". Bei Bedarf stehen kurzfristig Maschinen für Wegunterhaltungsarbeiten oder kleinere Neubauten zur Verfügung. Eingesetzt werden können: Planierraupe, Bagger, Radlader, Grader, Walze. Das jährliche „Aufkiesen" der Fahrwege erfolgt durch die Firma *Hämmerle* mit LKW.

Kiesgrube Hämmerle, gut sichtbar die rekultivierten Flächen in der Kiesgrube.

Seegrasnutzung

Als wichtige Nebennutzung im Forstrevier war die Seegrasnutzung in den Sommermonaten bis Mitte der 1950er-Jahre (noch unter Förster *August Rieg*) eine gute Einnahmequelle für die Familien *Anton* und *Josef Senser* aus Bergatreute und *Franz* und *August Jung* aus Engenreute. Die Nutzung der Seegrasflächen wurde vom Forstamt an diese Familien verpachtet.

Das „Seegras", der botanische Name ist „Zittergras-Segge" (lat. Carex brizoides), kommt im Revier in vielen Abteilungen (z. B. „Gloggere", „Brand", „Hummelbühl", „Hummelweiher", „Schwarzer Graben") bestandsbildend großflächig vor, wächst mit dichtem Wurzelfilz und dominierender Krautschicht und beeinträchtigt bis heute jede Naturverjüngung. Die „Zittergras-Segge" ist ein Sauergrasgewächs mit einer Wuchshöhe von 30–70 cm, besitzt lange gebogene Blätter und Stängel, dieser ist scharf dreikantig. Sie wächst auf frischen, wechselfeuchten, nährstoffarmen Sand- und Lehmböden.

Lore Gaisbauer (geb. *Senser*), geb. 1938, und *Josef Senser*, geb. 1933, aus Bergatreute erzählten mir Interessantes über die Nutzung des Seegrases im Revier. Die Ernte, bei der das Seegras sorgfältig und sauber gerupft wurde, begann Ende Juni und dauerte bis Mitte August. Je länger das Gras war, umso wertvoller war es. Gerupft wurde das scharfkantige, zähe Gras ohne Handschuhe (Arbeitshandschuhe gab es damals nicht), die Finger wurden einfach mit Isolierband umwickelt. Das gerupfte Gras wurde auf Haufen gelegt und an sonnigen Plätzen auf dem gekiesten Waldweg getrocknet. Bis

„Zittergras-Segge"

Seegrasfläche in Abteilung „Hummelbühl"

Transport von Seegraszöpfen mit Pferdefuhrwerk zum Bahnhof

FOTO: WERNER MERK, BIBERACH

zur vollständigen Trocknung war ein- bis zweimaliges Wenden erforderlich. Der Abtransport der Seegrashaufen erfolgte mit einem Leiterwagen (Heuwagen) nach Bergatreute und wurde dort auf einem Heustock zur weiteren Verarbeitung gelagert.

Zur Seegrasverarbeitung und Verwendung:

- Das Seegras wurde mit einem „Handrädle" zu Garbenbändern gesponnen (gedreht) und von den örtlichen Bauern nach dem Krieg als „Garbenseilersatz" zum Einbinden von Frucht verwendet.
- Verwendung fand es auch als Füllmaterial für Matratzen. Mit einem einfachen eisernen Drehgerät wurden in Handarbeit, dicke Seegras-Zöpfe (fünffach gedreht) hergestellt und an Firmen zur Herstellung von Matratzen verkauft. Jährlich wurden am Bahnhof in Rossberg große Mengen an Seegras-Zöpfen an eine Firma in Pirmasens verladen.
- Lieferung von Seegras-Zöpfen als Ersatzmaterial für Rosshaar an Sattler für Polsterarbeiten (Sofa, Sessel usw.).
- In den Wintermonaten, während und nach dem 1. Weltkrieg (1914–1918), auch noch nach dem 2. Weltkrieg, fertigte *Rosa Senser, geb. 1904 (geb. Jung)*, Mutter von *Lore Gaisbauer*, Hausschuhe aus Seegras für die Bergatreuter Bevölkerung.
- Frauen der katholischen Kirchengemeinde aus Berg kamen bis vor einigen Jahren vor Fronleichnam ins Revier um Seegras zu rupfen. Zu Hause wurde das frische Seegras mit der Handschere kurz geschnitten und als grünes Füllmaterial für die Blumenteppiche an Fronleichnam verwendet.

Gewässer im Forstrevier

Die Weiher

Eine Besonderheit im Forstrevier Bergatreute sind die kleinen und größeren Weiher, sie liegen einzeln und in Gruppen verteilt über die ganze Fläche. Sie sind weitgehendst noch naturbelassen, kulturhistorisch und ökologisch sehr bedeutsam. Die Weiher sind sehr alt und fast alle stammen aus der Hoch-Zeit des Klosters Baindt im 13. und 14. Jahrhundert und wurden von den Mönchen angelegt. Genutzt wurden sie in erster Linie als Mühleweiher, dienten aber auch gleichzeitig der Fischzucht für das Kloster.

Unmittelbar zur ehemaligen „Baindter Mühle" und damit dem Kloster gehörten bis zur Säkularisation im Jahre 1803 folgende Weiher: „Saß-" oder „Salweiher", „Großer Egelsee", „Stockweiher" oder „Kleiner Egelsee", „Schwarzgrabenweiher", „Stockwiesenweiher", „Unterer Abgebrochener

Luftbild mit „Egelsee" (1), „Stockweiher" (2), „Schanzwiesweiher" (3), „Bunkhoferweiher" (4), Schießstand der Kreisjägervereinigung (KJV) in Abteilung „Röschbühl" (5) und B 30 (6).

Weiher", "Höll-" oder "Mühlweiherle", "Oberer Abgebrochener Weiher", "Schreckenweiher", "Hummelsweiher", "Tiefweiher", "Gloggere Weiher".
Die Mühlenweiher hatten bei Wasserknappheit des "Bampfens" (Sulzmoos-Bach) eine wichtige Funktion zu erfüllen, sie wurden nach und nach abgelassen, damit das Mühlrad laufen konnte, aber immer unter Berücksichtigung der Fischerei.

Die Klostermühle, die über einen Kanal mit Wasser versorgt wurde, bestand seit etwa 1270. Auf ihr lagen ein Bäcker- und Mahlrecht sowie vermutlich erst später ein Sägerecht. 1813 wurde die Säge eingestellt. Das Gebäude der "Baindter Mühle" wurde 1972 abgebrochen (J. SCHÜTZBACH 1975).

Ab 1811, nachdem auch Ravensburg mit all seinen Besitztümern zu Württemberg gekommen war, die Landvogtei aufgehört hatte zu existieren und die Klöster säkularisiert waren, finden wir dann im Altdorfer Wald völlig neue Besitzverhältnisse vor.

Unter württembergischer Herrschaft hat auch der Bestand der Weiher starke Veränderungen erfahren. Zahlreiche Weiher wurden trockengelegt und zu Wiesen gemacht oder aufgeforstet, z.B.: "Saßweiher" und "Gallenweiher" wurden entwässert und es entstanden Wiesen (1834). Der "Hummelweiher" wurde trockengelegt und mit Erlen aufgeforstet (1843). Der "Steffelesweiher" wurde trockengelegt und aufgeforstet (vor 1840), er lag in Abteilung "Tiefweiher" zwischen Katzenmoos- und Langteichweg. Auf der

"Gloggere Weiher" (1),
"Tiefweiher"(2),
"Untere-" (4) und
"Obere Abgebrochene Weiher" (3)
mit Höllwiese (5a), Jägerwiese (5b)
und der Pflanzschule im Baindter
Wald (6)

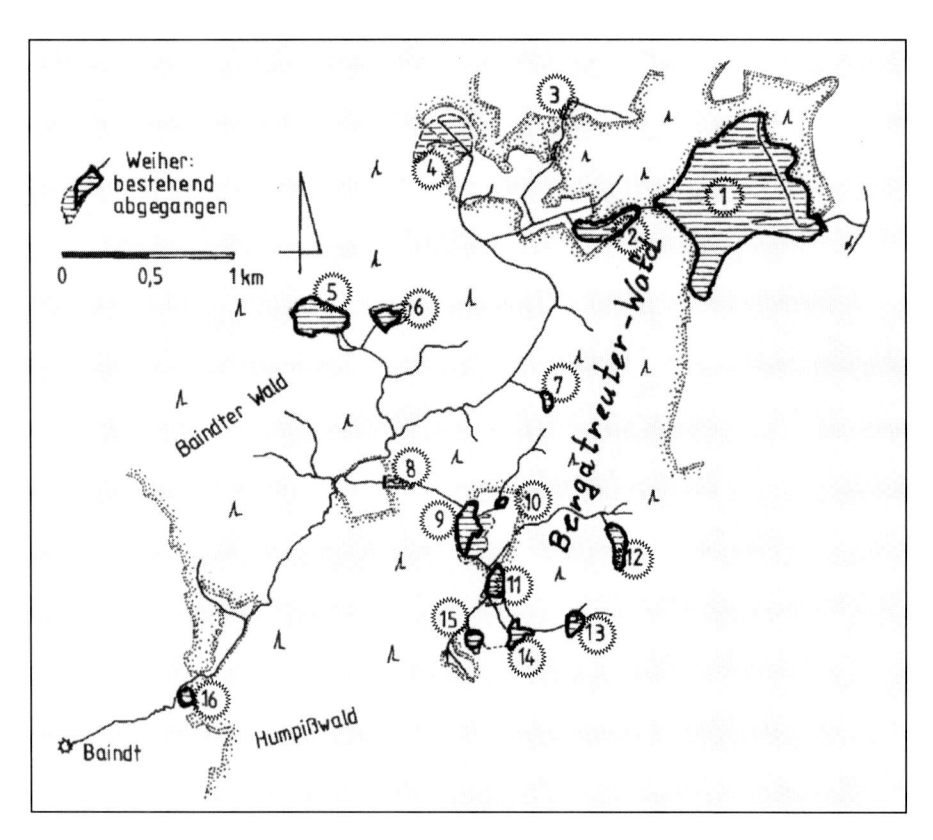

Weihersystem zur ehemaligen Baindter Mühle

1 „Sass-" oder „Salweiher"
2 „Gallenweiher"
3 Weiher bei Enzisreute
4 „Wolfteichweiher"
5 „Großer Egelsee"
6 „Stockweiher" oder „Kleiner Egelsee"
7 „Schwarzgrabenweiher"
8 „Stockwiesenweiher"
9 „Unterer Abgebrochener Weiher"
10 „Höll-" oder „Mühlweiherle"
11 „Oberer Abgebrochener Weiher"
12 „Schreckenweiher"
13 „Hummelsweiher"
14 „Tiefenweiher"
15 „Gloggereweiher"
16 „Müllerweiher"

Karte von W. KONOLD (1987)

ehemaligen Weiherfläche wurde um 1920 eine Versuchsfläche mit Sitkafichten angelegt. Es zeigte sich aber bald, dass der feuchte Standort für diese Baumart ungeeignet war. Die letzten Sitkafichten wurden 1985 eingeschlagen und die Feuchtfläche sich dann selbst überlassen. Sie hat sich zu einem interessanten Biotop entwickelt.

Der „Schreckenweiher" wurde auch trockengelegt und bildet heute die „Sprengsteinwiese". „Hofmeisterweiher", „Stockwiesweiher" und „Hummelsweiher" wurden ebenfalls trockengelegt und aufgeforstet.

Die Weiher der Forstverwaltung wurden jahrzehntelang entweder verpachtet oder selbst bewirtschaftet. Langjähriger Pächter war die Firma *Heiner Feldmann*, Fischzucht aus Bad Waldsee.

Das Fischereirecht für alle Weiher ist im Grundbuch der jeweiligen Gemarkung auf das Land Baden-Württemberg (Staatsforstverwaltung) eingetragen.

Im April 1992 hat die Firma *Feldmann* alle ihre Pachtweiher mit folgender Begründung an das Forstamt zurückgegeben: Aufgrund mehrfach verschärfter Auflagen im Pachtvertrag bezüglich Fütterung und Düngung (zuletzt Totalverbot), ständigen Ärgers mit dem amtlichen und privaten Naturschutz bezüglich Ablasszeitpunkt, Wiederbespannung, Fischeinsatz, Rücksicht auf Amphibien u. ä., verschärfter Konkurrenzsituation beim Verkauf von Karpfen und Schleien (durch Billigeinfuhren aus den Oststaaten) kann eine sinnvolle wirtschaftliche Nutzung nicht mehr erfolgen.

Die Firma *Feldmann* war auch gemäß Pachtvertrag für die Unterhaltungsarbeiten an den Abflusseinrichtungen zuständig.

Neue Bewirtschaftungsregeln:

In einer Besprechung beim Forstamt Baindt im Sommer 1993 wurden die neuen Bewirtschaftungsregeln für die heute noch vorhandenen Weiher besprochen und festgelegt.

Teilnehmerkreis:
- Forstverwaltung (Forstdirektion, Forstämter und Reviere)
- Untere Naturschutzbehörde, Naturschutzbeauftragte
- Wasserwirtschaftsamt
- Fischereisachverständiger beim Regierungspräsidium
- Fischereiforschungsstelle aus Langenargen
- Universität Hohenheim (*Dr. Konold, Dr. Zintz*)
- BUND Ravensburg

Auszug aus den Bewirtschaftungsregeln für die in Eigenregie genutzten Weiher im Forstrevier Bergatreute

Aufgestellt vom Staatl. Forstamt Bad Waldsee unter Forstdirektor *Gerhard Maluck*
im Herbst 1993

1. Bewirtschaftungsziel ist die Erhaltung der Kulturform „Fischweiher" mit ihrer in Jahrhunderten gewachsenen Lebensgemeinschaft von Flora und Fauna. Die Bewirtschaftung soll dabei höchstens den Naturzuwachs der Gewässer (ca. 20–25 kg je Jahr und Hektar) auf ökologisch verträgliche Weise abschöpfen.
2. An der Bewirtschaftung werden nur Bedienstete des Forstamts beteiligt. Über die Aufteilung entscheidet das Forstamt.
3. Es wird kein Pacht- oder pachtähnliches Verhältnis begründet. Es besteht keinerlei Rechtsanspruch auf die Beteiligung und die Beendigung ist jederzeit, jeweils zum Jahresende möglich.
4. Sofern mit Geräten irgendwelcher Art, insbesondere Angeln, gefischt wird, ist eine Beteiligung nur mit einem gültigen Fischereischein möglich.
5. Die Beteiligten betreuen die Weiher nach den Weisungen des Forstamts auf privater Basis. Sie erhalten dafür keine Entschädigung und zahlen dafür keine Gebühr. Sie besetzen die Weiher mit Fischen auf eigene Kosten gemäß den nachstehenden Regeln.
6. Forschungsvorhaben und Belange des Natur- und Gewässerschutzes haben absoluten Vorrang, d.h. auch, dass jederzeit erweiterte oder geänderte Bewirtschaftungsregeln festgelegt werden können.
7. Fütterung und Düngung in jeglicher Form sind nicht gestattet.
8. Besatzmaßnahmen dürfen nur in mäßigen, ökologisch vertretbaren Rahmen und nur mit gesunden, standortsgerechten einheimischen Fischen vorgenommen werden. Der Amphibien- und Vogelschutz hat dabei besonderen Stellenwert. Es dürfen daher generell keine Aale, Graskarpfen, Barsche und Forellen eingesetzt werden.
9. Aufgrund der unterschiedlichen Gegebenheiten der Weiher und der verschieden laufenden Forschungsarbeiten wird auf eine generelle Festlegung von Fischarten und Höchstgrenzen für den Besatz verzichtet. Stattdessen sind alle Besatzmaßnahmen im Einzelfall vorher mit dem Forstamt abzusprechen. Die geplanten Lieferanten und Bezugsquellen der Fische sind zu benennen.
10. Spätestens nach jeweils fünf Jahren sind die Weiher abzulassen. Das Ablassen ist dem Forstamt vorher zu melden. Das Ziehen der Staubretter

hat so langsam zu erfolgen, dass an unterliegenden Bachläufen, Grundstücken und Gewässern keine Schäden durch starke Strömung, zu hohem Wasserstand oder zu starke Schwebstoffführung eintreten können. Das Ablassen hat grundsätzlich im Herbst zwischen dem 15. September und 30. November zu erfolgen. Anschließend sind die Weiher in der Regel sofort wieder zu spannen.

11. Der Bau von Einrichtungen aller Art (Stege u. ä.) bedarf der vorherigen Genehmigung des Forstamts. Kleinere Unterhaltungsarbeiten an bestehenden Einrichtungen dürfen auf eigene Kosten vorgenommen werden. Größere Reparaturen sind dem Forstamt vorher zu melden; deren Kosten werden vom Forstamt übernommen.
12. Das Betreten und Befahren der Schilf-, Verlandungs- und Schwimmblatt-Zonen ist nicht zulässig. Auch Entkrautungsmaßnahmen aller Art bedürfen der vorherigen Zustimmung des Forstamts.
13. Das Befahren der Waldwege insbesondere in den Abendstunden und an Wochenenden sollte mit Rücksicht auf Erholungssuchende auf das notwendige Maß beschränkt werden.

Für das Forstrevier Bergatreute gilt folgende Regelung:

„Oberer-" und „Unterer Abgebrochener Weiher", „Tiefweiher", „Gloggere Weiher" werden künftig in Regie und extrem extensiv bewirtschaftet. Damit ist jegliche zusätzliche Beunruhigung des Waldes unterbunden, sie dienen ausschließlich Zwecken des Naturschutzes und der Forschung, sind jederzeit entsprechend verfügbar und flexibel in der Bewirtschaftung.

Unter Beachtung der gemeinsam erarbeiteten Bewirtschaftungsregeln werden verpachtet:

„Schwarzgrabenweiher" an den jeweiligen Revierleiter (wie bisher),
„Höllweiher" an Bäcker *Harald Schmidt* aus Baindt,
„Hengstmoosweiher" an *Siege Schock* aus Wolfegg-Altann.

„Egelsee"

Der „Egelsee" ist unter Flurstück Nr. 267 mit einer Fläche von 5,51 Hektar im Grundbuch von Baindt auf die Wassergenossenschaft (Wasserverein) Baindt eingetragen.

Die Wassergenossenschaft Baindt (gegründet 1909) hat den „Egelsee" mit dem Wasserrecht 1919 von Müllermeister *August Schrott* aus Baindt gekauft.

Kurzbeschreibung aus der Biotopkartierung:

See mit Insel im Westen, Buchenaltholz reicht bis ans Ufer, keine Schilfzone im Uferbereich, kein Verlandungsbereich. Pflanzen: Weiße Seerose, gelbe Teichrose, Schilfrohr auf der Insel.

Der Biotop ist gefährdet durch starken Badebetrieb und intensive fischereiliche Nutzung.

Der „Egelsee" ist für die Bevölkerung ein beliebtes Naherholungsziel, im Sommer kommt man zum Baden und im Winter zum Schlittschuhlaufen, die Jugend spielt Eishockey, Schneebahnen zum Freimachen der Eisfläche werden mitgebracht.

Der „Egelsee" wurde bis 1932 von der Wassergenossenschaft Baindt in Eigenregie genutzt.

Der „Egelsee"

„Egelsee" (1),
„Stockweiher" (2)
(im Revier Bergatreute) und
„Schanzwiesweiher" (3),
„Bunkhofer Weiher" (4)
(im Revier Kümmerazhofen),
B 30 (5)

Revierförster *Heinrich Schwegler*, geb. 1879, gest. 1955, war von 1905–1944 im Revier Baindt. Lange Jahre war er als Vorstand der Wassergenossenschaft Baindt tätig und hat sich auch um die Fischereiwirtschaft im „Egelsee" verdient gemacht.

Aus einer Ausschusssitzung am 22. November 1921 der Wassergenossenschaft Baindt:

Zunächst ein kurzer Bericht über das Abfischen und das Fischessen:

„Der Egelsee wurde am 3. Oktober gezogen, d.h. er wurde so abgelassen, dass Müller Schrott bei der Trockenheit dieses Jahres das Wasser voll ausnützen konnte und wir bis anfangs November abfischen können. Es wurde dann am 2. und 3. November abgefischt was bei dem vielen Schlamm eine sehr mühsame Arbeit war. Durch Herrn Müller Schrott, der in dieser Sache Erfahrung hat, wurde uns die nötige Anleitung gegeben. Es wurden die nun vorhandenen Dielen verlegt, um über den mehr als vier Meter tiefen Schlamm gehen zu können. Das Schiffchen wurde parat gemacht und nun ging es an die Arbeit. Herr Förster Schwegler sowie das Vorstandsmitglied Kuch machten sich an die schwere Arbeit des Abfischens. Es war eine Freude, wie nun die Herren Josef Knitz, Anton Bott, Georg Amann, sowie der Lehrjunge des Herrn Schreinermeister Dreher Korb um Korb an die Fischbehälter brachte und ich sortierte dieselben und schüttete sie in die Fischbehälter. Aber nach einer Stunde musste

ich den Herrn Schwegler ablösen und er übernahm meinen Posten, an dem ich und Herr Kuch ausharrten bis zum Schluss des anderen Tages.

Auch Ehrenvorstand Turner sowie die Vorstandsmitglieder Amann, Mägerle und Bott haben sich auch an Ort und Stelle eingefunden, um eigenen Augenschein zu nehmen. Auch darf nicht vergessen werden, dass auch unser Herr Brunnenmeister Franz Schmid Junior, der mir vorher schon öfters bei jeder Arbeit behilflich war und mir mit Rat und Tat beistand, auch am Abfischen überall geholfen hat wo es nötig war. Am schwersten auf dem Herzen lag ihm natürlich das Wasser, das im Reservoir abnahm, und er musste die Hauptquelle als Frischwasser zu und durch die Fischbehälter lassen und ich kann allen Mitgliedern versichern, dass wenn ein jeder soviel Obacht auf das Wasser gegeben hätte wie unser Brunnenmeister, so wäre unser Reservoir nicht gänzlich entleert worden. Die Fische wurden am Egelsee von Herrn Romig, Fischhandlung aus Ravensburg übernommen, sie wurden gleich gewogen und dann sofort verladen. Herr Mägerle, sowie Herr Amann haben die Fische nach Ravensburg geführt. Es wurde je am Mittwoch ein, am Donnerstag ein und am Freitag noch ein Wagen voll nach Ravensburg geführt.

Am Freitag gingen dann Herr Schwegler und ich zu Herrn Romig um die Setzfische zu sortieren.

Gesamtertrag: 25 291,75 Mark. Das Ergebnis der zwei bis drei Pfund schweren Fische ist: Karpfen 18 525,00 Mark und Schleien 806,40 Mark.
Das Ergebnis der Setzfische ist 4 993,60 Mark.

Wir erhielten deshalb so viele Setzfische, weil anscheinend unser Einsatz schon älter war als wir glaubten und dann war der Sommer 1921 sehr günstig zur Fischzucht. Nun ist der Weiher sehr sauber und ich glaube, dass wir beim nächsten Fischfang nicht so viel kleine dabei haben.
86 Pfund Speisefische Karpfen wurden zum Fischessen reserviert.

Am Montag den 7. November 1921 wurde dann durch Beschluss des Ausschusses ein Fischessen veranstaltet, das für jedermann kostenfrei im Gasthof zum „Hirsch" veranstaltet wurde. Es wurden sämtliche Mitglieder durch Herrn Jörg eingeladen, auch Herr Pfarrer Oswald, sowie Herr Schultheiß Fischer und Ehrenvorstand Turner waren bei diesem Essen. Herr Schultheiß Fischer hielt eine längere Rede, wobei er einen Rückblick auf das Entstehen der Wasserleitung bis auf den heutigen Tag ausführte. Er betonte dabei, dass wenn nicht so energische Leute an der Spitze gestanden wären, so wäre diese Wasserleitung nicht zu Stande gekommen und durch den Kauf des Egelsees wurde dem ganzen Werk die Krone aufgesetzt. Auch gedachte er noch einmal der vielen Gegner, welche so energisch gegen die Wasserleitung auftraten und ihr schon das Leben absprachen ehe sie ausgebaut war.

Zum Schluss sprach er den Wunsch aus, die Wassergenossenschaft möge zum Nutzen aller blühen und gedeihen. Auch sprach er der Frau Gastwirtin den Dank aus für die gute Zubereitung der Fische.

Auch Herr Ehrenvorstand Turner hielt eine kurze Rede. Alles in allem verlief das Fischessen in bester Stimmung und Unterhaltung und es war die Gaststube und das Nebenzimmer voll besetzt von Mitgliedern und Gästen und ich hoffe, dass wir dann nach zwei Jahren wieder bei reichem Fischfang ein Fischessen abhalten können."

Die Setzfische (Karpfen und Schleien) wurden zur Überwinterung immer in den „Hansenwiesweiher" eingesetzt.

Aus einer Ausschusssitzung der Wassergenossenschaft aus dem Jahr 1932:

„Es wurde bekannt gegeben, dass wir mit dem Fischzüchter Herrn Feldmann aus Waldsee an Ort und Stelle gewesen und die Weiher („Egelsee" und „Stockweiherle") besichtigt haben und er sein äußerstes Angebot mit 1100 Mark in drei Jahren gemacht habe. Es wurde daraufhin abgestimmt und das Ergebnis war einstimmiger Beschluss diese beiden Weiher ohne eine weitere Versammlung abzuwarten, zu verpachten."

Die Firma *Feldmann*, Fischzuchtbetrieb aus Bad Waldsee hatte den „Egelsee" und das „Stockweiherle" dann von 1932–1953 gepachtet.

Pächter des „Egelsees" wurde ab 1953 der Kreisfischereiverein Ravensburg.

In § 3 der Satzung des Wasservereins Baindt e.V. (Nachfolger der Wassergenossenschaft) steht:

„Der Wasserverein stellt sich der Aufgabe, ihre eigentümlichen Gewässergrundstücke, den größeren ‚Egelsee' und das ‚Stockweiherle', zu erhalten, zu pflegen und sach- und ordnungsgemäß zu bewirtschaften."

„Stockweiher"

Das „Stockweiherle" Flurstück Nr. 405 mit 1,83 Hektar ist im Grundbuch von Gaisbeuren auf die Wassergenossenschaft (Wasserverein) Baindt eingetragen.

Im Februar 1930 bot Müllermeister *Schrott* aus Baindt der Wassergenossenschaft auch das „Stockweiherle" zum Kauf an. Der Kauf kam dann im April 1930 zustande.

„Stockweiher"

Kurzbeschreibung aus der Biotopkartierung:

Der Biotop ist ein flächenhaftes Naturdenkmal.

Es ist ein Weiher mit klarem Wasser und gut ausgeprägtem Verlandungsgürtel. Auf 40 % der Fläche ist das Wasser mit Röhricht (Schilf) umgeben. An Pflanzen gibt es: Laichkraut, Gelbe Teichrose, Seebinse, Schilfrohr und verschiedene Seggen.

Der Biotop ist nicht gefährdet.

1932 wurde im „Stockweiher" ein „Beton-Mönch" eingebaut.

Pächter des Weihers war bis 2002 *Ernst Fischer*, ein Mitglied der Wassergenossenschaft Baindt. Anschließend wurde der Weiher, wie der „Egelsee" auch, an den Kreisfischereiverein Ravensburg verpachtet.

Im Jahre 2002 wurden größere Instandsetzungsarbeiten durchgeführt: Der Weiher wurde teilweise ausgebaggert, der Damm ausgebessert und ein neuer „Mönch" eingebaut.

„Schwarzgrabenweiher"

Der kleine Weiher in der Abteilung „Schwarzgraben" ist immer der Pachtweiher des zuständigen Försters. Dieser Weiher verlandet sehr schnell und wurde unter Förster *Rieg* von der Firma *Dengler* aus Baienfurt mit Seilbagger und Schleppschaufel ausgebaggert. Anschließend wurde der „Holz-Mönch" durch einen „Beton-Mönch" ersetzt. Bereits 1983 kam wieder eine Moorraupe zum Ausschieben zum Einsatz.

Eine Besonderheit im „Schwarzgrabenweiher" bilden die Süßwasser-Teichmuscheln. Nach dem Ablassen (Abfischen) liegen sie zu Hunderten auf dem Teichboden.

Abfischen der Karpfen (Jochen Jauch, 2001)

„Schwarzgraben-Weiher"

"Höllweiher"

„Höllweiher"

Im 18. Jahrhundert wurde er regelmäßig als „Hälterweiher" verwendet. Damit das Mühlrad der Klostermühle von Baindt bei Wasserknappheit in den Sommermonaten laufen konnte, wurden die Mühleweiher langsam abgelassen. Die entnommenen Fische kamen in den „Höllweiher".

Der kleine „Höllweiher" in der Abteilung „Höll" war Ende 1960 fast total verlandet und hatte nur noch eine kleine Wasserfläche. Unter Förster *Lutz* wurde er im Winter 1975/76 ausgebaggert und saniert. Eingesetzt war wieder der Seilbagger mit Schleppschaufel der Firma *Dengler* aus Baienfurt. Der noch vorhandene „Holzdeichel" wurde instandgesetzt und ein neuer Ablaufpropfen eingesetzt.

Beim Weiherbau wurden früher als Wasserleitungsrohre (Ablassrohre) so genannte „Holz-Teuchel" (schwäbisch „Deichel") verwendet. Hergestellt aus Rundholz mittels eines langen spatelartigen scharfen Eisenbohrers.

Durch die Erhöhung des Dammes und den Einbau von „Faschinen" konnte der Wasserstand erhöht werden.

Ein neuer Pachtvertrag konnte mit Bäcker *Hans Schmidt* aus Baindt abgeschlossen werden. Herr *Schmidt* hatte damals die gesamten Kosten der Weihersanierung übernommen. Im April 1981 ist Herr *Schmidt* verstorben, neuer Pächter wurde sein Sohn *Harald Schmidt*, Bäcker aus Baindt.

„Oberer Abgebrochener Weiher"

Der Weiher wurde um 1850 vom Forstamt aus Privatbesitz erworben.

Kurzbeschreibung aus der Biotopkartierung:
Fläche 1,60 Hektar, es handelt sich um ein teilweise „Geschütztes Biotop".
Als Einzelstrukturen sind auf der Biotopfläche ein Röhricht auf 5 % der Fläche und ein Weiher auf 95 % der Fläche vorhanden.

„Oberer Abgebrochener Weiher"

Pflanzenarten: Wasserknöterich, Schilfrohr, verschiedene Seggen, Gelbweiderich, Wasserdost, Gemeiner Baldrian, Sumpfdotterblume.
Tierarten: Stockenten, Blässhuhn, verschiedene Libellenarten.

Der Biotop ist nicht gefährdet, besondere Maßnahmen sind nicht erforderlich.

Der Weiher wird von Waldarbeitern des Reviers in Zusammenarbeit mit der Fischereiforschungsstelle Langenargen bewirtschaftet.

Blick auf den „Gloggere Weiher" (1), „Tiefweiher" (2), „Oberer-" (3) und „Unterer Abgebrochener Weiher" (4), „Saumooswiese" (5) und Pflanzschule im Baindter Wald (6)

„Unterer Abgebrochener Weiher"

Der Weiher wurde zusammen mit dem „Tiefweiher" erst 1950 vom Forstamt aus Privatbesitz gekauft (von der Witwe von Müllermeister *August Schrott* aus Baindt).

Er gehört mit ca. 1,4 Hektar zu den größeren Weihern im Altdorfer Wald, es handelt sich um ein teilweise geschütztes Biotop. Der Weiher ist auf drei Seiten von einem Schilfgürtel umgeben, im Süden und Norden ist er durch Verlandung gefährdet.

Bereits unter Forstdirektor *Kruttschnitt* wurde der Weiher Ende 1960 wegen starker Verlandung mit Bagger und Seilschaufel ausgebaggert.

Der Weiher ist ein beliebtes Aufenthalts-, Rückzugs- und Brutgebiet der verschiedensten Wasservögel. Neben verschiedenen Entenarten, Bläss- und

Abgelassener „Unterer Abgebrochener Weiher"

„Unterer Abgebrochener Weiher"

Teichhühner, Graureiher, kommen immer wieder auch Gäste wie Eisvogel, Schwan und Kormorane. Der Weiher war jahrelang an die Firma *Feldmann* verpachtet. Heute wird der Weiher in Regie bewirtschaftet. Es werden regelmäßig Karpfen (einjährig) als Besatzfische für den jährlich abzulassenden „Rößlerweiher" (Forstamt Ravensburg) eingesetzt. Durch dieses regelmäßige Ablassen wird auch der Verlandung vorgebeugt.

Bei der Baindter Bevölkerung (auch bei den Waldbediensteten) ist der Weiher als „Badeweiher" sehr beliebt. Der Weiher hat dunkles, mooriges Wasser welches sich schnell erwärmt. Die Jugend geht heute allerdings lieber in ein öffentliches Freibad als zum Baden in einen Waldweiher.

„Tiefweiher"

„Tiefweiher" und „Gloggere Weiher" waren und sind in den letzten Jahren immer wieder Objekte von Wissenschaft und Forschung der Universität Hohenheim, zahlreiche Diplomarbeiten wurden hier gefertigt.

Kurzbeschreibung aus der Biotopkartierung:
Fläche 1,00 Hektar, es handelt sich um ein teilweise geschütztes Biotop.
Weiher mit geschlossenem, gut ausgebildetem Schilfgürtel, umrandet von einzelnen Erlen, Buchen und Fichten, Verlandungsgürtel.

Als Einzelstrukturen sind auf der Biotopfläche ein Röhricht auf 20% der Fläche und ein Weiher auf 80% der Fläche vorhanden.

Pflanzenarten: Verschiedene Seggen, Rühr-mich-nicht an, Schilfrohr, Laichkraut, Riesen-Schachtelhalm, Weiße Seerose, Wasserknöterich

Tierarten: Erdkröte, Grasfrosch, Wasserfrosch, Springfrosch, Laubfrosch, Teichmolch, Bergmolch, Stockente, Reiherente, Zwergtaucher, Blässhuhn, 21 Libellenarten, davon 10 bodenständig

„Tiefweiher" (1)
„Gloggere Weiher" (2)
„Oberer Abgebrochener Weiher" (3)
„Saumooswiese" (4)
„Jägerwiese" (5)

Der „Tiefweiher" wurde vom vorherigen Pächter (Fischzucht *Feldmann*, Bad Waldsee) jahrelang als Zwischenhälterung von Nutzfischen benutzt. Nachdem der Weiher über 10 Jahre gespannt war, wurde er 1992 abgelassen. Bei der Abfischaktion konnten folgende Fischarten entnommen werden: Graskarpfen, Rotauge, Schleie, Karpfen, Brachsen, Barsch und Hecht. Sömmerung 1993, dann fischfrei bis 1994. Erst nach dem Setzen eines neuen „Mönchs", dem Ausbau des alten „Holzdeichels" und dem Verlegen eines neuen Ablaufrohres im Damm (durch Firma *Hämmerle*, Kiesgrube), konnte der Weiher wieder regelmäßig abgelassen und bewirtschaftet werden.

Auf Empfehlung der Fischereiforschungsstelle Langenargen werden auch im „Tiefweiher" seit 1998 regelmäßig Karpfen und Schleien zum Besatz des jährlich abzufischenden „Rößlerweihers" eingesetzt.

Besatz im Frühjahr mit ca. 400 Karpfen (einjährige Wild- und Spiegelkarpfen) und Laich-Schleien.

„Gloggere Weiher"

Kurzbeschreibung aus der Biotopkartierung:

Fläche 1,60 Hektar, es handelt sich um ein teilweise geschütztes Biotop und ist ein Weiher mit großflächigem Verlandungsbereich.

Als Einzelstrukturen sind auf der Biotopfläche ein Großseggenried auf 35% der Fläche, ein Röhricht auf 15% der Fläche und ein Weiher auf 50% der Fläche vorhanden.

Aufgrund seiner vielfältigen Pflanzen- und Tierarten (Vögel, Reptilien, Amphibien, Libellen) gehört der „Gloggere" zu den interessantesten Weihern im gesamten Altdorfer Wald (Laubfrosch!).

Pflanzenarten z. B. Froschlöffel, Wasserlinse, Sumpf-Weidenröschen, Gelbweiderich, Schilfrohr, Laichkraut (auch Schwimmendes), Spreizender Hahnenfuß, Braunwurz, Igelkolben, verschiedene Seggen, Seebinse, Kappenhelmkraut.

„Gloggere Weiher" (1983)

*Am „Gloggere Weiher" (2004)
Förster vom Forstamt
Bad Waldsee*

(aufgenommen kurz vor der Auflösung der Staatlichen Forstämter und Eingliederung in die Landratsämter)

VON RECHTS: *Revierleiter Thomas Keller, Bergatreute, Martin Nägele, Kümmerazhofen Forstamtsleiter Gerhard Maluck, Revierleiter Roland Schock, Mochenwangen und Hubert Schmid, Baindt*
SITZEND: *Kurt Nold, Bad Waldsee*

Am „Gloggere-Weiher"

„Hengstmoosweiher"

Der „Hengstmoosweiher" mit seiner kleinen Wasserfläche liegt auf der Gemarkung Baindt in der Abteilung „Hengstmoos". Dieser Weiher gehörte nie zu den Baindter Mühleweihern, da er ja zu der Wolfegger Ach hin entwässert. In den 1960er-Jahren war der Weiher fast total verlandet. Unter Förster *Rieg* wurde er ausgebaggert, der alte „Holzmönch" durch einen „Betonmönch" ersetzt und an *Eugen Schock* verpachtet. Herr *Schock* war Gewässerwart und Fischereisachverständiger beim Kreisfischereiverein Ravensburg. Unter Forstdirektor *Eugen Kruttschnitt* vom Forstamt Baindt und Forstdirektor *Anton Huber* vom Forstamt Ravensburg beaufsichtigte und erledigte er für die Forstverwaltung viele Aufgaben in Zusammenhang mit der Fischerei.

Eugen Schock ist am 8. Februar 1985 durch einen Verkehrsunfall ums Leben gekommen. Heutiger Pächter ist der Sohn *Siege Schock*, Wolfegg-Alttann.

„Hengstmoosweiher"

Eugen Schock

Wasserschutzgebiet „Kümmerazhofer Forst"

Dieses revierübergreifende Wasserschutzgebiet zum Schutz des Grundwassers im Einzugsgebiet der Wassergewinnungsanlagen, der Quellfassungen der „Stockweiherquellen" und „Schanzweiherquellen" auf der Gemarkung Gaisbeuren wurde 1997 durch eine Rechtsverordnung erweitert und neu festgelegt.

Die Schutzzonen (I, II und III) der „Stockweiherquellen" liegen im Forstrevier Bergatreute in den Abteilungen „Stockweiher", „Stockwiese" und „Stockbühl".

Beschreibung der Gewässerbenutzung

Die beiden Quellfassungen leisten einen wesentlichen Beitrag zur Deckung des Trinkwasserbedarfs der Gemeinde Baindt. Die topographische Lage der Quellfassungen sowie deren Höhenlage verleihen den Trinkwasserbrunnen eine besondere Bedeutung für die sichere Wasserversorgung der Gemeinde Baindt. Die Quellen liegen am Südwesthang der Inneren Jungmoräne der Würmeiszeit. Sie entstanden am ehemaligen Eisrand als Schmelzwasserablagerungen. Die Schüttung der „Stockweiherquelle" liegt bei ca. 3,8 Liter/Sekunde, der „Schanzweiherquelle" bei ca. 1,5 Liter/Sekunde.

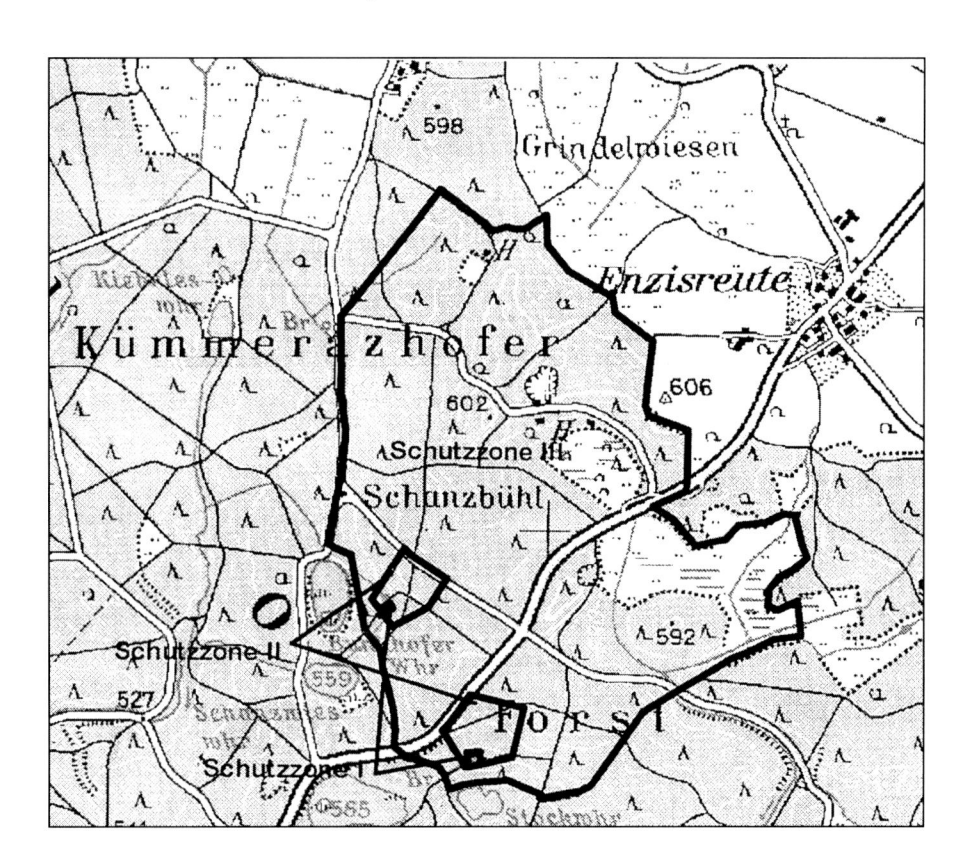

Quellen und Brunnen im Revier

„Jakobsbrünnele"

Das „Jakobsbrünnele" in seiner jetzigen Form am Parkplatz der L 314 in der Abteilung „Hochstichhängle" wurde unter Förster *August Rieg* Anfang der 1960er-Jahre erstellt. Davor war nur ein einfacher Holztrog vorhanden. Neben dem Brünnele stand eine ausladende starke Buche mit einer Tafel und folgender Aufschrift: *„Rasch eilt die Zeit, Wanderer denk an die Ewigkeit".* Die Buche musste aus Verkehrssicherungspflichten gefällt werden.

Woher stammt der Name „Jakobsbrünnele"? (mündliche Überlieferung)

Bei der ehemaligen Flaschnerei *Obermayer* (heute Bauhof Bergatreute) war ein Geselle mit Namen *Jakob* beschäftigt. Dieser Geselle arbeitete regelmäßig für seinen Meister in der Papierfabrik Baienfurt. Die Wegstrecke zu seiner Arbeitsstelle legte er zu Fuß zurück. *Jakob* war ein „durstiger" Bursche und auf dem Rückweg nach Bergatreute hat er immer beim Brünnele Pause gemacht und seinen Durst mit Wasser gestillt.

Der Mitbesitzer der ehemaligen Nudelfabrik in Bolanden, Herr *Josef Buck* verbrachte seine Freizeit gerne beim *„Jakobsbrünnele"* und bei den in der Nähe stehenden „Zigeuner-Tannen". Er war ein großer „Waldfreund" und Pflanzenkenner, oftmals saß er im Schatten der großen Buche.

In der Abteilung „Glasbach" auf der Gemarkung Baindt liegen noch vier Quellen, sie fließen in die Ach. Dazu schreibt Altbürgermeister *Schützbach* in der Ortschronik der Gemeinde Baindt: Diese Quellen wären es wert erschlossen zu werden.

Brunnen am Stöcklishaldeweg, (an der Auffahrt zur Kiesgrube, von der L 314 aus)

Aus der Abteilung „Stöcklishalde" kommt die vom Forstamt verpachtete Quelle für die Hof-Wasserversorgung „Stöcklis". Das Oberflächenwasser dieser Quelle fließt in den Brunnen am Stöcklishaldeweg. Der Brunnen wurde Ende der 1960er-Jahre vom damaligen Pächter der Kiesgrube im „Stöcklisbühl", *Josef Kempter*, mit Steinen gemauert.

Eine weitere Quelle kommt aus der Abteilung „Stöcklisbühl" und fließt in den kleinen Weiher oberhalb des Hofes „Stöcklis".

Aus der Abteilung „Mühlhalde" (1) fließt eine Quelle in Richtung Löffelmühle (2) – im Hintergrund Bergatreute (3)

Wasserversorgung der Gemeinde Baindt aus dem Altdorfer Wald

Am 10. Januar 1909 haben sich eine Anzahl Bürger der Gemeinde Baindt zu einer Genossenschaft vereinigt, mit dem Zweck, die Anwesen von Baindt, Marsweiler, Schachen, Mehlis, Wickenhaus, und Friesenhäusle mit Hochdruck- bzw. Quellwasser zu versehen.

Zu diesem Zweck erklärten sich die Gebrüder *Locher* vom Lampertshof von Marsweiler nach längerer Verhandlung bereit, ihr Wasserrecht an der Quelle ostwärts der Bundesstraße 30 (alt) im Staatswald der Abteilung „Brunnenstube" der Wassergenossenschaft gegen Entschädigung abzutreten. Das Königliche Forstamt Baindt gab hierzu am 25. April 1909 seine Genehmigung.

Nachdem alle technischen und sonstigen Bedingungen gegeben und erfüllt waren, wurde mit dem Bau der Wasserversorgungsanlage im Frühjahr 1909 begonnen. Als die Leitung fertig und im Gebrauch war, wurde festgestellt, dass die Wasserschüttung der Locher'schen Quelle großen Schwankungen unterworfen war und die Wassermenge zur Versorgung vorgenannter Anwesen nicht ausreichte.

Deswegen wandte sich die Wassergenossenschaft an den damaligen Besitzer des „Egelsee", Müllermeister *August Schrott* von Baindt mit dem Ansuchen, der Wassergenossenschaft das Wasserrecht aus der kleineren Egelseequelle abzutreten, bzw. zu verkaufen. *August Schrott* gab daraufhin schriftlich die Einwilligung zur Fassung der Quelle und Ableitung des Wassers. Das Königliche Forstamt Baindt gab am 29. Mai 1909 die Genehmigung dazu.

Nachdem die Zahl der Wasserabnehmer größer wurde und auch sehr viele Wassermotoren angeschlossen waren, wurde das Wasser zeitweise sehr knapp und man stellte wiederholt fest, dass die Locher'sche Quelle in der Wasserschüttung sehr schwankte. Darum wandte man sich an das Königliche Forstamt mit der Bitte, für den Quellwasserausfall anderes Wasser beschaffen zu dürfen, worauf Herr Oberforstmeister *Fischer* auf die große „Egelseequelle" auf dem Staatsflurstück Nr. 312 verwies, an der Müllermeister *August Schrott* das Wasserentnahmerecht hatte. Nach mehreren ergebnislosen Verhandlungen erklärte die Genossenschaft, dass ihr die Abtretung eines halben Sekundenliters genüge. *Schrott* erwiderte jedoch darauf am 9. Februar 1915, dass er nicht gewillt ist, einen halben Sekundenliter abzutreten, dagegen bereit sei, den ganzen „Egelsee" samt dem Wasserrecht aus der Quelle um 18 000 Mark zu verkaufen. Es kam jedoch keine Einigung zustande und nach wiederholten Verhandlungen mit dem Königlichen Forstamt, anderes Wasser beschaffen zu dürfen, verwies dieser immer wieder auf die große „Egelseequelle".

Nach dem 1. Weltkrieg im Jahr 1919 sah sich die Wassergenossenschaft alsdann finanziell im Stande, den „Egelsee" samt dem Wasserrecht aus der zweiten – der sogenannten größeren „Egelseequelle" – zu erweben und verhandelte deshalb mit Müllermeister *Schrott* weiter, worauf am 18. Februar 1919 ein Kauf zum Preis von 32 000 Mark zustande kam.

Im Februar 1930 bot Müllermeister *Schrott* aus Baindt der Wassergenossenschaft auch das „Stockweiherle" zum Kauf an. Der Kauf kam am 28. April 1930 zum Preis von 4 750 RM zustande.

Nachdem die Nachfrage nach Wasser immer größer wurde, war die Wassergenossenschaft darauf bedacht, der Wasserversorgungsanlage weiteres Quellwasser zuzuführen. Es wurde deshalb wiederum mit dem Staatl. Forstamt Baindt wegen der Abtretung des Wassers aus der „Schanzweiherquelle" verhandelt. Das Forstamt genehmigte die Wasserentnahme im November 1950. Im Frühjahr 1950 wurde die Quelle gefasst und abgeleitet (siehe Bericht zum Wasserschutzgebiet „Kümmerazhofer Forst").

So konnten die Abnehmer genügend mit Wasser versorgt werden. Als jedoch der Wohnungsbau weiter voranschritt und laufend neue Anträge um Abgabe von Wasser an die Wassergenossenschaft gestellt wurden, sah sich die Wassergenossenschaft außerstande, weiteren Anträgen stattzugeben, ohne nicht den bisherigen Abnehmern eine genügende Wassermenge vorenthalten zu müssen.

Deshalb trat die Gemeinde, die für ihre Bürger für Wasser zu sorgen hat, an die Wassergenossenschaft heran, mit dem Antrag, die gesamten Wasserversorgungsanlagen samt den Quellrechten an die Gemeinde abzutreten.

Nach längeren Verhandlungen wurde im Februar 1960 der Vertrag geschlossen, wonach die Wassergenossenschaft die Wasserversorgungsanlagen samt den Quellrechten an die Gemeinde Baindt übergab.

Die Gemeinde Baindt betrieb die Wasserversorgung seit der Übernahme von der Wassergenossenschaft bis zum 31. Dezember 2006 in Eigenregie.

Seit dem 1. Januar 2007 ist der „Zweckverband Wasserversorgung Baienfurt-Baindt" für die Wasserversorgung zuständig. Laut der Gemeindeverwaltung Baindt kommt seit Dezember 2006 das gesamte Wasser aus den Quellen des „Weißenbronnens", Gemarkung Wolfegg, also immer noch aus dem Altdorfer Wald.

„Egelsee" und „Stockweiher"

Natur- und Landschaftsschutzgebiete

„Saßweiher"

Dieses Naturschutzgebiet gilt als eine absolute Einmaligkeit im Forstrevier Bergatreute. Die Fläche mit einer Größe von ca. 40 Hektar wurde vom Fürstlichen-Haus Waldburg-Wolfegg und Waldsee am 2. Dezember 1982 an das Land Baden-Württemberg (Staatsforstverwaltung) verkauft und aufgrund seiner vielfältigen Besonderheiten gemäß der Verordnung des Regierungspräsidiums Tübingen von 1987 als Naturschutzgebiet ausgewiesen. Das Naturschutzgebiet führt den Namen „Saßweiher". Das Naturschutzgebiet liegt in nordwestlicher Richtung von Gambach-Engenreute und links der Straße von Engenreute nach Enzisreute auf der Gemarkung Gaisbeuren der Stadt Bad Waldsee.

Auszug aus der Naturschutzverordnung

Aus § 3 Schutzzweck
Die Erhaltung eines Spirken-Hochmoores mit vollständiger Zonation und den umgebenden Niedermoorflächen sowie der dort lebenden bedrohten Tier- und Pflanzenwelt.

Aus § 4 Verbote
In dem Naturschutzgebiet sind alle Handlungen verboten, die zu einer Zerstörung, Beschädigung oder Veränderung des Schutzgebietes oder seiner Bestandteile, zu einer nachhaltigen Störung oder zu einer Beeinträchtigung der wissenschaftlichen Forschung führen können.

„Saßweiher"

"Saßweiher"

Aus § 5 Zulässige Handlungen

Ordnungsgemäße Ausübung der Jagd mit der Maßgabe, dass jagdliche Einrichtungen in trittempfindlichen Bereichen nicht erstellt und nur als Ansitzleitern aus naturbelassenen Rundhölzern hergestellt und Futterstellen nicht errichtet werden dürfen.

Für die ordnungsgemäße land- und forstwirtschaftliche Nutzung in der bisherigen Art und im bisherigen Umfang mit der Maßgabe, dass die Spirkenbestände erhalten und durch Pflege gefördert werden sollen, die unbestockte Fläche nicht gedüngt und nur einmal im Jahr nach dem 1. September gemäht werden dürfen.

Nach der Beschreibung durch die „Moorkarte" von Baden-Württemberg VON GÖTTLICH (1965–1971) ist das „Saßweiher Moor" durch Verlandung in einer abflusslosen Senke entstanden.

Es handelt sich um ein Spirkenhochmoor mit umgebenden Niedermoorflächen. Im Ostteil liegen stark entwässerte Flächen, die teilweise mit Mischwald aufgeforstet sind und Restbestände ehemaliger Streuwiesen. Im Süden wird der Hochmoorwald von Pfeifengraswiesen, die zum Teil in Fettwiesen übergehen, begrenzt. Der Hochmoorwald ist typisch gegliedert. Am Rande wachsen Waldkiefer und Fichte, zum Zentrum des Moores hin wird die Baumhöhe niedriger und der Wald lichter. Hier gibt es auch keine Fichten mehr und der Waldkiefernbestand geht in einen Reinbestand der Bergkiefer über. Die lichten Flächen im Wald sind stark von Heidekraut bewachsen, was als Indikator dafür gelten kann, dass die Flächen zu trocken geworden sind. Dadurch wird das Vordringen der Waldkiefer beschleunigt und der Bergkiefernbestand stark gefährdet.

Der Ostteil des Naturschutzgebietes ist stark verändert. Noch 1824 war diese Fläche als Weiher überstaut und fischereilich genutzt. Natürliche Zonen sind hier nicht mehr zu erkennen. Auf der freien Moorfläche, welche in waldfreiem Zustand ist, kommen Niedermoorpflanzen neben Hochmoorpflanzen vor.

Auch im Süden schließt sich ein Niedermoorbereich an, der aus teilweise stark verbuschenden Pfeifengraswiesen, und aus weiter südlich gelegenen, durch Entwässerung und Düngung entstandenen Fettwiesen besteht.

Im Norden sind die natürlichen Zonen durch alte Aufforstungen zerstört.

Die Tier- und Pflanzenwelt wurde von PETER DETZEL in seiner Auftragsarbeit erfasst, dazu fanden insgesamt 10 Begänge statt. Es wurden von ihm 111 Pflanzenarten und 36 Tierarten festgestellt. Davon 24 geschützte und bedrohte Pflanzenarten und 26 geschützte und vom Aussterben bedrohte Tierarten.

Von der Bezirksstelle für Naturschutz- und Landschaftspflege wurde im Sept. 1991 ein Pflegeplan aufgestellt. Die Wiesen werden je nach ihrer Art zu verschiedenen Zeitpunkten von einem ortsansässigen Landwirt gemäht und das Mähgut abtransportiert, geregelt im Werkvertrag mit Landwirt *Helmut Gresser* aus Engenreute.

Das Hochmoor ist von der natürlichen Sukzession ständig bedroht. Das eigentliche Hochmoor wird deshalb sporadisch mit dem „Mulag" (Mähgerät) von verholzten und verkrauteten Pflanzen befreit. Kiefer und Birken bereiten die größten Probleme und werden von den Waldarbeitern mit dem Freischneider entfernt. Die Pflanzenmasse wird hinaustransportiert, so dass es zu keiner Nährstoffanreicherung kommt. Diese Pflegemaßnahmen finden gemäß dem vorliegenden Pflegeplan statt.

Landschaftsschutzgebiet „Achtal"

Mit Kaufvertrag vom 17. September 1981 hat Forstdirektor *Gerhard Maluck* das Wald-Flurstück Nr. 842/2 „Halde" auf der Gemarkung Bergatreute mit 0,9 Hektar von *Georg Senser* und seiner Ehefrau *Ottilie* geb. *Mahle* für die Staatsforstverwaltung gekauft. Dieses Waldstück (in Bergatreute „Mahles-Halde" genannt) wurde verwaltungsmäßig der Abteilung „Mühlholz" des Forstreviers Bergatreute zugeschlagen.

Bei diesem Waldgrundstück handelt es sich um einen wertvollen Standort der äußerst seltenen Orchidee des „Blassen Knabenkrauts" (Orchis pallens), auch „Bleiches Knabenkraut" genannt, welches nur noch an wenigen Plätzen in Baden-Württemberg vorkommt. Mit diesem Ankauf sollte dem Anliegen des Naturschutzes zur Sicherung dieses wertvollen Orchideen-Standorts nachgekommen werden. Es bestand die große Gefahr, dass durch falsche Waldbewirtschaftung (Fichten-Reinbestand) ein wesentlicher Teil des Orchideen-Bestandes stark gefährdet würde.

„Blasses Knabenkraut"
(Orchis pallens)

FOTO: MANFRED DITTUS, RAVENSBURG

„Mahleshalde" mit Kuhgespann

In der „Mahleshalde" wurde in den 1940er-Jahren noch Heu geerntet und der Wagen mit dem Kuhgespann den steilen Weg nach oben gezogen.

AUF DEM BILD: *Ottilie Senser geb. Mahle (Mutter von Reinhard Dangel) und Paula Sauter geb. Mahle.*

Das „Blasse Knabenkraut" ist eine der wenigen gelbblühenden Arten der Gattung Knabenkräuter in der Familie der Orchideen. Es ist die am frühesten blühende heimische Orchidee. Durch die spezifischen Ansprüche an die Biotope ist es sehr selten. Das „Blasse Knabenkraut" wächst auf basenreichen, humosen und lockeren Lehm und Tonböden. Es bevorzugt leichte Beschattung in Laub- und Mischwälder. Die Pflanze treibt schon etwa eine Woche nach der Schneeschmelze aus.

Der „Arbeitskreis Heimische Orchideen" (AHO) hat das „Blasse Knabenkraut" zur Orchidee des Jahres 2012 gekürt.

Blick über die Abteilung „Brennerbühl" (1), „Heppenbühl" (2), „Engenreute" (3), „Saasholz" (4), „Rotlach" (5) und das Naturschutzgebiet „Saßweiher" (6)

Blick auf das Naturschutzgebiet „Saßweiher" – vom „Engenreuter Berg" aus

Engenreute und Gambach

Naturdenkmale

„Zigeunertanne" (1990), auf dem Bild mit Forstreferendar Thomas Graf Grothe.

Aus einem Schreiben vom 27. Januar 1938 vom Forstamt Baindt an die Revierförsterstelle Gambach:

Betreff: Sicherung von Naturdenkmalen.

Nachstehend verzeichnete Naturdenkmale wurden in das Naturdenkmalbuch eingetragen und haben dadurch den Schutz des Reichsnaturschutzgesetzes erhalten:

> *Zigeunerfichte in der Abteilung „Mooshalde" („Zigeunertanne")*
> *Hindenburgbuche in der Abteilung „Brenner"*
> *Hainbuche in der Abteilung „Hochstichhängle" (an der Einmündung des Hängleswegs in die Achtalstraße).*

Hierzu erging folgende Verordnung der Naturschutzbehörde (Landrat):

„Die Entfernung, Zerstörung oder sonstige Veränderung der Naturdenkmale ist verboten. Unter dieses Verbot fallen alle Maßnahmen, die geeignet sind, die Naturdenkmale oder ihre Umgebung zu schädigen oder zu beeinträchtigen, z. B. durch Anbringen von Aufschriften, Errichten von Verkaufsbuden, Bänken oder Zelten, Abladen von Schutt oder dergleichen. Als Veränderung eines Baumdenkmals gilt auch das Ausästen, das Abbrechen von Zweigen, das Verletzen des Wurzelwerks oder jede sonstige Störung des Wachstums, soweit es sich nicht um Maßnahmen zur Pflege des Naturdenkmals handelt. Die Besitzer oder Nutzungsberechtigten sind verpflichtet, Schäden oder Mängel an Naturdenkmalen der Naturschutzbehörde zu melden".

Die Fichte „Zigeunertanne" in der „Mooshalde"

An der Landstraße L 314 Baienfurt–Bergatreute (nordöstlich vom Parkplatz beim „Jakobsbrünnele").

Woher der Name „Zigeunertanne" stammt ist nicht bekannt. Da sich aber in unmittelbarer Nähe eine gute Wasserstelle befindet und der Platz um den Baum herum recht einladend war, bot sich die Umgebung als Lagerplatz an. Vermutlich wurde er daher auch vom „fahrenden Volk der Zigeuner" benutzt.

Ursprünglich bestand das Naturdenkmal aus drei großen Fichten. Die Bäume haben in ihrem rund 200 Jahre langen Leben vielerlei Gefahren getrotzt, aber bereits unter Förster *Hans Lutz* musste im September 1973 eine stammtrockene („dürre") Fichte gefällt werden.

Nach der Fällung (1973)

AUF DEM BILD: *Rudolf Hafner, Karl Weiß, Reinhard Dangel mit der Stihl-Motorsäge (auf dem Stamm)*

Den wiederholten Befall durch den Borkenkäfer konnte die zweite große Fichte aber gegen Ende des Jahres 2000 auch nicht mehr verkraften. Ihre Abwehrkräfte gingen zu Ende, sie musste dann im Rahmen der Verkehrssicherung für die L314 gefällt werden.

Das Landratsamt Ravensburg – Untere Naturschutzbehörde trifft am 1. Juli 2002 folgende Entscheidung:

Das Staatliche Forstamt Bad Waldsee erhält die naturschutzrechtliche Befreiung im Baumnaturdenkmal „Zigeunertanne" im Rahmen der Verkehrssicherung folgende Maßnahmen auszuführen: Fällung der größeren, näher zur L314 stehenden abgestorbenen Fichte des noch zwei Fichten umfassenden Baumnaturdenkmals.

Die Entscheidung ergeht unter folgenden Nebenbestimmungen:

Bei der Fällaktion ist darauf zu achten, dass der zweite Baum des Naturdenkmals nicht beschädigt wird. Dieser soll als Totholz im Bestand verbleiben.

Die Fällaktion soll nach Möglichkeit in Anwesenheit eines Mitarbeiters der Fachgruppe Ökologie des Landratsamts Ravensburg erfolgen. Angesichts der Bedeutung des Vorhabens – Fällung eines Baumnaturdenkmals – wird die Information der Öffentlichkeit und der örtlichen privaten Naturschutzverbände empfohlen.

Die „Zigeunertanne" (eine der stärksten Fichten in Oberschwaben) wurde am 13. Juli 2002 unter großer „Anteilnahme" gefällt.

Anwesend waren: Revierleiter *Thomas Keller*, Forstamtsleiter *Gerhard Maluck*, ehemaliger Revierleiter *Jochen Jauch*, Rektor *Roland Dorner*, Dr. *Friedemann Reiser*, und rund ein Dutzend interessierter Bürger aus Bergatreute.

Die riesige Fichte wurde dann von Forstwirtschaftsmeister *Hubert Gresser* aus Engenreute mit der Motorsäge mit einem 120 Zentimeter langen Schwert umgesägt. Fachmännisch und exakt fiel der Baum in die vorgesehene Richtung und schlug mit lautem Krachen auf dem Waldboden auf.

Kurz vor der Fällung im Juli 2002
MIT STIHL-MOTORSÄGE: *Hubert Gresser,*
LINKS: *Josef und Manfred Detzel,*
RECHTS: *Holzrücker Franz Wirbel (2)*

"Zigeunertanne" nach der Fällung mit Kindern von Josef Detzel und Förster Jauch.

Holzrücker Franz Wirbel (2) und Sohn Franz Wirbel (3), im Hintergrund Förster Jauch, Fuhrunternehmer Hermann Nold und Fahrer

Hubert Gresser führt den Trennschnitt

Das Holz war am Trennschnitt bis auf einen kleinen rotfaulen Fleck noch völlig gesund. Anschließend wurde der Stamm entastet und in Teilstücke abgesägt.

Daten des Baumes:

Förster *Thomas Keller* zählte die Jahresringe aus und ermittelte ein Baumalter von stolzen 230 Jahren.
Gesamthöhe: 46 Meter, Umfang in Brusthöhe: 5,17 m.
Die angefallenen Teilstücke (Blöcke) wurden einzeln vermessen.
Gesamtmasse der „Zigeunertanne": 34,38 Festmeter mit Rinde.
Die Stämme hatten zusammen ein Gewicht von über 20 Tonnen.

Franz Wirbel (2) aus Engenreute rückte die einzelnen Blöcke mit Schlepper und Seilwinde an die Straße. Dort wartete bereits *Hermann Nold* mit seinem Langholz-LKW. Der Ladekran konnte die dicken Blöcke teilweise nicht umfassen, zusätzlich mussten zum Aufladen noch Ketten und Seile verwendet werden.

Dagmar Brauchle verfasste einen Bericht über die gesamte Fällaktion für das Gemeindeblatt Bergatreute.

Stammscheiben gingen an das Landratsamt und Forstamt. Eine Stammscheibe wurde bei der „Sprengsteinhütte" im Revier aufgestellt.

Ein Teilstück der „Zigeunertanne" steht heute bei der „Wannenbühlhütte" zusammen mit einer kleinen Erholungseinrichtung für Waldbesucher.

Ein weiteres Teilstück mit einer Höhe von 6 Metern steht auf dem Schulgelände in Bergatreute als Anschauungsobjekt und Denkmal zur Erinnerung an diesen einmaligen Baum.

Von den ehemals drei „Zigeunertannen" steht heute nur noch ein „dürrer – trockener – Fichten-Zwiesel" (Zwilling). Er soll als sog. Totholzbaum noch so lange wie möglich stehen bleiben, eine Verkehrsgefährdung für die Landstraße liegt dadurch nicht vor.

Letzte „Zigeunertanne" als Totholzbaum

Rotbuche „Hindenburgbuche"

Die Buche steht in der Abteilung „Brennerbühl" ca. 1 Kilometer südwestlich von Engenreute. Die „Hindenburgbuche" wurde zusammen mit der „Zigeunertanne" 1937 als Naturdenkmal eingetragen.

Die Buche ist etwa 40 Meter hoch, ca. 230 Jahre alt, äußerlich gesund, mit einem starken Stamm und einem Umfang von 4,20 Meter.

Die Buche wurde nach dem ehemaligen Reichspräsidenten *Hindenburg* benannt. Laut Aussagen von Haumeister *Alois Sonntag* konnte man in seiner Jugendzeit den Baum über eine zweiteilige Leiter bis zu einer kleinen Plattform besteigen und weit ins Schussental und bei gutem Wetter bis an den Bodensee sehen. Der Baum war früher immer ein beliebter Treffpunkt junger Leute aus Engenreute und Gambach. Auch von Bürgern aus Bergatreute wurden viele schöne Feste an der „Hindenburgbuche" gefeiert.

Jetzt ist der prachtvolle Baum schon wieder von der nächsten Generation Fichten umgeben. Hoffentlich bleibt uns die „Hindenburgbuche" noch viele Jahre gesund erhalten. Trotz ihres hohen Alters ist der Gesamtzustand noch hervorragend.

„Hainbuche" beim Jakobsbrünnele

In der Abteilung „Hochstichhängle" an der Einmündung des Hänglesweges in den Parkplatz der L 314 beim „Jakobsbrünnele".

Weitere Aufzeichnungen und Angaben zu diesem Baum liegen nicht vor. Aber bereits bei der Eintragung in das Naturdenkmalbuch 1937 muss es sich um einen einmalig schönen und hier seltenen Baum gehandelt haben. Das genaue Alter des Baumes ist nicht bekannt, er könnte 160–170 Jahre alt gewesen sein.

Die Hainbuche, wird auch Weißbuche oder Hagenbuche genannt, ist eine Halbschattenbaumart mittlerer Größe, langsamwüchsig, wärmebedürftig, aber trotzdem frosthart und sehr anpassungsfähig an Feuchtigkeit und Nährstoffgehalt des Bodens. Sie wächst sehr gut auf frischen Lehmböden, gedeiht aber auch auf trockenen Sanden und auf Kalkböden. Auf besseren

„Hindenburgbuche"

Böden kann die Hainbuche mit üppigem Stockausschlag auch zum „Unholz" werden.

Das Holz der Hainbuche ist sehr hart, aber gut zu bearbeiten. Verwendet wird es als Werkholz, z.B. für Werkzeugstiele, Axtstiele, Holzhämmer, Schreinerhobel usw.

Hainbuche in der Abteilung „Hochstichhängle" am Parkplatz der L 314 beim „Jakobsbrünnele"

„Löffelmühle"

Die „Löffelmühle" mit Sägewerk, Mühle, Betriebsgebäuden, Wohnhäusern und dem „Löffelmühlweiher" ist ein Teilort der Gemeinde Bergatreute. Bedingt durch die angrenzende Lage an der westlichen Ecke des Staatswaldes gibt es mit der „Löffelmühle" immer viele Berührungspunkte, eine gute Zusammenarbeit und gegenseitiges Verständnis waren stets erforderlich.

Um 1900 gehörten zum Besitz der Familie *Fischer*: Das Sägewerk Löffelmühle, das Sägewerk in Bolanden, das Wohnhaus Löffelmühle mit der Mühle, verschiedene Nebengebäude mit kleiner Landwirtschaft und der „Löffelmühlweiher". Im 18. Jahrhundert gab es noch eine Ölmühle, eine Hanfreibe, eine Schmiede und eine kleine Kohlstatt.

Aus familiären Gründen wurde der Gesamtbesitz der Familie *Fischer* dann aufgeteilt.

Tochter *Karoline Fischer*, geb. am 13. April 1875, bekam das Sägewerk Löffelmühle und das Sägewerk Bolanden mit Nebengebäuden. Ihre Schwester *Viktoria Fischer*, geb. am 13. April 1875, bekam das Wohnhaus Löffelmühle mit der Mühle und dem „Löffelmühlweiher" und der Landwirtschaft.

Sägewerk, Mühle und „Löffelmühlweiher"

Sägewerk um 1920

Sägewerk

Karoline Fischer heiratete den Säger *Johann Fränkel*, geb. 1875 in Ursendorf, sie führten das Sägewerk Löffelmühle und Bolanden. In diesen Sägebetrieb stieg *Anton Fischer*, geb. am 22. Dezember 1891 ein und heiratete 1920 *Franziska Fränkel* aus Ursendorf. Das Sägewerk in Bolanden wurde in wirtschaftlich schwieriger Situation 1928 aufgegeben und ist abgebrannt.

Johann Fränkel starb am 14. Januar 1938 mit 76 Jahren. Im Jahr 1934 übernahmen *Franz Köberle*, geb. 1904, aus Weiler und *Hermann Spieß*, geb. am 4. Mai 1910, aus Mochenwangen den finanziell angeschlagenen Betrieb. *Köberle* und *Spieß* bauten in der Folgezeit das Sägewerk Löffelmühle zu einem erfolgreichen Betrieb aus. *Franz Köberle* engagierte sich auch sehr im öffentlichen Leben von Bergatreute, lange Jahre war er Gemeinderat und Bürgermeisterstellvertreter. Seine große Leidenschaft galt aber der Jagd und als Vorstand der Jagdgenossenschaft Bergatreute vertrat er die Interessen der Jäger gegenüber dem Forstamt. *Franz Köberle* ist 1980 verstorben und seine Familie ist 1986 aus dem Sägewerk Löffelmühle ausgeschieden. *Hermann Spieß* verstarb am 29. Juli 2001. Sohn *Hermann Spieß*, geb. am 28. Dezember 1952, ist 1986 in den Betrieb eingetreten und leitet heute die Firma „Köberle und Spieß" Sägewerk und Holzhandlung, Löffelmühle 2. Das Sägewerk war immer ein zuverlässiger Abnehmer von Fichte-Stammholz B/C und Fichte D-Holz aus dem Forstrevier Bergatreute. Alles Schnittholz (Kantholz und Bretter) für Instandsetzungsarbeiten im Revier für Hütten, Hochsitze, Erholungseinrichtungen usw. wurde vom Sägewerk Löffelmühle bezogen.

Sägewerk um 1920

Neubau der Sägehalle um 1925 FOTOS: H. SPIESS

Die Mühle

Viktoria Fischer aus der Löffelmühle heiratete 1903 den Müller *Martin Schrott*, geb. am 15. Februar 1881, aus Baindt, sie führten die Mühle bis 1934. Anschließend übernahm Müllermeister *Martin Schrott* jun., geb. am 28. Oktober 1905, die Mühle. Er übergab dem Betrieb 1964 an seinen Sohn, Müllermeister *Karl Schrott*, geb. am 19. Juni 1934.

Der Familienbetrieb mit Mühle, Landwirtschaft, „Löffelmühlweiher", Wasserrad und Rotwildgehege wurde weiter ausgebaut und erfolgreich geführt. Sohn *Martin Schrott*, geb. am 18. Februar 1969, leitet heute die Firma *Martin Schrott und Söhne*, Mehle und Futtermittel. Hergestellt und vertrieben wird Kraftfutter aus der Mühle für viele Tierarten (z. B. für Pferde, Rinder, Schafe, Ziegen, Hasen, Geflügel usw.).

Löffelmühle um 1900
(FOTOS: CHRISTA HARTMANN)

Blick vom Achtal (Löffelmühle) aus, nach Bergatreute.

Das Waldbad

Zur Geschichte ab 1900

„1902 verstarb *Josef Walser*. Er wird in einer Beschreibung als der „letzte Badwirt" bezeichnet. Badwirt *Walser* verschaffte sich nicht nur durch seine Originalität und Aufgeschlossenheit sondern auch als guter Jäger und Fischer einen bekannten Namen. Allgemein wurde er „Vater Waldbader" genannt.

1918 kaufte die Papierfabrik Baienfurt das Anwesen von den Kindern *Josef Walsers*. Warum die Papierfabrik das Waldbad kaufte, ist aus dem Firmenarchiv (heute ehemals: Stora Enso) nicht ersichtlich.

Ab Mai 1919 wurde das Anwesen an den Apotheker *Haselbacher* verpachtet. Diese Geschäftsbeziehung war allerdings nur von kurzer Dauer.
Bereits im März 1920 wurde *Alfons Fischer* die Wirtschaftserlaubnis erteilt. *Fischer* führte neben der Gastwirtschaft noch einen landwirtschaftlichen Betrieb im Waldbadareal.

1926 tauschte die Papierfabrik Baienfurt das gesamte Anwesen des Waldbades mit dem Brauereibesitzer *Karl Rittler* aus Baienfurt gegen acht Morgen Acker, die an die Papierfabrik angrenzten, zur Erweiterung des Werksgeländes. Pächter *Alfons Fischer* musste das Waldbad aufgeben, da *Rittler* das Anwesen selber nutzen wollte. Am 10. Januar 1926 brannte das Waldbad bis auf die Grundmauern nieder. Bereits im März 1926 legte der neue Eigentümer des Waldbades, der Besitzer der Löwenbrauerei in Baienfurt detaillierte Pläne vor, wie das Waldbad wieder aufgebaut werden sollte. Nach Erteilung der Genehmigung wurde das Bauvorhaben in Rekordzeit

Waldbad Baienfurt

realisiert. Es entstand ein neues Wirtschaftsgebäude mit Fremdenzimmern und ein freistehendes Gebäude zur Unterbringung von Gastpferden und Autos. Die Becken der Fischzuchtanlage wurden zusammengelegt und vergrößert. Daraus entstand der neue Badesee mit einer Tiefe bis zu zwei Metern. Dieser See sollte als öffentliches Bad genutzt werden. Dazu wurden noch für Frauen und Männer getrennte Umkleidekabinen erstellt. Im August 1926 war der öffentliche Badebetrieb bereits in vollem Gange. Der Eintritt für Erwachsene betrug 10 Pfennig. Sogar ein Badebusbetrieb wurde eingerichtet, er brachte Gäste bis aus Ravensburg. Bereits 1929 erweiterte *Karl Rittler* die Anlage um eine für die damalige Zeit hochmoderne Gartenhalle für 300–900 Personen (im Volksmund: Glaspalast). Das Wirtshaus (Kur-

> # Waldbad
> ### *Das Kleinod Oberschwabens*
> *Kreis Ravensburg · Gemeinde Baienfurt · Mitten im Altdorfer Wald* 
>
> *Gesamtansicht: Kurhaus, See- und Badestrand, große Halle*
>
> **Das beliebte und bekannte Ausflugsziel
> für Betriebe und Gesellschaften**
>
> *Räume für 30–60 und 100 Personen
> Große Schwabenlandhalle für 300 bis 900 Personen
> Herrlich gelegene Gartenterrasse und Blick zum Schwimmbad
> Wasserrutsche*
>
> **Jeden Sonntag ab 16 Uhr Tanz**
>
> *Küche und Keller bieten das Beste
> Täglich Geflügel und lebende Wildforellen*
>
> *Campingplatz*   *Kurt Rittler*
>   *Kurhaus Waldbad
>   Telefon Ravensburg 5035*

Kurt Rittler, geb. 30. Juni 1909, gest. 23. Februar 1994

haus) wurde 1937 um ein Stockwerk für Fremdenzimmer erhöht. Nach dem 2. Weltkrieg übernahm sein Sohn *Kurt Rittler* das Waldbad, geb. 30. Juni 1909, gest. 23. Februar 1994. Das Waldbad wurde in ganz Oberschwaben ein Begriff. Es war „das Kleinod Oberschwabens und das Zentrum des Vergnügens."

Was war das Waldbad für die Forstverwaltung und für das Revier Gambach-Bergatreute?

Anfang 1900, als es in Gambach noch kein staatliches Forsthaus gab, wohnten dort Forstwartstellvertreter und Forstwartanwärter.

In den 1930er-Jahren verbrachten die Waldarbeiter mit ihrem Förster die Mittagspause bei schlechtem Wetter öfters im Waldbad. Die Pause dauerte normalerweise von 13–14 Uhr, wurde aber manchmal auch etwas länger ausgedehnt. Der Oberholzhauer konnte aber trotzdem auf Weisung des Försters die volle Arbeitszeit (damals 10 Stunden/Tag) für die Lohnliste aufschreiben. Nachdem diese längeren „Sitzungen" und die Vorgehensweise auch dem Forstamt bekannt wurden, bekam der Förster große Schwierigkeiten mit dem Forstmeister in Baindt.

Viele Jagdgäste des Reviers wurden im Waldbad untergebracht. Das Forstamt Baindt veranstaltete im Waldbad immer wieder die beliebten Betriebsfeste mit „Rehessen". 1972 war im Forstamt Baindt (Revier Baindt) die praktische Waldprüfung der Landesforstschule Schadenweilerhof in Rottenburg für angehende Revierförster. Anwesend war auch Landesforstpräsident *Hubert Rupf* aus Stuttgart. Selbstverständlich wohnte er im Waldbad. Forstbeamte von der Forstdirektion und dem Forstministerium, die auf Dienstreisen bei den Forstämtern Baindt und Weingarten tätig waren, übernachteten immer im Waldbad. Zahlreiche Dienstbesprechungen für Forstamtsleiter aus dem Oberland und dem Direktionsbereich Tübingen wurden hier abgehalten. Das erforderliche Brennholz („Reissschläge") für das Waldbad bekam die Familie *Rittler* immer aus dem Revier Bergatreute. Das Revier lieferte auch jahrelang Rehwild für die Küche des Waldbades.

„Gastwirtschaft zur Traube" in Gambach („Ölkänntle")

Zur Geschichte:

„Im Haus Nr. 107 in Gambach wurde im Jahr 1842 eine Gastwirtschaft gegründet. Wilhelm Hofmeister war bis zum Jahr 1915 Wirt, danach heiratete Benedikt Oberhofer die Wirtstochter Maria und übernahm den Besitz. Er fiel im 1. Weltkrieg. Seine Frau führte die Wirtschaft alleine weiter bis zu ihrer Wiederverheiratung mit Josef Gresser. Er war ab 1920 der neue Wirt in Gambach. Damals hatte die Wirtschaft noch keinen Namen, sie hieß lediglich „Wirtschaft von Josef Gresser". Erst später bekam sie den Namen „zur Traube". Der neue Wirt baute im Jahr 1925 eine Holzkegelbahn, auf der bis in die jüngste Zeit gekegelt wurde. Sie wurde erst 1992 abgebrochen."

Karl Gresser, Wirt vom „Ölkänntle"

„Gasthaus zur Traube" um 1950

Engenreute – im Hintergrund Gambach

Im Jahr 1967 übernahm *Karl Gresser* die Wirtschaft von seinem Vater. Er war nicht nur Wirt, sondern auch Landwirt und Waldbesitzer. *Karl Gresser* war mit mir oft in seinem Privatwald und hatte an der Waldbewirtschaftung stets großes Interesse. Neben der Wirtschaft wurde auch noch ein Biergarten betrieben. Nach dem plötzlichen Tod von *Karl Gresser* 1989 führte seine Frau die Wirtschaft bis zum April 1994 weiter. *Hildegard Gresser* macht das „Ölkänntle" dann zu, weil es sich nicht mehr rentierte und weil sie „nicht mehr wollte" wie sie sagte. Die drei Kinder (*Heidi, Sigrid* und *Martina*) zeigten auch kein Interesse, die Wirtschaft in Gambach weiterzuführen. So ging in Gambach 1994 leider eine über 150-jährige Geschichte einer viel und gern besuchten Dorfwirtschaft zu Ende.

Die „Waldseer Zeitung" berichtete am 17. September 1928 über die Verabschiedung von Förster *Anton Traub* in der Gastwirtschaft „zur Traube":

„Bergatreute, 13. Sept. 1928.
Behüt Euch Gott, es wär so schön gewesen, behüt euch Gott, es konnt nicht schöner sein. Im Sinne dieser Worte stand der Dienstagabend. Galt es doch Abschied zu nehmen von einem Bekannten, der 20 Jahre die Försterei Gambach verwaltet hat, Abschied zu nehmen, von einem Manne, der geehrt, geachtet und beliebt war, nicht nur von seinen Untergebenen, sondern auch von der ganzen Gemeinde. So haben sich nun all die Nachbarn, Waldarbeiter und Waldarbeiterinnen in der Wirtschaft in Gambach zusammengefunden um den Abschied des Herrn Försters Traub zu feiern.

Herr Oberholzhauer Anton Jäckle dankte im Namen der Arbeiter und Arbeiterinnen, in einer tief zu Herzen gehenden Rede für all die Liebe und das

Wohlwollen, das er seinen Untergebenen entgegengebracht hat, und übergab dem Scheidenden zum dauernden Angedenken eine goldene Uhr mit dem Wunsche, dass sie ihm nur gute Stunden anzeigen möge. Herr Heine sprach im Namen der alten Holzhauer ebenfalls den Dank aus und gedachte in ehrenvoller Weise der Toten, die alljährlich aus den Reihen ihrer Arbeitskollegen scheiden mussten.

Herr Martin Dick und Josef Senser von Engenreute sprachen im Namen der Nachbarn und betonten insbesondere das freundschaftliche Verhältnis. Herr Otto Mahler feierte die Frau Förster Traub als eine echte Förstersfrau, die nicht nur regen Anteil an dem Berufe ihres Mannes genommen hat, sondern insbesondere auch an dem Befinden und Ergehen der Arbeiter wie auch der Arbeiterinnen.

So war dieser Abend eine Kundgebung für das Vertrauen, das sich Herr Förster Traub und seine werte Familie erworben hat. Ein richtiger Familienabend zwischen Vorgesetzten und Arbeitern und Nachbarn. Ein Teil des Liederkranzes Bergatreute ließ nun seine frischen fröhlichen Weisen ertönen und sorgte für eine angenehme Abwechslung.

Herr Förster Traub sprach allen mit tief bewegten Worten den Dank aus und schloss mit einem herzlichen: Auf Wiedersehen! Nur allzu bald schlug die Stunde des Abschieds und als noch das letzte Lied erklungen: „O, wie herb ist das Scheiden", sah man in den Augen auch des stärkeren Geschlechts verstohlen eine Träne glänzen. Möge Herr Förster Traub in Mochenwangen, seinem künftigen Wohn- und Amtssitz eine gute Aufnahme finden und all die Wünsche in Erfüllung gehen und er gesund und glücklich noch viele Jahre seines Amtes walten zum Wohl und Segen unseres schönen schwäbischen Waldes."

Als Treffpunkt für Förster, Jagdgäste, Waldarbeiter, Fuhrleute, Holzrücker aus dem Forstrevier Bergatreute war das „Ölkänntle" immer eine beliebte Anlaufstelle. Das Bier stand jederzeit gut temperiert und greifbar am Kachelofen bereit. Waren die Wirtsleute noch nicht anwesend, bediente man sich eben selbst. Am Stammtisch saßen oft schon Bauern (z.B. „Joose Done" aus Gambach), Langholzfuhrleute (Karl Nold aus Bergatreute), Handwerker und sonstige Gäste. Es war immer äußerst unterhaltsam und lustig. Auf der „reichhaltigen Vesperkarte" gab es drei Variationen an Schübling: Schübling mit Brot, Schübling warm, oder Schübling als Wurstsalat. Es hat immer allen gut geschmeckt!

Schlusswort

"Hast Du den Wald abgeschlossen?" – so spottete oft eine gute Bekannte von mir. So wie man einen Wald natürlich nicht abschließen kann, so kann man auch die Geschichte eines Waldes nicht abschließen. Durch Jagdausübung, Brennholzaufbereitung und persönlichen Kontakten bin ich noch immer mit meinem ehemaligen Revier verbunden. Die Geschichte wird weitergehen, der Wald, die Tiere und die Menschen werden sich weiterentwickeln. Dieses Buch hat sich auch immer weiterentwickelt, mit jeder neuen Quelle, mit jedem neuen Bild, mit jedem neuen Gespräch. Wichtig war für mich, dass die Geschichte dieses Reviers einmal dokumentiert wird und so erhalten bleibt.

Dieses Buch ist nun abgeschlossen – ein auch für mich spannender Prozess geht zu Ende. Zum Beginn meines Buch-Projektes fragte ich mich oft, was will ich schreiben, was ist spannend, was ist wichtig, was interessiert wen? Ich hoffe, es ist für jeden Leser etwas Neues, Interessantes, Spannendes, Lustiges oder Nachdenkenswertes dabei gewesen.

Ich wünsche Ihnen allen viele unvergessliche und schöne Momente im Revier Gambach-Bergatreute.

Zum Schluss möchte ich noch ein gern verwendetes Sprichwort zitieren, welches ich während meiner Dienstzeit immer wieder gehört habe:

"Am schönsten hat's die Forstpartie, der Wald der wächst auch ohne sie"

Ihr
JOCHEN JAUCH

Literaturverzeichnis und Quellennachweise

BERTSCH, KARL: Der Mammutbaum des württembergischen Allgäu. Jh. Ver. Vaterl. Naturkunde, Württemberg 117. Jahrgang. Stuttgart 1. Dez. 1962.

BÜLTKE, RALF: Forstanwärterarbeit über den Jahrhundertsturm „Lothar" am 26. Dez. 1999 im Forstrevier Bergatreute.

DETZEL, PETER: Auftragsarbeit BNL. „Saßweiher" Landkreis Ravensburg. 1982.

HARTMANN, CHRISTA / SPIESS, HERMANN: Mündliche Auskunft über „Löffelmühle".

HEPP, ALEXANDER: Gastwirtschaft zur „Traube" in Gambach (aus dem Gemeindeblatt von Bergatreute).

HUBER, ANTON: Forstdirektor a.D., Beiträge zur Geschichte des Altdorfer Waldes. Herausgegeben vom Staatlichen Forstamt Ravensburg, 1998.

KONOLD, WERNER: LFU Karlsruhe, Oberschwäbische Weiher und Seen in 2 Bänden. (Beiheft Nr. 52 von 1987, Veröffentlichungen für Naturschutz und Landschaftspflege).

KREISFORSTAMT RAVENSBURG: Kartenmaterial, bearbeitet von Christian Reich.

MANN, PAUL: Referendararbeit über F- und E- Hiebe (Franzosenhiebe). Entwicklung und Zustand der Folgebestände im ehemaligen Forstamt Baindt vom April 1991.

SÄGMÜLLER, PAUL: Der Minister auf der Nudelpackung. Geschichten aus Oberschwaben. Verlag Eppe GmbH, Aulendorf-Bergatreute, 2006.

SCHILLIG, DIETMAR: Die Wolfegger Ach – der große Nebenfluß der Schussen. Zeitschrift Bund und Naturschutz Oberschwaben 20, S.11–27. 1988.

ZINTZ, KLAUS / POSCHLOD, PETER: Universität Hohenheim, Institut für Zoologie Uni Marburg. Ökologie und Management periodisch abgelassener und trocken fallender kleinerer Stehgewässer im oberschwäbischen Voralpengebiet. Herausgeber: Landesanstalt für Umweltschutz Ba-Wü. 1996.

Bildnachweis

Buck, Fritz, Bergatreute
Dangel, Reinhard, Reute
Dittus, Manfred
Halder, Berthold, Kümmerazhofen
Hartmann, Christa, Löffelmühle
Hämmerle, Werner, Baienfurt
Hepp, Alexander, Bergatreute
Jauch, Christa, Baindt
Jauch, Jochen, Baindt
Jäckle, Erwin, Altann
Juricz, Claus
Kreisforstamt Ravensburg
Krumm, Rainer, Ravensburg
 (alle Luftbilder)
Lindel, Peter, Kasernen
Merk, Wolfgang, Biberach
Nold, Hermann, Bergatreute
Nold, Anton, Gambach
Rasemann, Roland, Friesenhofen
Sägmüller, Paul, Bergatreute
Scheerer, Marlies, Bad Waldsee
Senser, Horst, Bergatreute
Sonntag, Alois, Bergatreute
Spieß, Hermann, Löffelmühle
Strobel, Alois, Bergatreute
Wirbel, Agathe, Gambach
Wirbel, Franz, Engenreute
Wirbel, Waltraud, Gambach

Spenderliste

Ohne die Unterstützung von Verwaltungen, Firmen und Privatpersonen wäre die Herausgabe dieses Buches nicht möglich gewesen.

Adler, Seilwinden, Wolfegg
Brauchle, Alois, Bergatreute
Fürstliche Forstverwaltung, Wolfegg
Gemeinde Baindt
Gemeinde Bergatreute
Habisreutinger, Holzzentrum, Weingarten
Halder GmbH, Holzentrindung, Kümmerazhofen
Hämmerle Werner GmbH, Kieswerk, Baienfurt
Holzwerk Baumann GmbH, Wangen-Beutelsau
Holzwerk Gebr. Schneider GmbH, Eberhardszell
Köberle, Josef, Sägewerk, Mochenwangen
Köberle und Spieß, Sägewerk, Bergatreute-Löffelmühle
Küble, Christof, Steuerberater, Bergatreute
Landratsamt Ravensburg
Nold, Hermann, Transporte, Bergatreute
Nold, Josef, Bergatreute-Engenreute
Nonnenmacher und Schorpp, KFZ, Bergatreute
Nonnenmacher, Erhard, Landmetzgerei, Bergatreute-Gwigg
Raiffeisenbank, Bergatreute
Reiser, Dr. med. Friedemann und Heidi, Bergatreute
Sailer, Regine, Rottweil
Schilling, Wilhelm, Sägewerk, Unterankenreute
Schmidt, Harald, Bäckerei, Baindt
Schrott, Martin, Mehl, Futtermittel, Bergatreute-Löffelmühle
Wirbel, Franz, Holzrückebetrieb, Bergatreute-Engenreute

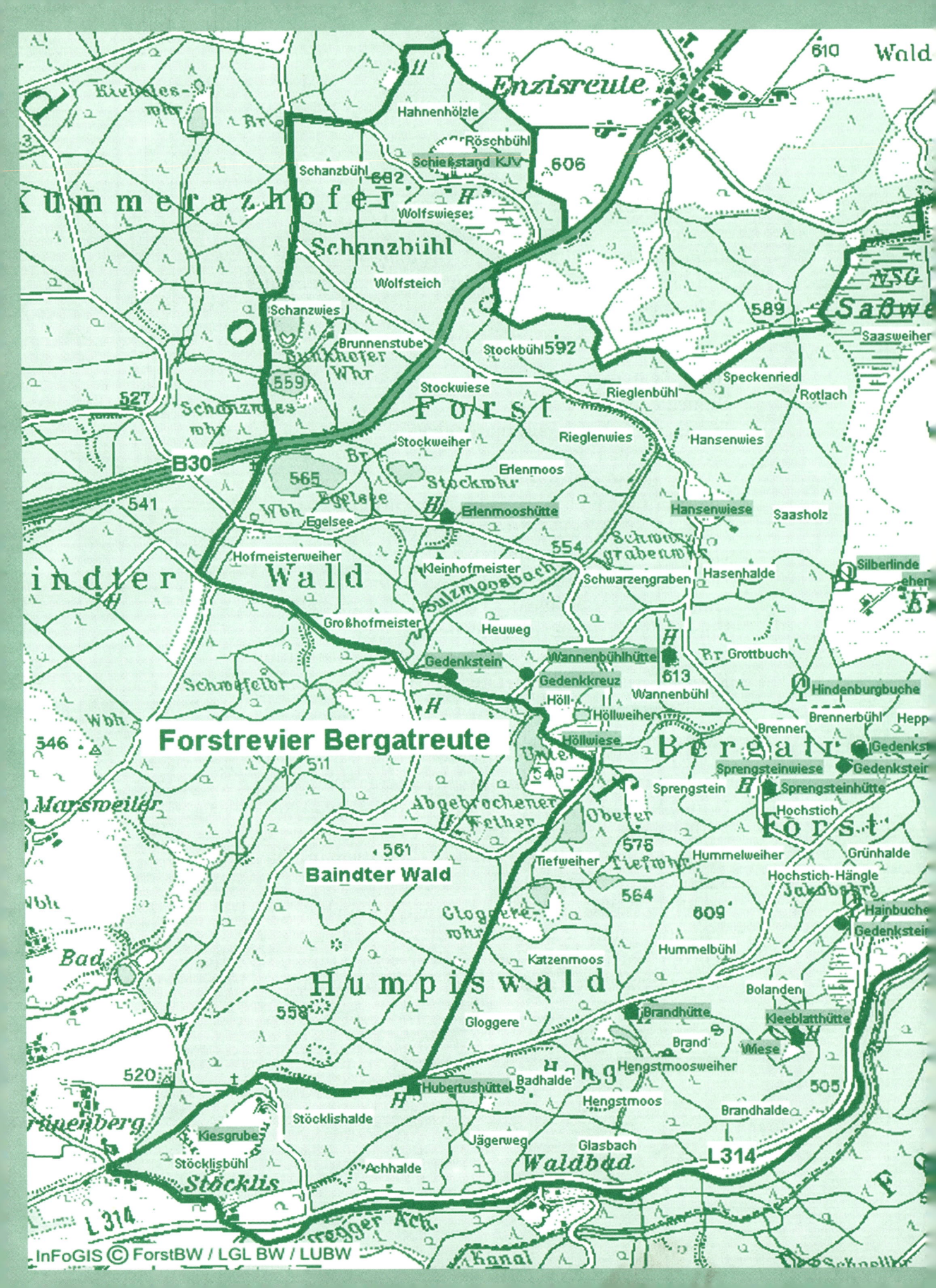

Forstrevier Bergatreute

Baindter Wald